ANDREAS J. SCHULTE

Mörderisches Bonn

MÖRDERISCHES BONN Kurfürstliche Residenz, Geburtsort Beethovens, Sitz der Bundesregierung; Bonn hatte schon eine Menge Rollen. In diesem Buch spielt es die Hauptrolle – und die ist mörderisch, aber oft auch sehr komisch: Ein Profikiller hat Probleme vor einer Grundschulklasse seinen Beruf zu erklären. Eine Rentnerin findet beim Spaziergang am Rhein Beethoven tot im Wasser. Ein paar ältere Damen gründen ein Start-up und wollen an die Börse, ihr Geschäftszweig sind Auftragsmorde. Krimiautor Andreas J. Schulte hat wieder zugeschlagen. In seinen elf Kurzgeschichten steht die Stadt im Mittelpunkt, in der er jahrelang gelebt und gearbeitet hat. Mit viel Humor und Spannung sorgt er für Morde in Bonn und Umgebung. Nebenbei präsentiert er 125 Freizeittipps für die Stadt und die Region zwischen Siebengebirge, Drachenfels, Godesburg und Kottenforst. Folgen Sie den Spuren des Verbrechens durch die kleine Metropole, von der Privatdetektiv Devon Schiefer sagt: »Es hat lange nicht mehr geregnet, um die Sünden der großen Stadt in die Gosse des Vergessens zu spülen.«

Andreas J. Schulte ist Journalist und Autor, Jahrgang 1965, verheiratet und hat zwei Söhne. Geboren und aufgewachsen in Gelsenkirchen, produzierte er mit 15 Jahren sein erstes Krimi-Hörspiel. Bereits während seiner Studienzeit in Bonn arbeitete er als Radiojournalist und veröffentlichte Kurzgeschichten. Heute ist er Mitinhaber eines Redaktionsbüros und lebt mit seiner Familie in einer ausgebauten alten Scheune zwischen Andernach und Maria Laach. Neben erfolgreichen historischen Kriminalromanen schreibt und veröffentlicht er auch Kurzkrimis und Thriller.

Andreas J. Schulte ist Mitglied im »Syndikat«, der Autorengruppe deutschsprachige Kriminalliteratur, und der britischen »Crime Writers' Association« (CWA).

www.andreasjschulte.de

ANDREAS J. SCHULTE

Mörderisches Bonn

11 KRIMIS UND 125 FREIZEITTIPPS

GMEINER

Dieses Buch wurde vermittelt durch
die Literaturagentur Lesen & Hören 8261

Im Ehnried 5, 88605 Meßkirch
Telefon 07575/2095-0
info@gmeiner-verlag.de

3. Auflage 2024

Lektorat: Dominika Sobecki
Herstellung: Mirjam Hecht
Umschlaggestaltung: U.O.R.G. Lutz Eberle, Stuttgart
unter Verwendung eines Fotos von: © dihetbo / Fotolia.com
und © Valentyna Chukhlyebova / shutterstock.com
Druck: Custom Printing Warschau
Printed in Poland
ISBN 978-3-8392-2065-8

Für Tine. In Erinnerung an unseren persönlichen Glücksmoment unter der Regina-Pacis-Statue im Hofgarten.

KARTE

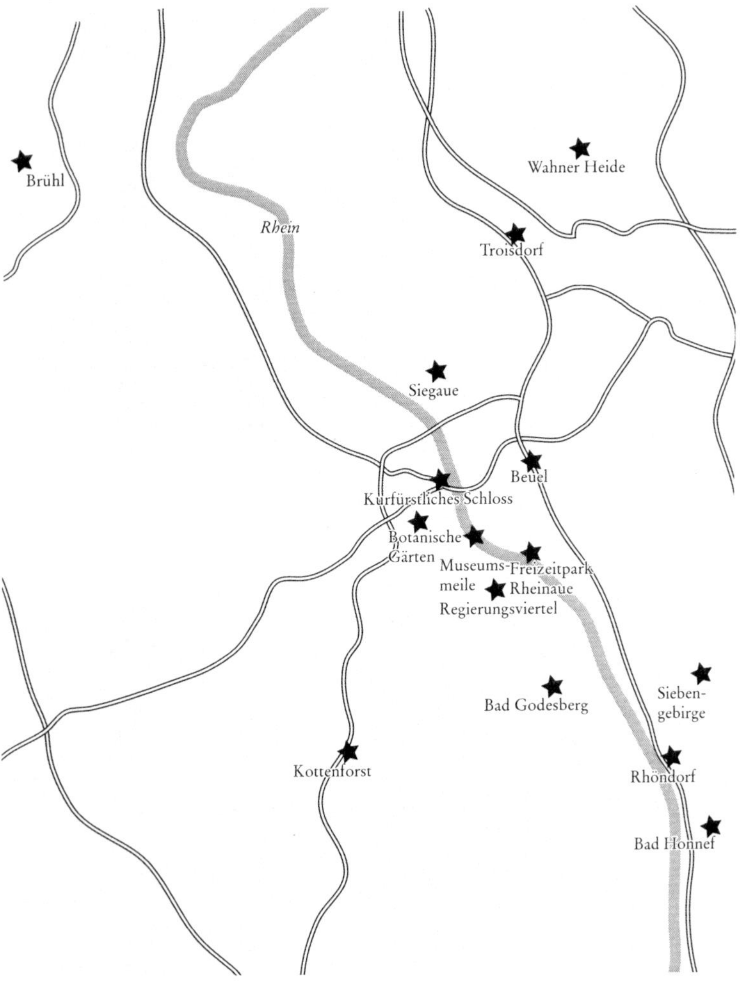
Brühl
Wahner Heide
Rhein
Troisdorf
Siegaue
Beuel
Kurfürstliches Schloss
Botanische Gärten
Museums-meile
Freizeitpark Rheinaue
Regierungsviertel
Bad Godesberg
Sieben-gebirge
Kottenforst
Rhöndorf
Bad Honnef

VORWORT

»Das ist jetzt deine Stadt.«

Immer wenn ich über die Autobahnbrücke der A 562 fahre, muss ich an diesen einen Satz denken. Ich war gerade nach Bonn umgezogen und fuhr mit einer Freundin über den Rhein. Auf der einen Seite das Siebengebirge und das Rheinpanorama, auf der anderen Seite die CDU-Zentrale und das Abgeordnetenhochhaus des Deutschen Bundestages.

Ich konnte es damals noch gar nicht richtig fassen, dass ich nicht mehr im Ruhrgebiet, sondern in der Bundeshauptstadt lebte, studierte und als Journalist arbeitete.

»Das ist jetzt deine Stadt.«

Zwölf Jahre lang war Bonn das tatsächlich für mich. In diesen zwölf Jahren arbeitete ich in Bonn, Bad Godesberg und Meckenheim als Radio-Journalist und PR-Berater. Knapp vier Jahre davon lebte ich im Stadtteil Lannesdorf, Blick auf den Drachenfels inklusive. 1988 bis 1992, das war die spannende Zeit, in der das Ende der mehr als 40-jährigen Bonner Ära eingeleitet wurde. Man traf noch genug Zeitzeugen, die sich gut daran erinnerten, dass die Bundeshauptstadt Bonn zunächst mal als Provisorium angesehen wurde, weil man ja doch innerhalb einer Dekade wieder nach Berlin gehen würde. Doch dann kam es ganz anders. Und so richtete man sich eben doch in Bonn ein. Im Vergleich zu Berlin hat sich Bonn tatsächlich eine gewisse rheinische Beschaulichkeit bewahrt. Im Regierungsviertel konnte man die wichtigsten Punkte leicht zu Fuß erreichen. Ja, man war sogar gut beraten, zu Fuß unterwegs zu sein, denn die Parkplatzsituation war hier alles andere als günstig.

Kurz: Der oft gehörte Ausspruch vom »Bundesdorf« Bonn hatte in gewisser Weise schon seine Berechtigung.

Heute, mehr als 20 Jahre später, hat sich vieles in Bonn verändert. Die Vereinten Nationen und der Post-Tower haben die Stelle von Abgeordnetenhochhaus und CDU-Parteizentrale übernommen.

Wenn ich aber bei einem Bonn-Besuch über den Marktplatz schlendere oder mich mit Krimi-Kollegen und -Kolleginnen zum Syndikats-Stammtisch treffe, dann ist das alte »Bonn-Gefühl« wieder da. Nur, dass man eben doch nicht mehr als Student durch den Hofgarten läuft. Da gibt es jetzt andere, die sich hier auf dem Rasen sonnen oder noch schnell ein Seminar vorbereiten.

Für diese elf Kurzgeschichten habe ich Bonn neu für mich entdeckt, habe Orte kennengelernt, die ich aus meiner Bonner Zeit noch gar nicht kannte.

Vielleicht geht es Ihnen beim Lesen ja auch so, dass Sie Lust bekommen, Bonn am Rhein für sich zu entdecken. Völlig zu Unrecht hat mal ein US-Korrespondent behauptet: »Das Beste an Bonn ist, dass man in vier Stunden in Paris sein kann.«

Glauben Sie davon kein Wort. Ein Besuch in Bonn lohnt sich, denn bei allen Veränderungen ist es doch immer noch eine spannende Stadt geblieben.

Und sie wird immer auch ein kleines bisschen »meine Stadt« bleiben.

Ihr
Andreas J. Schulte

BONN MODERN: SHOPPING UND STADTFÜHRUNGEN

Es macht Spaß, in Bonn einkaufen zu gehen. Eine Zeit lang galt dabei sogar die Kaufhauskette mit den zwei Buchstaben, die böse Zungen mit »Charme und Anmut« übersetzen, als Geheimtipp für günstige Herrenanzüge. Möglicherweise, weil es im politischen Bonn genug Abnehmer gab, die danach verlangten.

Aber auch, wenn Sie keinen Anzug kaufen möchten, kommen Sie in der Innenstadt auf Ihre Kosten. Neben den Ketten, die man in jeder deutschen Großstadt findet, gibt es noch eine ganze Reihe kleinerer Geschäfte. Sei es der Schuster, der Ihnen maßgeschneiderte Schuhe anfertigt, oder der Hutladen mit seiner riesigen Auswahl an Kopfbedeckungen. Heimlicher Favorit in unserer Familie ist die Zweigstelle des Werksverkaufs eines bekannten Gummibärchen-Produzenten geworden.

Aber man sollte sich da nicht ganz satt essen, das wäre schade, denn in Bonn gibt es eine Fülle von Restaurants, ob nun jahrhundertealt, asiatisch, vietnamesisch, russisch oder modern mit Veggie-Burgern auf der Karte. Wer hier nicht etwas nach seinem Geschmack findet, dem ist nicht zu helfen.

Übrigens: Bleibt Ihnen nur wenig Zeit, um selbst auf Entdeckungstour zu gehen, empfehle ich Ihnen eine der zahlreichen Stadtführungen. Auch hier haben Sie die Qual der Wahl. Es gibt Themenrundgänge, Fahrten im Cabriobus, Führungen per Rad oder Führungen, die das Umland einschließen.

Informationen erhalten Sie unter anderem bei:
Tourismus & Congress GmbH
Platz der Vereinten Nationen 2
53113 Bonn
Tel. 0228/910410
www.bonn-region.de

oder bei der

Bonn-Information
Windeckstraße 1
53111 Bonn
Tel. 0228/775000
www.bonn.de

X UND HOPP AG

»Götz! Sie haben doch Erfahrung mit Wirtschaftsthemen? Sie wissen schon, Umsatz, Rendite, Net-Cash, Dividenden und so was?«

Chefredakteur Claus Ambrosius Keller, von allen nur kurz CA genannt – kein Wunder bei den Vornamen – wippte ungeduldig vor Götz Bertrams Schreibtisch auf den Fußballen.

Als Chefredakteur stand er praktisch kraft seines Amtes unter Dauerstress. Seit er aber aufgehört hatte, dicke Havannas zu rauchen, und auf Malzbonbons umgestiegen war, hatte sich zu dem Dauerstress auch noch eine Dauergereiztheit gesellt, die allen in seinem Umfeld das Leben schwer machte.

»Ja, CA, ich habe mein Volontariat in Frankfurt in der Wirtschaftsredaktion der FAZ gemacht. Ich war da …«

»Gut, gut, hab jetzt keine Zeit für Ihre Lebensgeschichte. Mir reicht ein einfaches ›Klar, kann ich übernehmen, CA‹. Also?«

Götz Bertram konnte nur mit Mühe ein Augenrollen und eine Grimasse unterdrücken.

»Klar, CA, kann ich übernehmen.«

»Na, bitte, geht doch.«

»Ach, wenn ich noch etwas fragen dürfte?«

»Was denn noch?«

»Würden Sie mir wohl auch verraten, was ich gerade übernommen habe?«

Wenn Götz Bertram geglaubt hatte, er würde durch seinen Wechsel von Frankfurt nach Köln, von der Zeitungsredaktion hin zu einem der größten Radiosender der Republik, die Karriereleiter herauffallen, hatte er sich gründlich getäuscht. In Köln war er wieder der Anfänger, der Jungspund, der sich erst einmal seinen Platz erarbeiten musste, trotz Studium, langjähriger Arbeit als Freier und Volontariat. Sein Problem war, dass er mit den Themen, die er bislang bearbeiten durfte, noch Jahre brauchen würde, um sich zu profilieren. Ein Beitrag über den **Haribo-Store** in Bonn, eine Reportage über einen Kindergarten, der gegen Baulärm protestierte und eine Demo von Dreijährigen organisierte, eine Meldung über die Fahrplanänderungen bei der »Köln-Düsseldorfer Rheinschifffahrt«.

Der Gummibärchen-Laden war cool gewesen, aber sonst? Götz war sich nicht mal sicher, ob sein Stück über die Fahrplanänderungen überhaupt auf Sendung gegangen war.

Er lenkte seinen Golf in den Kreisverkehr am Ende der Bonner Straße, um auf die A 555 Richtung Bonn zu kommen. Er konnte förmlich die anderen Kollegen schadenfroh vor sich hin grinsen sehen: Bertram, der Neue, bei einem Außentermin in Bonn. Aber nicht, weil hier eine große Pressekonferenz angesetzt worden war, sondern um einen ganzen Tag eine Handvoll Seniorinnen zu begleiten. Alte Damen, die vor einem Jahr eine eigene Firma gegründet hatten und jetzt damit an die Börse gehen wollen.

Das klang so dermaßen abgedreht, dass es schon fast wieder gut werden konnte, dachte Götz. Mal ehrlich, wann gab es schon mal einen Börsengang, bei dem der Vorstand zusammen geschätzte 300 Jahre alt war?

Und ein paar Damen durch die Stadt zu begleiten war allemal besser, als CAs schreckliche Launen zu ertragen. Götz' Stimmung besserte sich zunehmend. Er mochte Bonn. Vor ein paar Wochen hatte er mit Freunden an einer Stadtführung teilgenommen. Sie hatten lange gebraucht, um sich zu einigen, welche Tour die beste war. Zwei seiner Freunde hatten in Bonn studiert, sie plädierten für die **Brau- und Wirtshaustour**, aber die Frauen in der Runde wollte lieber die **Kulinarische Stadtführung** inklusive Imbiss mitmachen. Am Ende hatte sich dann die Clique für eine »**Stadt, Land, Fluss«-Tour** entschieden, weil man dabei nicht nur Bonn, sondern auch das Siebengebirge und den **Petersberg** kennenlernte. Oben auf dem Petersberg war ihm Julia aufgefallen, er hatte einfach nicht die Augen von ihr lassen können. Am Abend waren sie noch durch die Stadt geschlendert, um sich einen Absacker zu genehmigen. Auf dem **Marktplatz**, wo an sechs Tagen in der Woche Händler ihre Verkaufsstände aufbauten, hatte sich Julia plötzlich bei ihm eingehakt und lächelnd an ihn gedrückt. Die süße Julia: lange braune Haare, die wie alter Cognac schimmerten, nette Stupsnase, Sommersprossen und eine unglaubliche Figur.

Götz seufzte. Julia war danach leider mit drei Freundinnen nach Korsika abgereist, aber am Wochenende würde sie zurückkommen. Wenn das heute vorbei war, würde er auf jeden Fall schon mal eine Nachricht auf ihrer Mailbox hinterlassen. Wenn der Tag heute vorbei war, wie das klang – als ob heute groß etwas passieren würde. Obwohl – diese Seniorinnenfirma war schon merkwürdig. Allein der Name: »Und Hopp AG«. Was zum Teufel sollte das bedeuten? Egal, in einer knappen halben Stunde weißt du mehr, dachte Götz.

»Lotte, komm doch mal her, der junge Mann vom Rundfunk ist da!«

Götz Bertram war rechtzeitig in Bonn-Duisdorf eingetroffen. Auf dem Parkplatz des **Weck-Werksverkaufs** war ihm der knallrote Mercedes-Bus mit einem Fahrer im schwarzen Anzug daneben sofort aufgefallen. Und während er noch unschlüssig neben seinem Golf stand und sich suchend umschaute, war eine ältere Dame mit stahlblauer Dauerwelle zielstrebig auf ihn zugelaufen.

»Sie müssen der junge Mann vom Rundfunk sein«, die Dame drehte sich um und rief noch einmal laut: »Lotte, nun komm doch mal her.«

»Ja, guten Tag, ich heiße Bertram, Götz Bertram.«

»Josefine Mauerbrecht, aber meine Freunde sagen nur Fine. Sie dürfen auch Fine sagen. Die jungen Leute heute nehmen das ja nicht mehr so ernst mit dem Siezen, da muss man mit der Zeit gehen.« Fine Mauerbrechts Charme war umwerfend.

Götz lächelte. »Sehr gern. Also, Fine, ich hoffe, ich komme nicht zu spät?«

»Aber nein. Wir sind ja auch nur hier, weil unsere Erika so gerne kleine Kuchen im Glas backt. Und wo wir doch heute den ganzen Tag in Bonn Zeit haben, wollte sie unbedingt hierhin zum Werksverkauf. Sie wissen schon, Götz, des Menschen Wille ist sein Himmelreich. Ah, da bist du ja, Lotte. Götz, darf ich vorstellen: Lotte Aller. Lotte kümmert sich bei uns um die Finanzen.«

Götz musterte Lotte. Sie war das genaue Gegenteil von Fine Mauerbrecht. Lotte Aller war groß, bestimmt über 1,80 Meter, und wog geschätzte 120 Kilogramm. Ihre ungeheuren Massen waren von einer roten Seidentunika verhüllt, aus der man leicht ein Biwakzelt hätte schneidern können.

Götz' Hand verschwand beim Händedruck in Lottes Pranke. Er zuckte schmerzlich zusammen, als sie ihm breit lächelnd fast die Finger zerquetschte.

»Lotte Aller, hallöchen, schön, Sie kennenzulernen.«

Lottes Stimmlage bewegte sich irgendwo zwischen Reiner Calmund und Ivan Rebroff. »Fine, ich hab den Mädels Bescheid gesagt, dass es gleich weitergeht. Erika ist zwar gerade im Kaufrausch, aber schließlich wollen wir nicht den ganzen Tag zwischen Einmachgläsern und Glasflaschen verbringen. Fünf Minuten werden wir uns allerdings noch gedulden müssen.«

Götz schaute abwechselnd Fine und die gewaltige Lotte an. Das würde ganz eindeutig ein spannender Tag, so viel stand schon mal fest.

»Haben Sie denn auch Ihr Aufnahmegerät dabei, Jungchen?«

»Natürlich«, Götz nestelte den kleinen Digitalrekorder aus der Jackentasche.

»Nee, wat sind die winzig geworden!«, entfuhr es Lotte.

Götz lächelte die beiden Frauen an. »Was halten Sie davon, wenn Sie mir vorab schon mal ein paar Fragen beantworten?«

»Warum nicht«, Fine Mauerbrecht nickte zustimmend.

Götz setzte sich einen kleinen Kopfhörer auf und startete die Aufnahme. »Verraten Sie mir bitte noch einmal für die Aufnahme Ihren vollen Namen und ihre Funktionen bei der ›Und Hopp AG‹. Ich kann Sie dann auch aussteuern.«

»Gerne, ich bin die Josefine Mauerbrecht, aber meine Freundinnen nennen mich nur Fine. Ich bin die gewählte Vorstandsvorsitzende.«

»Lotte Aller, ›Chief Financial Officer‹, will sagen Finanzvorstand, ›Madame la Cash‹, sozusagen.«

»Äh, ja gut, fangen wir doch gleich mit Ihnen an, Lotte. Eine kleine Gruppe von Seniorinnen gründet eine Firma, was an sich schon ungewöhnlich ist …«

»Na, na, Jungchen, steht ja nirgendwo geschrieben, dass es eine Altersbegrenzung für Start-up-Gründer gibt, nicht wahr? Nein, die ›Surroundings‹ passten, wir haben natürlich vorher ein ›Proof of Concept‹ gemacht, schließlich wollen wir ergebnisorientiert arbeiten. Mit einem radikalen ›Downpricing‹ ist ja niemandem geholfen.«

Götz verschlug es kurz die Sprache. Überrascht starrte er Lotte Aller an. Hatte sie das gerade wirklich alles gesagt?

»Wenn ich Sie da richtig verstanden habe, Lotte, dann haben Sie mit einer Machbarkeitsstudie den Markt geprüft und wollen keine Niedrigpreis-Politik?«

»Genau! Wenn wir uns auf unsere ›Core Values‹ konzentrieren, dann sind wir nicht darauf angewiesen, ein paar ›Quick Wins‹ abzustauben. Wir setzen mit unserer Arbeit ›Benchmarks‹.«

Wenn CA das hier mitanhören könnte, dachte Götz amüsiert, das Gesicht würde ich gerne sehen. Sicherheitshalber prüfte er noch mal, ob sein Rekorder auch wirklich alles aufzeichnete. Das würde ihm ja keiner glauben.

»Nun, das bringt uns auch schon zu einer Frage an Sie, Fine. Vielleicht können Sie erklären, was die ›Und Hopp AG‹ überhaupt macht und wie es dazu kam?«

»Jau, Fine, das erzählst du besser mal eben, ich hole derweil die beiden Mädels aus dem Laden, sonst verpassen wir noch unseren Termin für die **Rundfahrt mit dem Cabriobus**«, dröhnte Lotte.

Fine Mauerbrecht nickte kurz, dann strahlte sie Götz wieder mit diesem herzlichen Oma-Lächeln an. »Ach, Götz, das ist ja schnell erzählt. Die ›Und Hopp AG‹ versteht sich als Dienstleister in schwierigen Lebenslagen, sozusagen als Unternehmensberater für Privatpersonen. Es begann vor gut einem Jahr. Es war ein heißer Sommertag und ich saß mit Lotte, Erika und Heidemarie im Garten unserer Seniorenresidenz.«

*

Gut ein Jahr vorher im Garten der Seniorenresidenz »St. Marien« im Rheintal

»Habt ihr es auch gesehen, die Stefanie Bieber hat schon wieder ganz rot geweinte Augen.« Heidemarie Schmitz schüttelte mit mitfühlender Miene den Kopf. »Das arme Ding. Ob sie Sorgen mit dem Betrieb hier hat?«

»Ach was, Steffi muss sich doch keine Gedanken über die Finanzen machen. Bei dem, was wir hier alle zahlen, trägt sich die Seniorenresidenz dreimal«, brummelte Lotte und genoss mit geschlossenen Augen die Sonne in ihrem Liegestuhl.

»Ja, aber was ist es dann?«, fragte Erika Zwergelt und nippte an ihrer Tasse Grüntee.

»Ich glaube, Steffi hat private Sorgen«, stellte Fine Mauerbrecht fest, »ich werde sie mal fragen.« Fine stemmte sich aus ihrem Liegestuhl hoch, um der Leiterin der Seniorenresidenz »St. Marien« im Rheintal einen Besuch abzustatten.

»Wenn Fine jemanden zum Reden bringen will, dann redet der auch über kurz oder lang, die ist hartnäckig«, brummte Lotte und lehnte sich zufrieden im Liegestuhl zurück, der bedenklich unter ihrem Gewicht knarrte.

Fine Mauerbrecht brauchte nur fünf Minuten, um Stefanie Bieber davon zu überzeugen, dass sie sich mal mit ihr zu ihren drei Freundinnen setzen sollte.

»So, Steffi, jetzt erzählen Sie doch mal. Was bedrückt Sie, Kindchen?«

Stefanie Bieber schaute in vier Gesichter, die zugleich Neugierde und Mitgefühl ausstrahlten. Als Leiterin der Seniorenresidenz sollte sie eigentlich professionelle Distanz zu den Bewohnern halten, aber es war unmöglich, das Damen-Quartett nicht zu mögen.

»Ach, nichts weiter. Ich … ich hab nur privat gerade ein paar Sorgen. Nichts, was Sie weiter beschäftigen sollte. Das geht schon wieder.«

»Unsinn, Kindchen«, fiel ihr Heidemarie Schmitz ins Wort, »das sieht doch ein Blinder mit Krückstock, dass Sie großen Kummer haben.«

»Genau. Und wir Frauen müssen schließlich zusammenhalten«, ergänzte Erika.

»Jede Wette, da steckt ein Kerl dahinter«, weissagte Lotte düster.

»Also …?«, bohrte Fine nach.

Und dann tat Stefanie Bieber etwas, das sie noch vor zehn Minuten für unmöglich gehalten hätte, sie erzählte den vier Frauen den Grund ihres Kummers: »Ulrich, mein Mann, hat ein Verhältnis. Mit irgendeinem Flittchen aus seinem Fitnessclub. Nicht mal 25 ist die.«

»Kriegst die Tür nicht zu, dabei wissen die Kerle gar nicht, was sie an uns reiferen Frauen haben«, schnaubte Lotte.

»Gut, dass ich aus dem Alter raus bin«, seufzte Erika.

»In dem Alter warst du nie, Liebelein«, erwiderte Lotte, aber so leise, dass es gerade nur Fine hören konnte, die ihrer Freundin ermahnend den Ellenbogen in die Rippen stieß.

Stefanie Bieber blinzelte mit einem schiefen Lächeln ein paar neue Tränen weg. »Das Problem ist, dass ich damals alles bezahlt hab. Ulrichs Ausbildung, die Anzahlung fürs Haus. Ulrich hat dafür später Geld in die Lebensversicherungen investiert.«

»Lassen Sie mich raten, Steffi, im Erlebensfall ist er der Begünstigte.« Lotte schüttelte den Kopf. »Es ist doch immer die gleiche Geschichte.«

»Dann lassen Sie sich doch scheiden und ziehen Sie dem Kerl so richtig, wie sagt man heute, die Hosen aus«, schlug Fine vor.

Stefanie Bieber schüttelte den Kopf. »Eine Scheidung kommt nicht infrage. Vergessen Sie nicht, dass diese Seniorenresidenz einen kirchlichen Träger hat, da wird eine Scheidung beim Führungspersonal nicht gern gesehen.«

»Herrgott noch mal. Der Kerl nimmt Sie aus wie eine Weihnachtsgans und lacht sich dann eine Liebschaft an, die gut 20 Jahre jünger ist als Sie. Und Ihnen sind die Hände gebunden«, ereiferte sich Heidemarie, »damit darf man ihn doch nicht durchkommen lassen.«

Jetzt flossen bei Stefanie Bieber die Tränen reichlich. »Aber genau das wird passieren. Er wird damit durchkommen oder ich stehe ohne Haus und Altersvorsorge da.«

»Na, na, Kindchen, verzweifeln Sie mal nicht gleich. Vielleicht fällt uns ja noch eine Lösung ein«, tröstete Fine.

Nach dem Abendessen trafen sich die vier Frauen in Erikas Apartment. Normalerweise spielten sie hier immer ihre Runde Rommé, doch heute blieben die Spielkarten in der Schublade.

»Ich hab mir mal Gedanken gemacht«, brummte Lotte und schenkte sich aus einer Karaffe einen großzügigen Cognac ein. »Solche Typen landen immer wieder auf den Füßen, der zieht das durch, macht sich einen flotten Tag mit dem Flittchen und unsere Steffi guckt in die Röhre. Nein, ich sag euch, der Kerl muss verschwinden.«

»Du meinst, er soll verreisen?«, fragte Erika.

»Unfug – er muss ins Gras beißen.«

»Das ist gar keine schlechte Idee, Lotte«, stimmte Fine zu, »aber es muss wie ein Unfall aussehen, dann braucht Steffi keine Scheidung und sie kassiert die Lebensversicherung.«

»Ich könnte vergifteten Kuchen backen«, schlug Erika vor.

»Welchen Teil von ›Es muss wie ein Unfall aussehen‹ hast du gerade nicht gehört, Liebelein?«, stöhnte Lotte.

»Aber wenn er eine Allergie hätte?«, erwiderte Erika ihrer Freundin trotzig.

In Lottes Blick mischte sich so etwas wie Bewunderung. »Kleines, ich nehm alles zurück, das ist gar nicht mal übel, ehrlich.«

Erika wuchs unter dem Lob Lottes glatte fünf Zentimeter.

Heidemarie griff inzwischen zu ihrem Handy. »Ja, hallo, Stefanie, Heidemarie Schmitz hier. Sagen Sie, ist Ihr Gatte allergisch? Nein! Was? Ach, nur so ein Gedanke. Wir sehen uns dann morgen.«

Heidemarie beendete das Telefonat. »Fehlanzeige, Mädels, der untreue Sack ist rundum gesund. Schade, Erika, aus deiner Idee wird wohl nichts.«

»Dann finden wir eben etwas anders«, verkündete Fine resolut, »ab morgen nehmen wir die Gewohnheiten dieses Herrn Bieber genau unter die Lupe.«

Die vier Frauen teilten sich die Aufgabe auf. Wer schöpft bei einer Rentnerin, die unschuldig auf einer Bank in der Sonne sitzt, schon Verdacht? Nur dass besagte Bank einen guten Einblick in den Garten des Ehepaars Bieber ermöglichte.

»Kinder, ich glaube, ich habe da eine Idee«, Erika kicherte ganz aufgeregt, »der Bieber hat doch diesen Koi-Karpfen-Teich. Ob er wohl schwimmen kann?«

Lotte seufzte tief. »Sag mal, Erika, wie stellst du dir das vor? Das Fischbecken ist doch nicht mal drei Meter breit, und Bieber ist schließlich kein Kleinkind, das in jeder Pfütze ertrinken kann.«

»Warte mal, Erikas Idee ist gar nicht so blöd«, warf Fine ein, »ich muss morgen mal im Garten was prüfen.«

Fine prüfte und danach wussten die vier Damen, was sie wissen mussten. Der Teich wurde mit Unterwasserstrahlern beleuchtet. Stromleitungen und Wasser. Besser, man kannte sich damit aus. Heidemarie Schmitz kannte sich aus, nicht umsonst hatte ihr verstorbener Gatte den »Elektrofachhandel Schmitz und Söhne« geführt. In mehr als 40 Ehejahren schnappt man da so manches auf.

An einem Samstagnachmittag, keine fünf Tage, nachdem Stefanie Bieber den vier netten älteren Damen ihren Kummer anvertraut hatte, schwamm Ulrich Bieber mit dem Gesicht nach unten leblos im Koi-Karpfen-Teich seines Gartens.

*

Gegenwart, Parkplatz Weck-Werk

»Wie die Polizei feststellte, war das alles ein bedauerlicher Unfall, ein unglückliches Zusammenspiel von schlecht verlegter Stromleitung und Feuchtigkeit«, erklärte Fine lächelnd.

Götz dagegen traute seinen Ohren nicht. »Wollen Sie damit sagen, dass Sie zusammen mit Ihren Freundinnen diesen untreuen Ehemann umgebracht haben?«

Fine zwinkerte ihm vergnügt zu. »Nein, da haben Sie mich falsch verstanden. Wie kommen Sie denn auf so eine Idee? Es war ein Unfall, passiert öfter, als man denkt. Mehr als ein Dutzend Menschen sterben jedes Jahr bei Stromunfällen.«

Bevor Götz nachhaken konnte, deutete Fine mit dem Zeigefinger an ihm vorbei. »Da, sehen Sie, da kommen Lotte, Erika und Heidemarie. Dann wollen wir mal. Sie fahren doch mit uns? Wir haben einen Fahrer und den Bus da vorne gemietet, Wir bringen Sie später wieder zu Ihrem Auto zurück. Was halten Sie davon?«

Götz Bertram schaute zu den Damen und auf seinen Rekorder, bevor er stumm nickte.

In den nächsten vier Stunden hatte Götz das Gefühl, neben sich zu stehen und alles wie in Trance zu erleben. Er war wie vor den Kopf geschlagen. Hatte er wirklich ein Interview aufgezeichnet, in dem eine ältere Dame zugab, zusammen mit ihren Freundinnen einen Mann mittels Stromschlag umgebracht zu haben? Heimlich beobachtete er die vier Rentnerinnen und kam zu dem Schluss, dass es sich da tatsächlich um ein Missverständnis handeln musste. Man musste sich schließlich die vier nur ansehen: die kleine agile Fine mit ihrer Dauerwelle, die große massige Lotte mit dem Brummbass, Erika, die alle zwei Minuten wie ein kleines aufgeregtes Mädchen in die Hände klatschte und kicherte, und schließlich Heidemarie, die in ihrem maßgeschneiderten Hosenanzug aussah, als sei sie einer Modezeitung für die Dame ab 50 entsprungen. Götz wusste nicht, wie alt Heidemarie war, aber seine 55-jährige Mutter sah älter aus.

Die vier Damen genossen ihren Tag in Bonn. Die Stadtrundfahrt im Cabriobus und den anschließenden Stadtbummel durch die Fußgängerzone. Sie machten Fotos von sich, wie sie in der Bonngasse lächelnd neben dem im Pflaster eingelassenen **Bodenstrahler** knieten, der das Bild von Beethoven zeigte. Götz musste die vier dann noch in der **Acherstraße** fotografieren, wie sie Arm in Arm am höchsten Punkt der Innenstadt standen.

Erst als die Damenrunde im **Brauhaus Bönnsch** an einem Tisch saß, sich mit den einzigartig geformten Bönnsch-Gläsern zuprostete, traute er sich, den Rekorder wieder herauszuholen.

»Darf ich?«, fragte er und schaute in die Runde.

»Aber natürlich, mein Lieber, dafür sind Sie schließlich heute hier«, antwortete Fine und ihre drei Freundinnen nickten zustimmend.

»Nun, Fine, Sie haben mir ja bereits kurz berichtet, wie

es zu der Firmengründung kam. Auslöser war ja offenbar der tragische Unfall des Ehemannes Ihrer Seniorenresidenz-Leiterin.«

»Tragisch ist gut«, gluckste Lotte, bevor sie ihr Bönnsch auf Ex hinunterkippte.

»Meint der Herr Götz den Ulrich Bieber?«, fragte Erika.

»Liebelein, hat unsere Steffi zwei Männer gehabt?«

»Aber warum redete er da von einem Unfall?«

»Weil es ein Unfall war«, brummte Lotte und Heidemarie stieß Erika den Ellenbogen in die Rippen.

»Ach so, den Herrn Bieber meinten Sie, Herr Götz«, erklärte Erika mit rotem Kopf eifrig, »ja, das war ein Unfall.«

Götz nahm sich vor, so zu tun, als sei das alles hier gar nicht gesagt worden.

»›Und Hopp AG‹ ist aber doch ein sehr ungewöhnlicher Name?«

»Aber er drückt das Wesentliche aus, und er ist einprägsam«, sagte Heidemarie. »Bei uns geht es schnell, quasi hoppla-hopp, und das ist für ein Dienstleistungsunternehmen doch das A und O.«

»Ich habe eine Facebook-Fan-Seite angelegt, die hat schon mehr als 2.500 Freunde«, berichtete Erika stolz.

»Ja, Erika ist bei uns für die sozialen Netzwerke verantwortlich.« Fine bestellte mit einer Handbewegung eine neue Runde Bier. »Und sie backt natürlich die Kuchen.«

»Es gibt nämlich ganz schön viele, die allergisch sind, ist doch so.« Erika schaute ihre Freundinnen an und die nickten.

»Wie gesagt«, nahm Fine den Faden wieder auf, »ich koordiniere alles, Lotte kümmert sich um die Finanzen und Heidemarie ist für die technischen Details zuständig.«

»Und Sie wollen als Auftragsmör…, ich meine, als Auftragsproblemlöser an die Börse?«

»Oder wir suchen uns ein paar stille Teilhaber, da müssen wir uns noch untereinander ›committen‹. Wir wollen das Geschäft ja noch erweitern. Stillstand wäre da Rückschritt«, antwortete Lotte.

»Im Moment werden wir unter der Hand weiterempfohlen, doch so kann man nicht expandieren. Erika ist dabei, unsere Webseite auf Vordermann zu bringen, aber da bleibt eben manches im Tagesgeschäft liegen.«

»Oder anders ausgedrückt: Weil bei uns mancher im Tagesgeschäft liegen bleibt, fehlt uns die Zeit, höhö.« Lotte hatte sowohl ihr zweites Glas als auch beide Gläser von Erika ausgetrunken.

Fine sah Götz' Gesicht. »Die Lotte meint das nicht so ernst, mein Lieber. Wie gesagt, Sie haben ein Problem, dann rufen Sie uns an, oder Sie schreiben Erika eine Mail und wir kümmern uns darum.«

Götz wusste, dass es besser war, den Rekorder auszuschalten. Besser für seine Story, besser für ihn.

»Vielleicht könnten Sie mich jetzt doch zu meinem Auto zurückfahren, ich muss ja noch in die Redaktion«, bat er.

»Aber natürlich, mein Lieber. Was war das doch für ein wundervoller Tag, den wir zusammen erlebt haben – nicht wahr?«

Fine strahlte, Heidemarie nickte, Erika klatschte begeistert in die Hände und Lotte rülpste laut, bevor sie murmelte: »Wunnervolle Tach, jawoll.«

*

Zwei Tage später

»Bertram! Sagen Sie mal, wollen Sie mich verarschen?« Claus Ambrosius Keller knallte Götz ein paar Papierseiten auf den Tisch.

»Was haben Sie sich denn dabei gedacht? Diese halbgare Story, das ist doch kein Wirtschaftsstück. Ich dachte, Sie hätten das gelernt, oder haben Sie bei der FAZ nur Kaffee geholt? Also, zum Mitschreiben für Sie: In Ihrem Beitragsentwurf wird nicht erklärt, was dieses Senioren-Start-up tatsächlich tut. Womit verdienen die ihr Geld, was haben die für Umsätze, welchen Gewinn vor Steuern und Abschreibungen, welchen Profit, wie sehen die Quartalszahlen aus, wo sehen sie Zukunftsmärkte?« CAs fleischige Hand klatschte bei jedem Satz laut auf die Manuskriptseiten.

»Nun, das war nicht so einfach, wie man sich …«

»Himmel noch mal, nicht so einfach? So verflucht schwer kann das doch nun auch wieder nicht sein. Wenn man diese Sülze hier liest, erfährt man ja rein gar nichts. Null-Inhalt! Verkaufen die Fische oder Mörsergranaten? Meine Fresse, ich will Fakten, Fakten und nichts als Fakten in so einem Beitrag. Und hier, ich hab mir auch schon die geschnittenen Statements angehört, die Sie da rausgesucht haben.« CA donnerte eine CD auf den Tisch. »Wen haben Sie da interviewt, Ivan Rebroff und Schlumpfinchen? Dieses ewige Gekicher geht einem ja genauso auf die Nüsse wie der Brummbass. Nein, da tu ich Rebroff Unrecht, dessen Stimme hatte Wohlklang. Ich bin morgen auf der Tagung. Übermorgen will ich den fertigen Beitrag auf dem Tisch haben, ohne Wenn und Aber. Und zwar einen Beitrag, bei dem sich ihr ehemaliger Chefredakteur in Frankfurt nicht vor Scham unter dem Schreibtisch verstecken muss.«

»Sie haben mich aber für morgen eingeteilt, um …«

»Sagen Sie mal, brülle ich zu undeutlich? Dann bearbeiten Sie eben zwei Themen gleichzeitig. Der Tag hat 24 Stunden, lassen Sie die Mittagspause weg, dann sind es 25 – alles klar? Übermorgen. Auf meinem Schreibtisch. Oder Sie können Ende der Woche schon mal anfangen, neue Bewerbungen zu tippen.«

Claus Ambrosius Keller stürmte aus Götz' Büro wie ein wutschnaubender Stier. In den übrigen Bürozimmern herrschte atemlose Stille, bevor nach einer gefühlten halben Ewigkeit wieder Tastaturgeklapper und Stimmengemurmel einsetzte.

Götze sackte in seinem Schreibtischstuhl zusammen. Genau eine solche Szene hatte er befürchtet. Natürlich war ihm klar, dass er in seinem Beitrag um die Wahrheit herumgeschlichen war, wie die Katze um den berühmten heißen Brei. Aber was bitte hätte er denn schreiben sollen? Die Wahrheit? Dass es da draußen vier rüstige Seniorinnen gab, die sich innerhalb eines Jahres zu ausgebuchten Auftragsmörderinnen hochgearbeitet hatten und jetzt international expandieren wollten?

Götz stellte sich Erika in Verhandlungen mit den hartgesottenen Bossen der Cosa Nostra vor – und musste unwillkürlich grinsen. Obwohl – Lotte würde wahrscheinlich jeden Mafioso am ausgestreckten Arm verhungern lassen.

Natürlich war das eine Wahnsinnsstory, aber wenn er die schrieb, würde ihm irgendjemand glauben? Im Leben nicht!

Dann brauchte er erst gar nicht bis übermorgen zu warten, dann konnte er auch gleich anfangen, seinen Lebenslauf auf Vordermann zu bringen.

Wütend nahm er die Manuskriptseiten von seinem Schreibtisch, knüllte sie zusammen und warf sie in den Papierkorb.

Er griff nach der CD, die er im Studio vorbereitet und mit dem Entwurf zur Freigabe abgeliefert hatte, und wollte sie schon in die geöffnete Schublade pfeffern, als ihm die Visitenkarte ins Auge fiel.

Fast behutsam nahm er das kleine Stück Karton heraus und drehte es nachdenklich in den Fingern. Viel stand ja nicht darauf: »Und Hopp AG – wenn es schnell gehen muss« las er auf der Vorderseite, und auf die Rückseite war lediglich eine Mobilnummer gedruckt.

Wenn es schnell gehen muss. Für ihn war Übermorgen schon ziemlich bald.

Bevor er da anrief, konnte er aber genauso gut noch etwas klären. Götz wählte CAs Sekretariat. Zwei Minuten später hatte er eine Liste mit sechs Punkten vor sich liegen.

Er wählte die Mobilnummer. Es klingelte zweimal, dann meldete sich – die Stimme war unverkennbar – Lotte Aller. »Und Hopp AG, wie können wir Ihnen helfen?«

»Lotte, Götz hier, Götz Bertram.«

»Jungchen, das ist aber nett, dass Sie sich noch mal melden. Warten Sie, die Fine sitzt gleich neben mir, ich geb Sie weiter.«

»Ja, Götz, was für eine Überraschung. Stimmt was nicht mit dem Interview?«

»Nein, Fine, mit dem Interview ist alles in Ordnung. Nur ...«

»Ja, was?«

»Nur mit meinem Chef nicht.« In kurzen Sätzen beschrieb Götz sein Dilemma.

»Ach, das klingt aber doch machbar. Übermorgen, sagen Sie?«

»Ja, übermorgen schon, aber ich hätte da auch eine Liste, Herr Ambrosius ist allergisch.«

Fines Lachen perlte durch den Hörer. »Ach, das ist doch nett. Ich geb es gleich weiter! Erika, du kannst wieder einen Kuchen backen!«

1 **Haribo-Store**

Hans Riegel, Bonn – aus diesen drei Wörtern wurde der Firmenname zusammengestellt, der 1920 im Bonner Handelsregister eingetragen wurde: »Haribo«. Der Süßwarenkonzern mit seinen berühmten Gummibärchen, Lakritzschnecken und den unzähligen anderen Konfektsorten ist jetzt seit fast 100 Jahren in Bonn ansässig, auch wenn immer mal wieder darüber spekuliert wird, aus Platzgründen umzuziehen.

Neben dem traditionellen Fabrikverkauf in der Friesdorfer Straße gibt es an der Universität den weltweit ersten Haribo-Store. Das Sortiment dürfte das Herz jedes Gummibärchen-Fans höherschlagen lassen. Ein Glück für mich, dass es den Store zu meinen Studienzeiten noch nicht gab, ich hätte ernsthafte Gewichtsprobleme bekommen.

Öffnungszeiten unter www.haribo.com/deDE/shops/haribo-store-bonn.html

2 **Brau- und Wirtshaustour**

Diese Tour gehört zu den zahlreichen Themenführungen, die in Bonn angeboten werden. Wer immer wissen wollte, »wo berühmte Bonner schon ihr Bier tranken«, der ist hier richtig. Die Tour führt durch verschiedene Bonner Traditionswirtshäuser und bei Bierkostproben und rheinischen Spezialitäten, wie »Himmel un Ääd« oder »Bönnsch-Brot« mit Butterschmalz, erfährt man viel über die Bonner Geschichte. Gebucht

werden kann die Tour ab acht Personen bei der Tourismus & Congress GmbH.
Weitere Informationen und die aktuellen Preise unter www.bonn-region.de

3 **Kulinarische Stadtführung**
Hier geht es nicht nur um die Brauhaustraditionen in Bonn. Bei der kulinarischen Stadtführung kann man sich sozusagen die Stadt auf der Zunge zergehen lassen. Während man das eine oder andere Häppchen genießt, erfährt man als Zugabe viel über Bonn und die Architektur der Stadt.
Informationen und Buchungen unter www.eat-the-world.com/bonn

4 **»Stadt, Land, Fluss«-Tour**
Wer denkt bei diesem Namen nicht an die verregneten Spielenachmittage in den Ferien? Nur, dass Sie bei dieser Tour nicht eine Stadt, einen Fluss oder ein Land mit dem gleichen Anfangsbuchstaben aufschreiben müssen. Vielmehr führt diese Stadttour auch aus der Innenstadt heraus. Hier wird nicht nur Bonn, sondern auch der Nationalpark Siebengebirge und der Petersberg vorgestellt. Eine rund dreistündige Tour, die man allerdings nur als Gruppe buchen kann.
Informationen und Buchungen unter www.bonnticket.de

5 **Petersberg**
Der Petersberg ist Teil des Naturschutzgebiets Siebengebirge (siehe dazu auch »Tote rudern keine Boote«) und neben dem Drachenfels sicher der berühmteste »Gipfel« unter den Bergen des Siebengebirges. Das liegt nicht an seiner Höhe von 331 Metern (nur der

Wolkenburg und der Drachenfels sind noch etwas niedriger), sondern an dem berühmten ehemaligen Gästehaus der Bundesregierung. Doch die Geschichte des Petersbergs ist viel älter.
Oben auf der Basaltkuppe, wo bereits im 1. Jahrhundert nach Christus eine keltisch-germanische Fliehburg stand, wurde im 12. Jahrhundert ein Kloster errichtet. Die Mönche waren es auch, die dem Gipfel, der ursprünglich »Stromberg« hieß, seinen neuen Namen gaben: »Mons sancti petri« – der Berg des heiligen Petrus – oder eben Petersberg.
Ende des 19. Jahrhunderts entstand auf dem Petersberg ein Hotel. Eine Zahnradbahn – ähnlich der, die man heute noch am Drachenfels erleben kann – brachte die Gäste auf den Gipfel, von dem man einen fantastischen Blick ins Rheintal hat. Nach dem Zweiten Weltkrieg war der Petersberg Sitz der Alliierten Hohen Kommissare. Seine einzigartige Lage und vor allem die Tatsache, dass man die einzige Zufahrtsstraße perfekt absperren und sichern kann, machte dann den Petersberg zum idealen Ort, um hohe Staatsgäste zu beherbergen und internationale Konferenzen mit höchster Sicherheitsstufe zu veranstalten.
Heute betreibt die Steigenberger-Hotelgruppe auf dem Petersberg ein Grandhotel (www.steigenberger.com). Wer als Wanderer auf dem Petersberg nicht mit verdreckten Schuhen in die Grandhotel-Atmosphäre eintauchen will, für den gibt es draußen auch einen Biergarten.

6 Marktplatz

Wie in vielen anderen Städten auch war der Marktplatz in Bonn der zentrale Punkt. Hier, wo heute ein großer Obelisk steht, gab es früher einen Brunnen, der von der kurfürstlichen Quelle gespeist wurde. An einem Ende des dreieckigen Marktplatzes, in Richtung Hofgarten, steht das Alte Rathaus der Stadt. Ich persönlich kann mich an einen Gänsehautmoment erinnern, als ich auf dem völlig überfüllten Marktplatz den ersten »neuen« Tag der Deutschen Einheit am 3. Oktober erlebte. Es war spätabends und abwechselnd mit einem Kollegen habe ich vom Marktplatz aus mit einem C-Netz-Funktelefon Live-Reportagen für unseren Radiosender eingesprochen.

Übrigens: In Bonn bieten an sechs Tagen in der Woche Händler auf dem Marktplatz ihre Waren an, das kenne ich von keiner anderen Stadt.

7 **Weck-Werke**

Wenn ein Produkt- oder Firmenname in der deutschen Sprache als Verb aufgegriffen wird, dann ist das schon etwas Besonderes. Viele kennen das Haltbarmachen von Obst und Gemüse durch Einkochen nur unter dem Begriff »einwecken«. Lange Zeit dachte ich, das sei eben ein Verb aus dem Badischen, bis mir klar wurde, dass es dort die Firma Weck gibt, die seit fast 120 Jahren Einmachgläser produziert. In Bonn-Duisdorf hat das Unternehmen einen Werksverkauf. In dem Shop können sich Einkoch-Fans mit den bekannten Einmachgläsern versorgen.

Öffnungszeiten und Informationen unter www.weckglaswerk.de

8 **Rundfahrt mit dem Cabriobus**

»Wer nicht laufen will, kann fahren« – so wirbt der Veranstalter für seine Stadtrundfahrt mit dem eigens umgebauten Cabriobus. Bei der Stadtrundfahrt unter dem Motto »Bonn gestern, heute, morgen« wird die ganze Bandbreite der Bonner Geschichte präsentiert: angefangen in der Römerzeit über die Ära der barocken Kurfürsten bis hin zum bundespolitischen Bonn. Die Tour dauert rund 2,5 Stunden, mit der »Bonn Regio WelcomeCard« (siehe dazu auch »Sport ist Mord«) spart man 30 Prozent des Fahrpreises. Informationen und Buchung über die Bonn-Information (siehe oben).

9 **»Walk of Fame«**

In Zusammenarbeit mit einer großen Bonner Tageszeitung, dem »Bonner General-Anzeiger«, entstand der Bonner »Walk of Fame«. Hier werden berühmte Bonner Persönlichkeiten geehrt, die entweder in der Stadt gelebt haben oder über ihre Arbeit eng mit der Stadt verbunden waren. Dafür wurden Bodenstrahler ins Pflaster eingelassen, auf deren Glasscheiben Porträts der Geehrten abgebildet sind. Hier sind unter anderem Ludwig van Beethoven, Clara und Robert Schumann, August Macke, Konrad Adenauer, Willy Brandt und der ehemalige französische Außenminister Robert Schuman vertreten.
Das Porträt Ludwig van Beethovens befindet sich in der Bonngasse, unmittelbar am Geburtshaus des großen Komponisten und Musikers.

10 **Acherstraße**

Wenn Sie vom Marktplatz aus in Richtung Bonner Münster gehen, dann liegt die Acherstraße rechts von Ihnen, gegenüber dem Remigiusplatz, wo die Blumenhändler stehen. Weil diese Gasse ursprünglich hinter (»achter« oder »acher«) der Stadtmauer lag, heißt sie

heute Acherstraße. Ungefähr zwischen den Hausnummern 10 und 12 weist eine kleine Bronzeplatte im Straßenpflaster darauf hin, dass man sich nun auf dem höchsten Punkt der Bonner Innenstadt befindet. Sage und schreibe 61,64 Meter über N. N.
Kurz: Ab hier kann es nur noch bergab gehen.

11 **Brauhaus Bönnsch**
Hier wird das Bönnsch gebraut und serviert. Das Bier ist – der Name lässt es schon erahnen – das »Konkurrenzprodukt« zu dem weiter im Norden üblichen Kölsch. Bönnsch ist ein naturtrübes, obergäriges Bier und kommt in eigens geformten krummen Gläsern mit Griffmulden auf den Tisch. Wer wissen will, wie das Bönnsch entsteht, für den gibt es Brauhaus-Führungen. Natürlich kann man im Bönnsch auch rheinische Spezialitäten genießen, und der Wirt weist ausdrücklich darauf hin, dass man seine Gläser vor Ort kaufen kann.
Informationen zu Veranstaltungen, Öffnungszeiten und Führungen unter www.boennsch.de

PARKS IN BONN

Bei meinen Recherchen zu diesem Buch war ich völlig verblüfft, wie viele Grünanlagen und Schlösser es in und um Bonn herum gibt. Zählt man das Gebiet Richtung Köln auf der einen Seite und Richtung Ahrtal auf der anderen Seite dazu, dann kommt man auf gut und gern 28 verschiedene Burgen und Schlösser.

Wer sich weiter informieren möchte, der sollte sich die folgende Website ansehen: www.bonn-region.de/sehenswuerdigkeiten-kultur/weitere-burgen-schloesser.html

Zu vielen dieser Schlösser und Burgen gehören großartige, berühmte Parkanlagen.

Viele der öffentlichen oder halböffentlichen Parks und Gärten innerhalb der Stadt sind aber allenfalls den Anwohnern bekannt. Dabei listet allein die Internetseite der Stadt Bonn (siehe unten) 25 verschiedene Parks und Gärten auf.

Zum einen sind die Grünanlagen natürlich historisch bedingt. Die Kölner Kurfürsten, die in Bonn und Umgebung residierten, schufen sich eine entsprechend fürstliche Umgebung, daher können Anlagen wie die Botanischen Gärten oder die barocke Gartenanlage der Brühler Schlösser auf eine lange Geschichte zurückblicken.

Aber natürlich hat auch die Bundeshauptstadt-Ära ihre Spuren hinterlassen. Sicher wäre ohne die Bundesgartenschau in direkter Nähe zum Regierungsviertel der Freizeitpark Rheinaue nie entstanden.

Ich habe immer das Gefühl, dass es den Bonnern herzlich

egal ist, aus welchem Grund es den einen oder anderen Park gibt, sie lieben und nutzen einfach die angebotenen Grünanlagen. Dass man bei einem Grillfest mit Freunden in der Rheinaue leicht vergisst, dass man sich mitten im Herzen der Bundesstadt befindet, habe ich selbst mehr als einmal erlebt.

Als Möglichkeit, während eines Bonn-Besuchs einmal kurz Pause zu machen und in der Sonne zu relaxen, eignen sich die Parks allemal. Von den Attraktionen, die Anlagen wie die Botanischen Gärten bieten, einmal ganz zu schweigen.

In den Freizeittipps habe ich Ihnen einige der Parks aufgeführt.

Wenn Sie sich vor einem Bonn-Besuch generell über die Parks und Gärten der Stadt informieren möchten, dann finden Sie auf der Website www.bonn.de unter der Rubrik »Tourismus&Kultur/Sport&Freizeit« eine Übersicht der Grünanlagen, inklusive Informationen zu den Öffnungszeiten und der Anfahrt mit öffentlichen Verkehrsmitteln.

Als ich gegenüber einem Freund die Anzahl der Bonner Parks erwähnte, erzählte er mir von einem Werbefilm über Grünanlagen im Ruhrgebiet. So einfach entsteht manchmal die Idee zu einem Kurzkrimi …

WERBEN ODER STERBEN

Was soll ich sagen? Es ist einfach schrecklich. So etwas kann man erst einmal gar nicht glauben. Also, mir kommt das … na ja, irgendwie ganz unwirklich vor, wenn Sie verstehen, was ich meine. Er ist … Gott, ich muss ja jetzt sagen, er war *ein so netter, gütiger Mensch. Wer würde so jemandem etwas zuleide tun? Und dann auch noch die anderen beiden. Furchtbar, ganz furchtbar. Wobei, die habe ich ja kaum gekannt.*

Also, um ehrlich zu sein, ich kann Ihnen nichts sagen, was Ihnen weiterhelfen könnte. Ich habe schon darüber nachgedacht, macht man ja automatisch. Ich war gestern Abend wirklich früh zu Hause, alleine, wollte mich nach dem anstrengenden Arbeitstag entspannen. So den ganzen Tag auf den Beinen sein, immer 100-prozentig konzentriert, das schlaucht schon. Deshalb weiß ich auch gar nicht, was die anderen gemacht haben. Ob die noch zusammen weggegangen sind? Keine Ahnung. Na ja, und morgens bin ich dann erst später dazugekommen.

Hach, jetzt muss ich selber über mich lachen, ich habe eigentlich ja überhaupt kein Alibi, aber das werden Sie mir sicher nachsehen, nicht wahr? Ich habe ja auch nicht damit gerechnet, dass ich ein Alibi vorweisen muss. Ich bin wirklich entsetzt über so viel Brutalität. Dass es so viel Böses gibt. Nein, das macht mich wirklich ganz fassungslos.

Was meinen Sie? Klingt das gut in Ihren Ohren? Ich will da Ihre ehrliche Meinung hören. Ich bin zwar Profi, wenn es darum geht, eine Rolle zu spielen, aber das hier ist schließlich nicht irgendein Auftritt, das ist das richtige Leben. War ich für Sie überzeugend? Gut, denn genau das werde ich gleich der Polizei erzählen. Und soll ich Ihnen mal was verraten – es ist alles erstunken und erlogen.

»Und Cut! Alles klar, ist im Kasten. Danke! Fünf Minuten Pause für alle. Aber bitte, Kinder, denkt daran, nur fünf Minuten, wir müssen uns heute ranhalten, ihr Süßen.«

Christian Hempler, von allen nur Chris genannt, gefällt sich unglaublich in der Rolle des großen Regisseurs. Warum er sich diesen furchtbaren Tonfall angewöhnt hat, dieses Tuntige, will mir nicht in den Kopf. Ehrlich, ich kenne einige Schwule und auch ein paar Lesben, habe sogar ein, zwei Bekannte, die noch nicht so recht wissen, was sie wollen – aber dieses affektierte Verhalten geht mir auf die Nerven. Als wäre man hier nicht auf der **Düne Tannenbusch**, sondern in der Neuverfilmung von »Ein Käfig voller Narren«.

»Charlie, Darling, ich muss dir sagen, gaaanz großes Kino, du trägst die Szene alleine, supertoll. Bitte, bleib so konzentriert und auf den Punkt, dann wird das supi.«

Boah, haben Sie das gehört?

Ich steh ja auf Komplimente, wer nicht? Aber ich weiß auch, dass wir hier nur einen Werbefilm für das Land Nordrhein-Westfalen über die Parks und Grünanlagen in und um Bonn drehen. Und die Düne Tannenbusch wird aufgrund ihrer Herkunft zwar jedem Geologen die Freudentränen in die Augen treiben, doch so viel Ehrlichkeit muss sein – es sind auch nicht mehr als nur ein paar Spazierwege. Ich möchte mir gar nicht ausmalen, was Chris sich einfallen lässt, wenn wir in Brühl auf **Schloss Augustusburg** und am **Jagdschloss Falkenlust** drehen. Wahrscheinlich wird der sich beim Anblick der **barocken Gartenanlagen** nicht mehr einkriegen.

Ich hasse es übrigens, dass er mich Charlie nennt. Ich heiße Charlotte, und Chris ist nicht Winnetou, verdammt noch eins. »Charlie, mein weißer Bruder« kennt man ja aus dem Karl-May-Filmen. Wenn er es wagt, Lotte zu sagen, dreh ich ihm seinen dürren Hals um. Aber vorher ist die Grete dran. Diese blöde Gans.

Okay, ich seh schon, ich muss Ihnen ein bisschen was erklären. Also, ich heiße Charlotte Grahmann, bin 35 Jahre alt, Schauspielerin und wurde engagiert, um in dem blöden Werbefilmchen die Moderation zu übernehmen. Sie wissen schon: Ich schlendere durchs Bild, strahle in die Kamera und begeistere mich in Sätzen wie: »Dass es hier mitten in der Großstadt noch Plätze wie die Düne Tannenbusch gibt, ist ein kleines grünes Wunder. Lassen Sie uns doch gemeinsam schauen, wo wohl dieser Weg hinführen wird.«

»Ein kleines grünes Wunder«, speiübel wird mir bei solchen Sätzen. Für diese Perlen der Textkunst ist Grete Schmidteisen-Bauerbach verantwortlich. Und die geht mir ja so was von auf den Keks. Seit drei Tagen nervt die mich, weil ich angeblich meinen Text nicht ausreichend gelernt haben soll oder ihre bekloppten Formulierungen nicht begeistert genug rüberbringe. Aber da muss ich mir gar keine Gedanken mehr machen. Jedes weitere Wort der Aufregung wäre Spuckeverschwendung. Grete trinkt gerade ihren Chai-Latte – hat sie sich aus der Thermoskanne im VW-Bus eingegossen. Ich geb ihr noch zwei, drei Minuten, bevor die Bauchkrämpfe einsetzen. Grete wird grün im Gesicht, sie wird sich bei Chris entschuldigen und nach Hause fahren. Natürlich mit der Zusicherung, morgen, wenn wir am **Poppelsdorfer Schloss** und in den **Botanischen Gärten** drehen, wieder voll da zu sein. Irrtum, Grete. Du wirst schon heute Nacht nicht mehr voll da sein. Dafür hat mein kleines Pülverchen gesorgt, das du gerade zusammen mit diesem ekeligen Chai-Latte trinkst.

Eine Nervensäge weniger.

»Charlie, Charlie, Darling, du, der Grete geht es gar nicht gut, die hat sich da irgendwas gaaanz Schlimmes eingefangen. Himmel, was machen wir denn jetzt bloß?«

Sehen Sie, geht schon los.

»Ganz ruhig, Chris, die Grete ist mit mir den Text schon durchgegangen und ich hab den präsent. Mach dir mal keine Sorgen.«

Den bekloppten Text habe ich natürlich geändert, aber das wird Chris nie merken.

Woher ich das Pülverchen habe, das für Gretes Ende sorgt? Ach, das. Mein Ex hat Chemie und Biologie studiert. Pflanzengifte waren sein Steckenpferd. Als sich sein Interesse von den Pflanzengiften mehr und mehr auf die blonde Schlampe aus dem Fachschaftssekretariat verlagerte, hab ich mit ihm Schluss gemacht. Okay, um ehrlich zu sein: Mit ihm und mit der Schlampe. War ja auch nicht sonderlich schwer, bei dem ganzen Kram, den er bei mir in der Wohnung eingelagert hat. Und seitdem lebe ich doch sehr viel stressfreier, das kann ich Ihnen sagen.

Heute stehen erst einmal die Botanischen Gärten auf dem Programm. Ich bin früh aufgestanden, habe mir sehr sorgfältig die Haare zurechtgemacht, die sollen gut aussehen, aber nicht gestylt. In der kleinen Crew ist die Heike nicht nur Mädchen für alles, sie übernimmt auch den Part der Visagistin. Aber ich weiß natürlich besser, wie ich meine Schokoladenseite ins Bild bringen muss. Apropos Schokoladenseite: Ich trage den hellgrauen Hosenanzug mit der taillierten, engen Jacke. Mit der Perlenkette kommt der wirklich gut rüber. Ich bin ganz verliebt in den Hosenanzug. Dazu die schwarzen Riemchensandalen mit hohem Absatz – irre. Oh, sorry, ich bin dran.

»Charlie, Darling. Achtung. Kamera?«

»Läuft!«

»Ton?«

»Läuft!«

»Und bitte!«

»Willkommen in den Botanischen Gärten der Universität Bonn. Können Sie sich vorstellen, dass diese Anlage mit mehr als 400 Jahren zu den ältesten botanischen Gärten der Welt gehört? Wollen wir gemeinsam einen der Stars hier im Garten besuchen? Dann kommen Sie doch mit. Ich lade Sie ein, eines der größten Blumenwunder der Welt zu bestaunen.«

»Und Cut! Gott, bist du gut heute, Darling. Die Kamera liebt dich. Ich liebe dich. Und wie du den Text von der Grete rübergebracht hast, wunderbar.«

Chris weiß ja nicht, was die blöde Gans alles geschrieben hat – »Das ist ein Garten, nicht irgendein Garten, sondern ein ganz großer Garten, und der gehört der Uni Bonn. Wir sind in den Botanischen Gärten der Uni Bonn. Hier gibt es etwas ganz Tolles zu bestaunen. Etwas, das nur wenige in ihrem Leben je zu sehen bekommen.«

Ja, so hat sie getextet, unsere Grete. Wie für die »Sendung mit der Maus«, nur schlechter. Ich will über Tote nichts Böses sagen, aber bei so viel Grütze wundert es mich, dass sie nicht früher abgetreten ist.

»Du, Chris?«

»Ja, Kevin?«

»Ich finde, die Charlotte sieht zu steif aus.«

»Echt jetzt? Ah ja, wo du das so sagst, Kevin. Charlie! Darling, sei doch so lieb und zieh mal die Jacke von deinem Hosenanzug aus.«

»Geht's noch, Chris? Ich hab unter der Jacke nur ein ärmelloses Top an, so lustig ist das nicht hier draußen.«

»Schau mal, Darling, der Kevin hat eine wunderbare Idee für dich. Sieh mal, so eine Art Safari-Jacke, die passt doch super zum Ambiente hier, das ist doch voll der Dschungel. So, und nun zieh keinen Schmollmund, ab auf deine Position, Darling, und noch mal von vorne.«

Ich koche. Boah, wenn ich diese Szene hier im Kasten habe, muss ich erst mal 'ne Runde schreien gehen. Kevin, die kleine Ratte, dieser widerliche Schleimer. Nur, weil der für die Requisiten zuständig ist und Chris auf knackige Ärsche steht, muss ich jetzt diese verlauste Baumwolljacke tragen. Beigefarben mit Schweißflecken von weiß Gott wem. Igitt! Und das zur hellgrauen Stoffhose. Ich bin ja Profi, aber es gibt auch Grenzen.

»So, Kinder, aufgepasst. Kamera?«

»Läuft!«

»Ton?«

»Läuft!«

»Und bitte!«

»Sie ist eine der spektakulärsten Pflanzen unserer Erde. Ihre Heimat ist Sumatra in Indonesien. Ich rede natürlich von der **Titanenwurz**, der gigantischen Blume, die im Logo der Botanischen Gärten …«

»Aus! Stopp. Ich weiß nicht, irgendetwas stört mich.«

»Du, Chris!«

»Ja, Kevin?«

»Lass die Charlotte doch mal die hohen Schuhe ausziehen, dann sieht man neben dem Schaubild der Riesenblume besser den Größenvergleich.«

»Du, Kevin, das ist ja eine ganz super Idee.«

»Hast du gehört, Darling, zieh doch bitte mal für uns die Schuhe aus.«

»Um dann hier barfuß rumzulaufen – oder was?«

»Nun hab dich nicht so, ist ja nur für kurz. Und wir steigen wieder da ein, wo du sagst: ›Ich rede natürlich ...‹ und so weiter. Du kennst die Stelle.«

Ich atme einmal tief durch. Nein, ich werde ganz sicher keine Szene mitten im Gewächshaus machen. Nicht jetzt.

»Kamera?«

»Läuft!«

»Ton?«

»Läuft!«

»Und bitte!«

»Ich rede natürlich von der Titanenwurz, der gigantischen Blume, die im Logo der Botanischen Gärten der Uni Bonn zu sehen ist. Die Riesenblume wurde im 19. Jahrhundert von dem florentinischen Botaniker Odoardo Beccari entdeckt. Die Pflanzen blühen allerdings nur alle zwei oder drei Jahre und dann auch nur für eine Nacht und einen Tag. Zwischen zwei und drei Meter hoch wird der Blütenstand ...«

»Aus! Stopp, stopp! Da laufen ja die ganze Zeit Leute hinten durchs Bild. Och Kinder, so kann ich nicht arbeiten. Charlie, bleib bitte in Position, du siehst zauberhaft aus.«

In dieser Scheißjacke, die aussieht, als hätte man sie dem toten Horst Schimanski vom Leib gerissen? Im Leben nicht. Ich schlage die Ärmel um und schiebe sie hoch, macht das doofe Teil aber auch nicht hübscher.

»Du, Chris?«

»Ja, Kevin?«

»Ich hätte da noch einen tollen Vorschlag. Diese Blume kommt doch aus Sumatra, also aus dem Dschungel. Ich hab noch einen Tropenhelm in der Requisite.

»Supi! Ja, das machen wir. Du, Charlie, das wird klasse, das ist so ein Augenzwinkern für diese Szene.«

Das … ist … dein … Ende, Kevin, du Ratte.

Ich pfeife auf irgendein Augenzwinkern.

Zwei Minuten später stehe ich wieder vor der Kamera. Barfuß, in einer viel zu weiten, potthässlichen Baumwolljacke und kämpfe damit, dass mir der Drecks-Tropenhelm bei der kleinsten Bewegung in die Stirn rutscht.

»Kamera?«

»Läuft!«

»Ton?«

»Läuft!«

»Und bitte!«

»Zwischen zwei und drei Meter hoch wird der Blütenstand. Allerdings ist die Titanenwurz nichts für empfindliche Nasen. Um kleine Käfer und Insekten anzulocken, verströmt der Blütenstand einen durchdringenden Aasgeruch. Aber davon ließen sich bei der letzten Blüte Tausende Besucher nicht abhalten, diese außergewöhnliche Blume anzusehen. Ein Star in einer Anlage voller botanischer Schätze.«

»Und Cut! Gott, war das gut. Abbau und 30 Minuten Mittagspause. Heike, du hast doch Pizza für alle bestellt? Prima! Draußen gibt es Pizza, Kinder.«

Draußen gibt es Pizza. Thunfisch-Zwiebeln für Kevin. Mein Pülverchen sieht er nicht, schmeckt er nicht und der Gierschlund lässt auch niemanden probieren. Ist auch besser so. Eine Nervensäge weniger. Sie kennen ja den Ablauf mittlerweile. Nach zehn Minuten verabschiedet sich Kevin Richtung Besucher-Toiletten. Zeit, um mit Chris zu plaudern.

»Sag mal, Chris, wo werden wir denn morgen drehen?«

»Ich wollte ja in den **Freizeitpark Rheinaue**, aber da gibt es morgen wieder den **Flohmarkt**. Das ist mir zu quirlig.

Ich denke, wir tauschen die Locations und machen auf dem **Alten Friedhof** weiter.«

Der Alte Friedhof ist ja irgendwie passend. Kevin wird dort jedenfalls keine Ideen mehr einbringen, und vermissen werde ich ihn auch nicht. Niemand wird ihn so schnell vermissen, er ist ja Single, da können gut und gerne Wochen vergehen.

Der Alte Friedhof gehört zu meinen Lieblingsplätzen in Bonn. Ich finde, man kann die Stille und Ruhe dieses Ortes praktisch atmen. Ich liebe es, wenn im Herbst das Abendlicht durch die bunten Blätter der Bäume fällt oder wenn im Frühjahr die Vögel anfangen zu singen. Robert Schumann ist hier begraben, Franz Ries, der Geigenlehrer Beethovens, Beethovens Mutter, aber auch Mildred Scheel. Ja, ich kenne mich hier aus.

Weil ich diesen Ort besonders mag, bin ich auch schon viel früher als alle anderen da.

Ein Handy-Klingeln stört die Stille. So was sollte man direkt verbieten.

»Ja, hallöchen. Hempler hier. Ach, Tommy, Schatz, du bist es. Ja, ich bin immer noch bei diesen dämlichen Dreharbeiten. Du, hier läuft gerade aaalles schief. Erst fällt die Grete aus und meldet sich nicht mehr. Dann ruft mich der Kevin – so ein gaaanz Süßer – gestern Abend an, ihm wäre ganz elend. Ich habe heute früh versucht, ihn zu erreichen, nichts, Funkstille. Ich sag dir, so kann ich nicht arbeiten. Und jetzt überlegt die Soltau vom NRW-Büro, ob wir nicht doch einen männlichen Moderator nehmen sollten. Wo ich schon so viele Aufnahmen mit der Charlotte gemacht habe. Andererseits ist es mit der nicht immer leicht, sag ich dir. Ja, du, genau. Du, ich melde mich wieder. Ja, Bussel auf den Bauchnabel. Tschüssi.«

Ich stehe hier hinter dem großen Grabmal und traue meinen Ohren nicht. Wann genau hatte Chris, dieser verlogene Arsch, denn wohl vor, mir das Ganze zu beichten? »Mit der ist es nicht immer leicht«, der hat sie ja wohl nicht alle.

Na warte, ich weiß genau, wer »die Soltau« ist. Die kenne ich gut, die ist total budget-fixiert. Brauchen wir wirklich einen Regisseur? Was man da an Kosten einsparen könnte. Wäre auch ein guter Einstieg für mich in einen neuen Aufgabenbereich.

Fünf Minuten später weiß ich, dass Britta Soltau nicht nur budget-fixiert ist, sondern auch überhaupt nicht an Chris hängt. Hat sie zwar nicht so deutlich gesagt, habe ich aber zwischen den Zeilen rausgehört. Ich wollte auch nicht ins Detail gehen, können Sie sicher nachvollziehen.

Der VW-Bus steht auf einer sehr schrägen Auffahrt. Chris ist im Moment mutterseelenallein, beugt sich hinter dem Bus gerade über den Monitor, um sich noch einmal die Aufnahmen von gestern anzusehen. Ist ganz gebannt von seinem Werk und mit dem Kopfhörer hört der auch nichts.

Mutterseelenallein ist gut für mich, schlecht für Chris. So eine Feststellbremse kann sich auch von selber lösen, hört man immer wieder.

Der VW-Bus rollt, Chris kann nicht ausweichen. Liegt da wie tot. Immer noch niemand zu sehen. Der Bus knallt gegen eine Mauer. Mein schwerer Aktenkoffer knallt dem regungslosen Chris an den Kopf. Nur so zur Sicherheit. Eine Nervensäge weniger.

Ich schätze sorgfältige Arbeit. Britta Soltau sicher auch. Ich geh jetzt erst mal nach Hause, soll doch die Heike den armen Chris hier finden. Heute läuft eh nichts mehr. Am Montag rufe ich dann bei der Soltau wieder an und übernehme die ganze Chose hier. Einführungspreis sozusagen, man muss schließlich für sich selber die Werbetrommel rühren. Werben oder sterben – so heißt es doch immer.

Und natürlich habe ich mich vorbereitet, irgendwann würde die Polizei sicher vor meiner Tür stehen, allein schon, um ihre Routinefragen loszuwerden.

Da – es klingelt. Meinen Text kennen Sie ja schon:

»*Was soll ich sagen? Es ist einfach schrecklich. So etwas kann man erst einmal gar nicht glauben. Also, mir kommt das … na ja, irgendwie ganz unwirklich vor, wenn Sie verstehen, was ich meine. Er ist … Gott, ich muss ja jetzt sagen, er* war *ein so netter, gütiger Mensch. Wer würde so jemandem etwas zuleide tun? Und dann auch noch die anderen beiden. Furchtbar, ganz furchtbar. Wobei, die habe ich ja kaum gekannt.*«

12 **Düne Tannenbusch**

Das Naturschutzgebiet Düne Tannenbusch im Bonner Norden ist schon etwas Besonderes, zumal man ein Naturschutzgebiet nicht in der Nähe der Hochhäuser des Stadtteils erwarten würde. Das Ganze ist eine sogenannte Binnendüne, die rund 11.000 Jahre alt ist. Binnendünen entstanden durch Stürme, die in diesem Fall den Rheinsand zu ganzen Dünenketten zusammenschoben.

Hier gibt es heute Spazierwege, und die Botanischen Gärten der Uni Bonn (siehe unten) haben für das Gebiet seltene Pflanzen, wie zum Beispiel die Platterbsen-Wicke, vermehrt und wieder ausgesiedelt.

Informationen auf der Webseite www.biostation-bonn-rheinerft.de

13 **Schloss Augustusburg**

Schloss Augustusburg in Brühl war über viele Jahrzehnte hinweg Ort für feierliche Staatsempfänge des Bundespräsidenten und der Bundesregierung. Seine Geschichte begann im Jahr 1725. Im Auftrag des Kölner Erzbischofs und Kurfürsten Clemens August begann der Baumeister Johann Conrad Schlaun mit dem Bau des Schlosses auf den Ruinen einer mittelalterlichen Wasserburg. Immer wieder wurde das Schloss weiter ausgebaut und umgestaltet. Die Arbeiten dauerten bis ins Jahr 1768.

Heute gilt Schloss Augustusburg als Prunkstück des Rokoko. Zum Schloss gehört auch ein **Garten** (14), der ab 1728 nach französischem Vorbild angelegt wurde. Neben der eigentlichen Anlage gab es größere Waldbereiche, die Mitte des 19. Jahrhunderts nach dem Vorbild englischer Landschaftsgärten gestaltet wurden. Die Gartenanlage gilt heute als eine der authentischsten des 18. Jahrhunderts. Die UNESCO nahm Schloss Augustusburg, die barocke Gartenanlage und Schloss Falkenlust 1984 in die Liste des Weltkulturerbes auf. Informationen findet man unter www.schlossbruehl.de

15 **Jagdschloss Falkenlust**

Kurfürst Clemens August war ein begeisterter Jäger. Falkenlust, nur einen Spaziergang von Schloss Augustusburg entfernt, war eines seiner bevorzugten Jagdschlösser. Der Grund für den Bau des zusätzlichen Schlosses ist banal: Es lag an der Flugbahn der Reiher, die damals mit abgerichteten Falken gejagt wurden. Nach der Jagd traf sich die höfische Gesellschaft zu weiteren Vergnügungen und einem Imbiss im Jagdschloss.

Seit 1974 ist Falkenlust im Besitz des Landes NRW und als Museum der Öffentlichkeit zugänglich.

Informationen findet man ebenfalls auf der Webseite www.schlossbruehl.de

16 **Poppelsdorfer Schloss**

Das Poppelsdorfer Schloss ist eine weitere Residenz der Kölner Kurfürsten, die offenbar viel lieber in Bonn und Umgebung als in Köln gelebt haben. Bevor Clemens August das Poppelsdorfer Schloss nach seinen Vorstellungen umbauen ließ, stand hier bereits fast 500 Jahre lang ein mit Mauern geschützter Wirtschaftshof, der später zur Wasserburg erweitert wurde. Anfang des 14. Jahrhunderts gelangte die Wasserburg in kurkölni-

schen Besitz. Kurfürst Salentin von Isenburg begann die Burg zum Schloss umzubauen. Interessant ist noch, dass Kurfürst Clemens August gegen 1725 Teile des Gebäudes als Steinbruch nutzte, um dann – Historiker rätseln immer noch warum – den Komplex doch wieder ausbauen zu lassen. Gut 20 Jahre später waren die Arbeiten am Schloss Poppelsdorf vollendet und Clemens August gefiel es so gut, dass er dem Schloss gleich den Beinamen »Clemensruh« verlieh. 1818 wurden sowohl das Schloss als auch der angrenzende Park (siehe unten) der neu gegründeten Rheinischen Friedrich-Wilhelms-Universität übereignet. Seitdem findet man hier die naturwissenschaftlichen Sammlungen und das Mineralogisch-Petrologische Museum. 1945 wurde der ganze Komplex bei einem Bombenangriff schwer beschädigt und bis Ende der 50er-Jahre wieder, wenn auch stark verändert, neu aufgebaut. Im Sommer finden im Innenhof des Schlosses klassische Konzerte statt.
Informationen dazu unter www.bonn.de

17 **Botanische Gärten der Uni Bonn**
Sie gehören zu den ältesten botanischen Gärten der Welt. Als 1818 die Universität gegründet und ihr unter anderem das Poppelsdorfer Schloss übereignet wurde, gehörte zu diesem Schloss auch die barocke Gartenanlage samt Orangerie. In den Botanischen Gärten werden seit ihrer Gründung Tausende von Pflanzenarten kultiviert, und das sorgt manchmal für Überraschungen. So entdeckte man 1992 auf dem Gelände einen Baum, der in seiner Heimat – auf der pazifischen Insel Rapa Nui – bereits seit 1960 als ausgestorben gilt. Was ich im Krimi über die **Titanenwurz** (18) geschrie-

ben habe, muss ich hier ja nicht mehr wiederholen. Die botanischen Gärten gehören zu den wenigen Einrichtungen weltweit, in denen eine Titanenwurz regelmäßig blüht. So brachte es eine Titanenwurz, die im Mai 2003 in Bonn blühte, auf eine Höhe von sage und schreibe 3,06 Metern, was zu einem Eintrag ins Guinnessbuch der Rekorde führte.
Das Angebot der Botanischen Gärten, die Öffnungszeiten und viel Wissenswertes über die Titanenwurz findet man unter www.botgart.uni-Bonn.de

19 **Freizeitpark Rheinaue**
Der Freizeitpark Rheinaue, in direkter Nachbarschaft zum ehemaligen Bonner Regierungsviertel und heute zum Post-Tower und dem UN-Campus, war in den 1970er-Jahren das größte Landschaftsbauvorhaben der Bundesrepublik. Entworfen und gebaut wurde der Park für rund 60 Millionen D-Mark anlässlich der Bundesgartenschau 1979.
Fuß- und Radwege mit einer Gesamtlänge von 45 Kilometern durchziehen das Gelände, das fast so groß ist wie die Bonner Innenstadt. Inmitten des Parks liegt der Auensee (siehe dazu auch »Freizeittipps Siebengebirge«).
Im Sommer kann man hier nicht nur joggen, Rad fahren, inlineskaten oder einfach auf einer der Wiesen dösen, sondern auch an verschiedenen Stellen im Park grillen. Im Park finden während des Jahres verschiedene Veranstaltungen statt, darunter auch der **Flohmarkt** (20). Der wird von März bis Oktober einmal im Monat organisiert und gehört zu den größten Flohmärkten in Deutschland.
Informationen zum Freizeitpark unter www.bonn.de

Informationen und die Termine zum Flohmarkt unter www.flohmarkt-rheinaue.de

21 **Alter Friedhof**

Der Alte Friedhof war mal ganz jung, als nämlich Kurfürst Joseph Clemens 1715 verfügte, außerhalb der Stadt einen Friedhof für »gemeine Einwohner, Passanten und Soldaten« anzulegen.

Die ehrbaren Bürger der Stadt ließen sich damals noch auf den Friedhöfen in der Nähe der Pfarrkirchen begraben. Als dann aber der Platz auf diesen Friedhöfen knapp wurde und man nach und nach die gesundheitlichen Risiken erkannte, wurde der »Arme-Leute und Soldaten«-Friedhof auch für die Bonner Bürger interessant. Im 19. Jahrhundert wurde der Friedhof parkähnlich umgestaltet. Viele Bonner Professoren, aber auch die bereits in der Geschichte erwähnten Persönlichkeiten, angefangen bei Robert und Clara Schumann bis hin zu Mildred Scheel, haben hier ihre letzte Ruhestätte gefunden. Auf dem Alten Friedhof gibt es von März bis Oktober jedes Wochenende Führungen, dazu kommen weitere themenorientierte Sonderführungen. Informationen unter www.alter-friedhof-bonn.de

SPORT IN BONN

Die Lage am Rhein und die unmittelbare Nähe zum Siebengebirge bescheren den Bonnern eine Fülle an Sportmöglichkeiten. Wer will, kann bereits in der Bonner Innenstadt mit der ersten Etappe einer wunderbaren Fernwanderung beginnen (siehe Freizeittipps »Siebengebirge«).

Bei der Zusammenstellung der Tipps fiel mir auf, dass in Bonn und der unmittelbaren Umgebung nicht nur Wandern, Rudern, Klettern, Mountainbike-Touren, sondern auch Golf, Paragliding und Kanutouren möglich sind. Damit war klar, dass es einen Krimi geben muss, in dem Sport im Mittelpunkt steht.

Ich selbst bin mit einem Freund die Halbmarathon-Strecke während des Deutsche-Post-Marathons in Bonn gelaufen. Ein irres Gefühl, wenn man mitten durch die begeisterten Zuschauer am Hofgarten auf die Zielgrade einläuft. Als ich davon Freunden erzählte, gab es in der Runde unter anderem den knappen Kommentar »Sport ist Mord«.

Und zack, hatte ich nicht nur den Titel für den Kurzkrimi, sondern gleich die ganze Geschichte. Übrigens wird hier ein Ermittlerduo aktiv, das bereits im Buch »Wer mordet schon in der Eifel?« zum Einsatz kam.

In den Freizeittipps gibt es Hinweise zu verschiedenen interessanten Sportangeboten. Erste Informationen und zum Beispiel die Öffnungszeiten der Sportanlagen und Schwimmbäder in der Bundesstadt bietet die Webseite: www.bonn.de

SPORT IST MORD

»Können wir … können wir … boah, ich hab vielleicht Seitenstechen. Claudi! Keinen Meter, ich sag dir, keinen verdammten Meter weiter. Jetzt bleib doch mal stehen.«

»Ach komm, Martin, das kann doch nicht dein Ernst sein. Du wolltest heute früh mit mir laufen gehen. Gestern Abend hast du noch getönt, wie oft du früher in Laufschuhen unterwegs warst. Was ist denn aus deinem blöden Spruch ›Der frühe Vogel schafft die Strecke‹ geworden?«

»Ja, ja, stichel du nur rum. Aber ich wollte ja auch keinen Marathon laufen, sondern mich morgens nur an der frischen Luft etwas bewegen, um den Kopf freizubekommen. Ich konnte ja nicht ahnen, dass du dermaßen weit laufen würdest.«

»Martin! Wir sind noch keine zwei Kilometer gelaufen.«

»Echt jetzt?«

Kriminalhauptkommissar Martin Winkelhart machte ein so ungläubiges Gesicht, dass seine Kollegin Claudia Meusen anfing zu lachen.

»Mensch, Martin, wenn du dich jetzt sehen könntest. Dabei habe ich immer gedacht, du wärst fit wie ein Turnschuh. Zweimal in der Woche in die Muckibude und so.«

»Hast du schon mal einen Bodybuilder in engen Laufhosen gesehen?« Martin grinste seine Kollegin an, mittlerweile war er wenigstens wieder zu Atem gekommen.

Mit dem Ärmel seines Sweatshirts wischte er sich den Schweiß von der Nase. Respekt, Frau Hauptkommissarin, dachte er, denn auf der Stirn seiner Kollegin zeigte sich nicht einmal die Spur einer Schweißperle. Tatsächlich hatte er es gestern Abend an der Hotelbar noch für eine gute Idee gehalten, mit ihr zusammen laufen zu gehen. Gut, er wusste, dass Claudia Meusen schon seit Jahren regelmäßig trainierte und beim **Post-Marathon** im Frühjahr die Halbmarathonstrecke in einer Stunde 50 Minuten geschafft hatte. Aber gestern Abend hatte er sich noch eingebildet, er könne bei ihrem Trainingslauf mithalten. Das ewige Rumsitzen in dem Konferenzraum war er so was von leid. Drei Tage rumsitzen und reden, reden, reden. Eine Woche Referate, Präsentationen, Diskussionsrunden mit den Bonner Kollegen. War zwar mal was anderes als immer nur der gleiche Trott in der Eifel. Aber was gäbe er jetzt für eine schöne Leiche an einem seiner geliebten Maare. Ihm graute schon wieder vor der Rückkehr in den Konferenzraum.

»Martin, wenn du dich einigermaßen erholt hast, würde ich jetzt gerne endlich weiterlaufen. Schließlich müssen wir um 9:00 Uhr geduscht und umgezogen wieder im Polizeipräsidium sitzen.« Claudia Meusen joggte ungeduldig auf der Stelle.

»Claudi, ich verrate dir was, ich schaff die Runde nicht mehr. Ich schlage vor, dass ich zum Parkplatz zurückgehe, und du die Strecke beendest. Ohne mich bist du auch viel schneller unterwegs.«

Claudia Meusen schaute auf ihre Laufuhr, überschlug im Kopf die Zeit, die ihr noch blieb, und nickte dann zustimmend. »Also gut, wir treffen uns auf dem Parkplatz, in – sagen wir – 30 Minuten.«

»Alles klar, lauf schon mal los, ich schlag mich noch für kleine Königstiger in die Büsche.«

Claudia Meusen startete die Aufzeichnung der Uhr, die ihr nicht nur die gelaufene Zeit, sondern auch die Geschwindigkeit und Laufstrecke anzeigte, und fand nach wenigen Schritten wieder in ihr gewohntes Tempo. Tatsächlich war sie heute Morgen mit Rücksicht auf Martin viel langsamer als sonst gelaufen. Sie hatte gleich nach den ersten 100 Metern gemerkt, dass Martin zwar stark wie ein Bär war, aber bei ihm der Wunsch mitzuhalten größer war als seine tatsächliche Kondition. Zum Glück gab es hier im Kottenforst eine Rundstrecke, Martin hatte es also nicht weit zum Auto und sie würde einfach noch zwei Runden drehen. Das war zwar nicht die gewohnte Distanz, aber immerhin besser als gar nichts.

»Claudiaaa!«

Martins Schrei ließ sie herumwirbeln. Martin winkte mit beiden Armen über dem Kopf. Sie spurtete los und erreichte ihn Augenblicke später.

»Was ist denn?«

»Hast du dein Handy dabei?«

»Ja, natürlich.« Sie zog ein Smartphone aus einer schmalen Tasche ihrer Laufjacke, entsperrte es und reichte es ihrem Kollegen, der ausgesprochen ernst aussah.

»Was gibt es denn so Dringendes? Warum musst du ausgerechnet jetzt telefonieren?«

»Ich könnte mir vorstellen, dass unsere Kollegen in Bonn gern die Leiche da im Gebüsch unter die Lupe nehmen möchten.« Martin grinste seine Kollegin schief an. »Sorry, Claudi, aber mit dem Lauftraining ist es für heute wohl Essig.«

Fünf Stunden später saßen Claudia Meusen und Martin Winkelhart mit ihrem Kollegen von der Bonner Kripo, Jens Heckmann, zusammen.

»Es tut mir leid, dass ihr beide die Präsentation heute Vormittag verpasst habt. Ich habe mir aber sagen lassen, dass es Handouts zu dem Vortrag geben wird.« Jens Heckmann hatte nicht den Eindruck, dass seine beiden Eifler Kollegen sonderlich betrübt darüber waren, dass sie erst eine gute Stunde im Kottenforst warten mussten und dann einen Großteil der heutigen Konferenz verpasst hatten.

»Lass mal, Jens, erst die Arbeit, dann das Vergnügen.« Martin grinste von einem Ohr zum anderen.

Claudia Meusen schien ebenfalls nicht wirklich böse darüber zu sein, dass sie den Vortrag »Die psychologische Grundlage von Serientätern auf Basis der Prozessakten 1973–1977« verpasst hatten. »Kannst du denn schon etwas über den Toten sagen?« Claudia beugte sich neugierig vor.

»Na ja, das war jetzt nicht allzu schwer«, erwiderte Jens Heckmann, »der Tote hieß Michael Dregel, 38 Jahre, geschieden, studierter Elektrotechniker, Dozent an der Uni und begeisterter Wanderer.«

»Weil er so gekleidet war, als wolle er das Matterhorn besteigen, statt durch den Kottenforst zu schlendern?«

»Nee, Martin, erstens hatte er in seiner Jackentasche einen Flyer der sogenannten **Feuerroute** und zweitens haben wir die Aussage seiner Schwester, in deren Haus er seit seiner Scheidung lebte. Dregel hatte den Vorsitz einer kleinen Wandergruppe, engagierte sich im VVS, das ist der Träger des Naturparks Siebengebirge, und er arbeitete ehrenamtlich an einer Neugestaltung des **Artenvielfalt-Weges** hier in Bonn. Und bevor ihr diese Frage jetzt auch noch stellt: Nein, es war kein Raubmord. Wir haben in Dregels Brieftasche mehr als 350 Euro und in der Jackentasche seine Autoschlüssel gefunden. Er fuhr immerhin einen nagelneuen Mercedes-Geländewagen.«

»Also etwas Persönliches«, stellte Claudia fest.

»Persönlich? Glaub ich nicht, eher ein Unfall, es gibt keine äußeren Wunden, also müssen wir abwarten, was die Obduktion bringt. Vielleicht war es ja nur ein einfacher Herzinfarkt«, antwortete Jens Heckmann.

Claudia Meusens Smartphone vibrierte auf der Tischplatte, sie schaute kurz auf das Display, nahm das Telefon und entschuldigte sich bei ihren Kollegen mit einem raschen »Ich bin gleich wieder da«. Sie ging rüber zu den großen Fenstern, wo sie auf einen besseren Empfang hoffte, und ließ die Männer am Konferenztisch zurück.

Jens Heckmann schaute Martin Winkelhart an und fragte mit gesenkter Stimme: »Ist sie wirklich so gut, wie alle sagen?«

Martin lächelte. »Sie ist sogar noch besser. Ich arbeite jetzt seit drei Jahren mit ihr zusammen. Sie ist nicht nur unheimlich gründlich und hartnäckig, sie hat so eine Art siebten Sinn für Ungereimtheiten, die anderen – mich eingeschlossen – nie auffallen würden.«

»So wie bei dem Toten, den ihr im letzten Jahr im Totenmaar gefunden habt und der von seinen beiden Ex-Geliebten erschossen worden war?«

Martin nickte. »Da hatte sie nichts außer einer harmlosen Randbemerkung, einem Verdacht und ein paar Facebook-Fotos, aber Claudia blieb so lange am Ball, bis sie genügend Beweise gegenüber den Verdächtigen hatte. Und das war nur ein Fall von vielen.«

»Und da fragen sich immer alle: Wer mordet schon in der Eifel?«

»Ganz ehrlich, Jens, Daun ist jetzt nicht gerade die Süd-Bronx, aber das heißt nicht, dass wir uns den ganzen Tag nur mit rasenden Traktorfahrern herumschlagen müssen. Wenn ich dir einen Rat geben darf, dann höre auf das, was Claudia sagt oder vorschlägt.«

Jens Heckmann schaute zu der schlanken, durchtrainierten Kollegin, die immer noch am Fenster telefonierte, und nickte nachdenklich. »Ich werde es mir merken, Martin, auch wenn ich wohl kaum Gelegenheit dazu bekommen werde.«

Claudia sah zufrieden aus, als sie sich wieder an den Tisch zu ihren beiden Kollegen setzte. »Alles klar, Jungs, ich habe mit dem Leiter der Konferenz gesprochen.«

»Warum?«, fragten beide Männer wie aus einem Mund.

»Weil ich mich nicht auf einen Vortrag konzentrieren kann, wenn mir gleichzeitig ein toter Wanderer im Kopf herumspukt«, erwiderte Claudia. »Und deswegen habe ich uns, also Martin und mich, bei der Konferenz abgemeldet. Wenn du willst, Jens, dann stehen wir jetzt zu deiner Verfügung, sozusagen Amtshilfe von der Soko Eifel.«

Christian Sommerwein war weiß Gott kein Angeber. Aber bei dem Schlag, den er gerade hingelegt hatte, konnte er ein zufriedenes Lächeln nicht unterdrücken. Sauber ausgeführt, wie aus dem Lehrbuch. Haltung, Schwung, Nachziehen des Schlägers nach dem Treffen des Balls – für Christian war es optimal gelaufen. Es war, als hätte sein Golfschläger eine magische Verbindung zum Ball gehabt, als hätte der Schläger genau gewusst, mit welcher Kraft er welchen Punkt treffen musste. Der Golfball flog, er flog in einem hohen Bogen über die Bahn.

»Komm, komm, komm schon, das … das wird was.«

Christian genoss die Anfeuerungsrufe seiner Mitspieler, die angesichts dieses einen perfekten Schlags jegliche Zurückhaltung fallen ließen.

Er selbst schaute nur still dem kleinen weißen Punkt hinterher. Und wieder schien es ihm, als wüsste er schon im Voraus, was gleich passieren würde. Er sah es der Flugbahn an und für einen Moment schloss er beglückt die Augen. Er öffnete sie wieder rechtzeitig, um mitzuerleben, wie der Ball landete, einen kleinen Hüpfer machte und mit diesem Hüpfer direkt im Loch Nummer 2 verschwand.

»Alle Achtung, Sommerwein, ich kann es nicht glauben.

›Hole in one‹, Sie haben es tatsächlich geschafft, den Ball direkt einzulochen.«

Christian konnte es selbst noch nicht fassen, so einen Schlag hatte er in den ganzen letzten fünf Jahren hier auf dem Platz des **Golfclubs Bonn-Godesberg** noch nicht hinbekommen. »Danke für das Lob, mein lieber Löhndorf, das war einfach nur Glück.«

»Ja, ja, reden Sie nur, Sommerwein, aber für diese Bahn werden Sie später noch einen ausgeben müssen, sozusagen, um unsere Spielmoral für die nächsten Partien wieder aufzubauen.«

»Abgemacht.«

»Darf ich auch gratulieren, Herr Sommerwein?« Die Stimme gehörte zu einem schlanken Mann mit großer Hornbrille. Christian musterte zum ersten Mal den für ihn unbekannten Mitspieler. Der war auf Einladung von Volker Löhndorf mit von der Partie. Irgendwie passten die Brille und das ganze konservative, verschüchterte Aussehen nicht zu den muskulösen Oberarmen, die den Saum der Polohemd-Ärmel zu sprengen drohten.

»Breidenstein, Lukas Breidenstein, ich muss sagen, dieser Schlag da eben, meine Hochachtung, da werde ich wohl noch lange üben müssen, um mithalten zu können. Ach, übrigens: Wo Sie gerade von einem Drink sprechen.« Lukas Breidenstein zog einen silbernen Flachmann aus einer Seitentasche seines Golfsacks. »Nun, wenn die Herren nichts gegen einen Cognac einzuwenden haben: Ich habe hier einen 52er Montaubert XO Imperial im Fläschchen.«

Christian trank sonst nie mitten am Tag und schon gar nicht bei einer Golfpartie. Aber das hier war ja eine Ausnahme. Breidenstein zauberte aus seiner Tasche zusätzlich kleine Becher und schenkte ein. Sie prosteten sich zu und tranken auf Christians ersten »Hole in one«-Abschlag.

Am achten Loch verabschiedete sich Lukas Breidenstein nach einem Blick auf seine Armbanduhr und entschuldigte sich damit, dass er noch einen wichtigen Termin mit einem Klienten hätte.

Was für eine tolle Partie, dachte Christian, als er zwei Stunden später langsam zu seinem Cabrio schlenderte. Natürlich war ihm so ein Schlag wie am zweiten Loch nicht noch einmal geglückt, aber auch der Rest konnte sich sehen lassen. Schade, dass dieser Breidenstein früher gehen musste, gar kein schlechter Golfer, durchaus ein ernstzunehmender Gegner. Christian schüttelte nachdenklich den Kopf. An irgendwen erinnerte ihn dieser Breidenstein, aber er kam nicht darauf. Wem sah der nur ähnlich?

Christian Sommerwein zog den Autoschlüssel aus der Hosentasche und drückte auf die Fernbedienung. Im gleichen Augenblick explodierte etwas in seiner Brust. Der Schmerz nahm ihm die Sicht, er konnte nicht einmal schreien, dafür fehlte ihm die Luft. Er sah das gelbe Aufleuchten seiner Blinker, alles andere verschwamm in einem Nebel aus Schmerz, stechendem, glühendem Schmerz. Und dann, als hätte man einen Schalter umgelegt, war alles vorbei. Christian schlug der Länge nach hin, sein Kopf knallte ungebremst auf den Boden, sein Nasenbein brach, Steinchen bohrten sich in die Stirnhaut – aber das alles spürte er nicht mehr. Christian Sommerwein war schon tot, als er auf dem Boden aufschlug.

»Sag mal, Claudia, meinst du wirklich, dass wir Jens behilflich sein können? Ich fand, dass wir heute nicht gerade weitergekommen sind.« Martin Winkelhart drehte gedankenverloren sein Bierglas in der Hand hin und her.

Die beiden saßen an der Bar ihres Hotels und genehmigten sich noch einen Absacker, wobei der bei Claudia Meusen aus Orangensaft mit einem Schuss Mangonektar und etwas Ananassaft bestand. Sie trank in letzter Zeit selten Alkohol, höchstens mal ein Glas Rotwein, und insgeheim bewunderte Martin sie für diese konsequente Haltung. Zumal ihm sein Lauf-Desaster im Kottenforst deutlich vor Augen geführt hatte, wie fit seine Kollegin war.

Claudia trank einen Schluck von ihrem Fruchtcocktail und schüttelte dann energisch den Kopf. »Nee, Martin, da muss ich dir widersprechen. Wir wissen aus dem Gespräch mit Dregels Schwester, dass der Tote meistens in einer festen Wandergruppe unterwegs war und nur selten allein loszog, wir kennen die Gruppenmitglieder, gelegentliche zusätzliche Gäste mal ausgenommen, und wir wissen, dass er keine Feinde hatte. Es gab keine beruflichen Probleme an der Uni, keine Geldschwierigkeiten, keine dramatischen Frauengeschichten. Sogar mit seiner Ex tauschte er noch Weihnachtskarten aus. Selbstmordgefährdet war der ganz sicher nicht.«

»Das meine ich, es gibt einfach nichts, wo wir ansetzen können.«

»Nicht ganz, Martin.«

»Wieso?«

»Immerhin wissen wir durch Dregels Schwester, dass der Tote topfit war und dass erst vor zwei Wochen bei seinem Hausarzt ein Gesundheitscheck mit Belastungs-EKG durchgeführt wurde. Ich sag dir, an der ganzen Sache ist etwas mega-faul.«

»He, Tom, ist das jetzt eine geile Downhill-Fahrt oder nicht?« Baste Schneider jagte neben Tom Ehrens einen steilen Waldweg bergab.

»Ja, der absolute Wahnsinn, Alter«, brüllte Tom zurück, kurz, fast schon unfreundlich, weil er sich ganz auf den Weg vor ihm konzentrierte.

Sie waren gerade locker mit 50 und mehr Stundenkilometern unterwegs. Die Steine auf dem Weg knirschten laut unter den Stollenreifen der Bikes. Das Sonnenlicht zwischen den Bäumen war nicht mehr als ein rasender Wechsel zwischen hell und dunkel.

Tom erreichte das Ende des Weges als Erster. Er bremste scharf, sein Hinterrad driftete zur Seite. Grinsend wartete er auf die anderen.

Baste kam Augenblicke später neben ihm schlitternd zum Stehen. »Wahnsinn, Wahnsinn, Wahnsinn, das ist ja so was von geil hier, und da drüben geht's gleich noch mal richtig zur Sache. Mann, das wird der Hammer.«

»Weißt du, wo die andern bleiben?«

»Nö, ich denke, die waren ja hinter uns. Vielleicht mussten die sich um den Neuen kümmern. Den Bekannten vom Leo? Ja, den Lukas.«

Tom wischte sich den Schweiß aus den Augen. »Ist komisch, ich könnte nicht sagen warum, aber ich hab die ganze Zeit das Gefühl, dass ich Lukas schon mal getroffen habe.«

»Kann ja sein, vielleicht auf 'ner Messe oder im Bike-Shop«, schlug Baste vor.

»Stimmt. Ist ja auch nicht so wichtig. Übrigens, kennst du schon diese Rad-App?«

»Nee, welche Rad-App?«

Tom grinste verlegen. »Du weißt doch, der Tina muss ich mit ner **Mountainbike-Tour im Siebengebirge** gar nicht erst kommen, die will höchstens mal gemütliche Ausflüge auf dem **Rheinradweg** machen, die Gegend ansehen, Kultur halt.«

»Uhh, sag jetzt nur noch, dass du dich für deine Liebste auch noch auf ein E-Bike setzt?«

»Natürlich nicht, aber ich hab mir ›**QuoRadis**‹ runtergeladen, coole Sache, da hast du Touren und ein Rad-Navi. In der Zeit, die ich sonst mit der Suche nach einer passenden Radroute für Tina verplempert habe, kann ich jetzt trainieren.«

»Is' ein Argument, Alter«, gab Baste zu, dann zeigte er zum Berg hoch, »horch mal, ich glaube, die anderen kommen.«

Wie sich herausstellte, waren es aber weder Carsten noch Leo, die den Waldweg herunterkamen.

»Mensch, Lukas, wo hast du die anderen beiden gelassen?«, fragte Tom neugierig.

»Der Leo hat eine Panne und Carsten hilft ihm. Die beiden sagen, wir sollen schon mal weiterfahren, sie würden dann nachkommen.«

Baste grummelte etwas von Scheiß-Rad in sich hinein und Tom hatte Gewissensbisse, weil er keine Lust hatte, den steilen Berg wieder heraufzufahren, um seinen Freunden zu helfen.

»Meinst du, die kommen klar?«

»Ja, sicher, Tom. Carsten hat ja Werkzeug dabei, da war nur was an den Bremszügen locker.«

»Also wollen wir dann noch das letzte Stück fahren?«, fragte Baste ungeduldig. »Wir müssen aber darauf achten, dass wir hintereinander bleiben, da ist der Weg sonst zu eng.«

»Dann fahr doch schon mal vor, Baste.« Lukas grinste. »Wir lassen dir Vorsprung.«

»Mich kriegt ihr auch in 100 Jahren nicht«, erwiderte Baste selbstsicher und fuhr los.

Lukas sah, wie Tom sich in Position brachte. »He, Tom, warte mal kurz.«

Lukas stieg von seinem Rad und beugte sich hinten über Toms Rad.

Tom sah nur Lukas Rücken und seine muskulösen Oberarme unter dem Shirt.

»Nee, sorry, ich dachte, da hätte was im Zahnkranz geklemmt.«

Tom warf einen kurzen Blick auf sein Hinterrad, sah aber nichts.

Lukas klopfte ihm auf die Schulter. »Dann los, zeig Baste, wer der Schnellste ist.«

Tom trat in die Pedalen, die Reifen spritzten beim Anfahren kleine Steinchen nach hinten. Er spürte den Fahrtwind im offenen Helm und sprang dann mit einem perfekten Drop über ein paar Steinbrocken hinweg.

Tom genoss das Tempo, das sichere Gefühl, sein Bike komplett im Griff zu haben. Keine 50 Meter vor ihm bog der Weg scharf nach links ab. Eine helle Felsenkante leuchtete im Sonnenlicht, dahinter nur die Weite des Rheintals. Was für ein Tag, was für eine irre Fahrt. Tom schoss auf die Kurve zu und bremste im letzten Moment, um mit dem richtigen Schwung in die Kurve zu driften. Das helle, metallische Schnappen hörte er nicht, er spürte nur, dass seine Bremse hinten nicht mehr fasste. Der Knall, mit dem der Hinterreifen platzte, war allerdings unüberhörbar, nur dass Tom da schon nicht mehr reagieren konnte. Plötzlich war die Felsenkante direkt vor ihm, ein letzter Streifen festen Bodens bevor ein mehr als 100 Meter tiefes Nichts begann. Tom schoss über den Felsen hinweg, schien für einen Augenblick beinah regungslos mitten in der Luft zu schweben, ein groteskes Bild von einem irren Jump vor einer Bilderbuchkulisse.

»Aaaaaahhh!« Sein panischer Todesschrei brach sich an den Felsen und hallte weit über das Rheintal hinweg.

»Guten Morgen, Jens, habt ihr schon den Bericht der Obduktion vorliegen?«

»Morgen Claudia, frag besser nicht. Außerdem haben wir alle Hände voll zu tun.«

»Was ist denn los?«

»Ach, drüben auf der anderen Rheinseite ist ein Mountainbiker tödlich verunglückt. Ist in vollem Tempo über eine Felsenklippe gerast. Ich beneide die Kollegen nicht, die da als Erstes am Unfallort waren.«

»Und was hast du damit zu tun?«

»Na ja, zwei Freunde des Toten haben Anzeige gegen Unbekannt erstattet und behaupten steif und fest, dass ihr Freund das Opfer eines Mordanschlags gewesen sei. Er sei der beste Fahrer in der Gruppe gewesen, hätte peinlich genau auf die Technik seines Bikes geachtet, sei gut drauf und garantiert nicht selbstmordgefährdet gewesen, das ganze Programm.«

»Pass auf, Jens, Martin und ich kümmern uns auf jeden Fall um den Toten im Kottenforst. Ich kann nicht glauben, dass der abseits vom Weg in den Büschen einfach so umgekippt ist. Lass uns doch später mittagessen gehen, dann können wir uns weiter austauschen.«

Jens Heckmann nickte zustimmend. Ganz wohl war ihm bei dem Gedanken nicht, dass da zwei auswärtige Kollegen ohne offizielle Zustimmung eines Vorgesetzten ermittelten, aber sie klärten ja nur Hintergründe, und er war für jede Unterstützung dankbar. Sein Telefon klingelte, er nahm den Hörer ab, hielt ihn aber noch zu und flüsterte: »Geht in Ordnung, Claudia, ich schicke dir oder Martin eine SMS, wo und wann wir uns treffen.«

Claudia ging tief in Gedanken versunken über den Parkplatz, auf dem Martin bereits wartete. Sie dachte an den verstorbenen Radfahrer, von dem Jens gerade erzählt hatte. Irgendetwas störte sie.

Martin stand an seinen Passat-Kombi gelehnt und schaute auf sein Handy.

»Noch alles im Lot zu Hause?«, fragte Claudia, die wusste, dass Martin mit seiner Frau regelmäßig SMS und Mails austauschte.

»Klar, auch wenn ich gehört habe, dass Hans-Joachim alle Hände voll zu tun hat, einen neuen Fall von illegaler Gülle-Entsorgung mit versuchter Körperverletzung in den Griff zu bekommen.«

Hans-Joachim war der ältere Kollege der beiden, der das Pech gehabt hatte, beim Auslosen der zwei Plätze für die Bonner Konferenz den Kürzeren zu ziehen.

Claudia lächelte. »Du meinst, irgendein Bauer wollte mal wieder Gülle loswerden und darüber gab es Streit mit dem Nachbarn?«

»Jep. Wenn das dynamische Duo Meusen-Winkelhart nicht im Lande ist, dann zeigt das Verbrechen, das in den düsteren Tiefen der Eifler Wälder schlummert, seine hässliche Fratze.«

»Boah, Martin, hast du heute Nacht auf 'nem Gedichtband geschlafen oder woher kommt dieser lyrische Anfall?«

»Wer kann das schon mit endgültiger Sicherheit sagen, Claudia. Vielleicht ist es ja auch nur die inspirierende Umgebung, der Blick auf das Siebengebirge, das Wissen, dass hier schon Kelten und Römer waren. Ich hab mir doch diese **»WelcomeCard«** gekauft und war gestern im **Landesmuseum**, das war richtig interessant. Danach habe ich mir die Reste der **römischen Badeanlage** angesehen, also, was hier am Rhein an Geschichte …«

»Schon gut, schon gut«, lachte Claudia, »wenn jeder Museumsbesuch solche Folgen hat, dann solltest du dir genau überlegen, wo du als Nächstes hingehen möchtest.«

»Och, da hätte ich noch eine ziemliche Auswahl. Du, ich habe in einem Prospekt gelesen, dass man mit einer Gruppe auf der Sieg eine **Kanufahrt bei Vollmond** buchen kann. Das wär doch was für unseren nächsten Betriebsausflug. Wir können natürlich auch die **Rhein-Tour im 10er-Canadier** buchen, dann müssten wir die Kollegen von der Spusi fragen, ob sie auch Lust hätten.«

»Ach, und was ist aus deinen Plänen geworden, als Gruppe beim nächsten Maare-Lauf mitzumachen?«

»Ehrlich, Claudi, ich hab jetzt noch Muskelkater von den zwei Kilometern durch den Kottenforst mit dir. Also ich sag dir: Sport ist Mord. Da ist mir eine gemütliche Kanufahrt … Claudia, hörst du mir überhaupt zu?«

Claudia schaute hoch und lächelte ihren Kollegen an. »Martin, du bist ein Ass!«

»Bin ich das?«

»Wenn ich es doch sage. Komm, wir müssen sehen, dass wir Kollege Heckmann erwischen.«

»Ich habe nicht so viel Zeit, Leute. Können wir das nicht bis zum Mittagessen verschieben?« Jens Heckmann schloss nervös und gehetzt die Tür zum Besprechungsraum.

»Nein, können wir nicht, Jens«, erwiderte Claudia bestimmt. »Martin hat mich auf eine Idee gebracht. Er sagte: Sport ist Mord. Was wäre denn, wenn unser Wanderer im Kottenforst ermordet worden wäre? Dann hättest du bereits zwei mögliche Mordfälle innerhalb weniger Tage, die aussehen wie ein natürlicher Tod oder ein Unfall. Was, wenn wir es mit einer ganzen Serie von Todesfällen zu tun haben?«

»Das meinst du nicht im Ernst – oder?«

»Todernst, Jens. Schau mal, die Mountainbiker können sich den Tod ihres Freundes nicht erklären, wir haben keine Erklärung für den Tod eines kerngesunden Wanderers – das ist mir zu auffällig. Gab es unter Sportlern in der letzten Zeit noch mehr Unfälle?«

»Das kann ich dir so aus dem Kopf nicht sagen, aber ich kann es im Computer prüfen. Wenn die Kollegen einen

Unfall mit Todesfolge aufgenommen haben, dann vermerken sie ja, wo der Unfall passiert ist.«

»Dann schau dir doch mal alle tödlichen Unfälle oder Todesfälle im Zusammenhang mit Sportarten in den letzten sechs Wochen an. Wir holen uns unten in der Cafeteria einen Kaffee und sind gleich wieder bei dir. Willst du auch einen?«

»Ja, bitte. Wobei, wenn du recht hast, dann könnte ich wohl eher etwas Stärkeres gebrauchen.«

Es dauerte keine Viertelstunde, bis Jens in den Besprechungsraum zurückkam. In der Hand hielt er ein paar Ausdrucke.

»Ich fass das nicht. Ich habe hier einen toten Ruderer, der sogar im letzten Jahr bei der **EUREGA-Regatta** mitgefahren ist und bei einer Trainingsfahrt verstarb. Einen Nordic-Walker auf dem **Naturerlebnispfad** in Beuel. Und, ganz frisch sozusagen, einen Golfer, den man mit einem Herzinfarkt auf dem Parkplatz des Golfclubs Bonn-Godesberg in Wachtberg gefunden hat. Dazu unser Biker und der Tote im Kottenforst.«

Martin pfiff leise. »Fünf tote Sportler, meine Fresse.« Er grinste Claudia an. »Und du verlangst immer, dass ich mit dir trainieren soll.«

»Moment, da bist du ganz allein darauf gekommen.«

»Äh, Leute, ich unterbrech euer Geplänkel ja nur ungern, aber wir müssen uns wirklich was einfallen lassen.«

»Aber Jens, das ist doch wohl offensichtlich«, antwortete Martin und rieb sich zufrieden die Hände, »Claudi und ich werden jetzt ganz traditionell anfangen nachzubohren, ob es irgendwelche Gemeinsamkeiten gibt.«

»Na, deinen Optimismus möchte ich haben«, sagte Jens und klang alles andere als begeistert.

»Bei Martin ist da weniger Optimismus, sondern vielmehr Eifler Sturheit«, raunte Claudia, »lass ihn nur machen, darin ist er spitze.«

Martin verlangte ein Zimmer, ein Telefon und die Unterlagen zu den einzelnen Todesfällen. Jens Heckmann war froh, sich um seine tagesaktuelle Arbeit kümmern zu können, Claudia vertiefte sich in die jeweiligen Berichte. Nach zwei Stunden rief sie einen Kontakt im Krankenhaus der Barmherzigen Brüder in Trier an und anschließend ein Fahrradgeschäft in Daun, von dem sie wusste, dass dort auch Mountainbikes verkauft wurden.

Als Jens sich am Abend wieder mit Claudia und Martin im Besprechungsraum zusammensetzte, sahen die beiden Kollegen aus der Eifel müde, aber ausgesprochen zufrieden aus.

»Spannt mich nicht auf die Folter, habt ihr was herausbekommen?«

Martin lehnte sich zurück. »Ladies first, fang ruhig an, Claudia.«

»Ich habe mir die Berichte und die Totenscheine angeschaut. Mit Ausnahme unseres Bikers gab es vier Tote, bei denen als Todesursache Herzversagen eingetragen wurde. Und das, obwohl alle vier als kerngesund beschrieben wurden und wir bei zweien sogar wissen, dass sie erst kürzlich untersucht worden sind. Ich habe mit einem Bekannten, Dr. Saalstein, in Trier gesprochen. Er hat mir bestätigt, dass zum Beispiel der Genuss von sogenannten herzwirksamen Glykosiden, das sind Wirkstoffe, wie sie unter anderem in den Maiglöckchen vorkommen, einen Herztod herbeiführen kann. Aus Westafrika stammen Pflanzen der Strophanthus-Familie, die sind so giftig, da muss man nur fünf Milligramm zu sich nehmen, um die tödliche Dosis zu erreichen. Ich gehe jede Wette ein, dass die Toten zu einem bestimmten Zeitpunkt etwas zu essen oder zu trinken angeboten bekommen haben, und zwar von ihrem Mörder. Dass es ein Mann sein muss, belegt der Tod des Bikers. In der Gruppe gab es ausschließlich Männer, nur haben sie keine gemeinsame Pause zum Essen und Trinken gemacht, das habe ich überprüft. Deshalb habe ich bei einem Fahrradprofi nachgefragt. Jemand könnte mit einem sehr scharfen, kleinen Bolzenschneider einen Bremszug anschneiden. Und dann ist mir noch der Einbrecher eingefallen, der eine Art Knete mit Säure nutze, um Schlösser zu knacken. Stellt euch eine solche Knete auf dem Mantel eines Reifens vor. Das dauert nur kurze Zeit, dann hat sich die Säure durch das Material gefressen und – bamm – platzt der Reifen.« Claudia schaute ihre beiden Kollegen an, die ihr stumm zugehört und nicht gewagt hatten, sie mit Zwischenfragen zu unterbrechen.

»Fazit, Jungs, wir suchen einen Serienmörder, der es geschafft hat, sich in das Vertrauen seiner Opfer so weit einzuschleichen, dass er sie vergiften konnte.«

»Jetzt hätte ich wirklich gern was Stärkeres als nur den ewigen Kaffee«, murmelte Jens.

»Du kannst uns gleich einen ausgeben, denn ich weiß, wer unser Mörder ist«, sagte Martin zufrieden, »ich habe die Freunde der Toten angerufen. Interessanterweise gab es da jedes Mal einen Mann, der zum einen immer neu in der Gruppe war und über Empfehlung von Dritten dazugekommen ist und der zum anderen nach den Todesfällen nie wieder gesehen wurde.«

Martin legte einen Notizzettel auf den Tisch. »Und ich habe einen Namen: Lukas Breidenstein. Allerdings sagen deine Kollegen im Stadthaus, dass es in Bonn nur einen Lukas Breidenstein gibt, Jens, und der ist 82 Jahre alt.«

»Er könnte natürlich auch aus Köln, Siegburg, Koblenz

oder sonst woher kommen«, gab Jens zu bedenken, »oder glaubst du, das ist ein falscher Name?«

»Jep. Halte ich für möglich, denn alle Sportler kamen aus Bonn und … na ja, ist nur so ein Gefühl. Aber, was ich genau weiß, ist, wo wir ihn treffen können.«

»Wie jetzt?«

»Es gibt eine Facebook-Seite von Lukas Breidenstein, und die Bilder auf dieser Seite zeigen unter anderem Wanderfotos, Golfpartien, Mountainbike-Fahrten und Rudertouren – das sind mir, ehrlich gesagt, ein paar Sportarten und Übereinstimmungen zu viel. Aus einem Posting weiß ich, dass sich morgen am Rheinufer, unterhalb vom Post-Tower eine Laufgruppe trifft, und unser Lukas wird mit von der Partie sein.«

»Martin, du bist einsame Spitze«, lobte Claudia.

»Ach was, ich wusste ja, wonach ich suchen musste, nachdem du die richtige Idee hattest.«

»Wir werden diesen Breidenstein morgen früh direkt verhaften«, sagte Jens.

»Du hast aber keine Beweise gegen ihn«, gab Claudia zu bedenken.

»Hast du einen besseren Vorschlag?«

»Ja, ich werde morgen früh laufen gehen.«

»Mensch, du bist ja toll in Form. Du bist die Neue, nicht wahr? Ich hatte deinen Namen gerade nicht richtig verstanden?«

»Claudia, Claudia Meusen. Ich hab von einer Freundin gehört, dass ihr regelmäßig lauft, und ich wollte nicht mehr alleine trainieren. Sorry, aber deinen Vornamen habe ich auch schon wieder vergessen.«

»Ich bin der Lukas.«

Claudia musterte verstohlen den Mann, der neben ihr hertrabte. Gut sah er aus. Dunkle volle Haare, schmales

Gesicht, schlank, muskulöse Oberarme. Ihm schien, ähnlich wie Claudia, das derzeitige Tempo wenig auszumachen. Sie schaute auf ihre Laufuhr, 5:30 Minuten pro Kilometer, und Lukas plauderte, als wären sie im geruhsamen Dauerlauf unterwegs. Okay, da konnte sie mithalten.

»Sag mal, Lukas, wie ist die Gruppe so, meinst du, wir könnten auch etwas schneller laufen?«

»Hey klar, kein Problem. Ich bin allerdings erst zum dritten Mal dabei.«

In diesem Moment schob sich ein weiterer Läufer neben sie. »Hallo zusammen, ich bin der Stefan. Ihr beiden scheint ja wenigstens ein vernünftiges Tempo draufzuhaben. Unsere Altherren-Gruppe da hinten überlegt gerade, ob sie nicht doch nur eine kleine Runde drehen will. Mensch, wenn die heute noch langsamer werden, laufen sie rückwärts.«

Stefan schaute Claudia fragend an.

»Ich bin die Claudia und ich sag gar nichts, was später gegen mich verwendet werden kann, denn ich bin heute zum ersten Mal dabei.«

»Lukas, ich bin auch neu.«

»Und beide gleich im richtigen Tempo«, schmeichelte Stefan, um mit einer gewissen Selbstgefälligkeit in der Stimme nachzuschicken: »Ich bin letztes Jahr den Boston-Marathon mitgelaufen, da fehlt einem hier in der Laufgruppe ein bisschen der Anreiz.«

Claudia wusste, was von ihr erwartet wurde, und riss kurz die Augen auf, um dann ehrfurchtsvoll »Echt, in Boston, wow« zu murmeln.

Stefan schien mit der Reaktion zufrieden zu sein, dann aber runzelte er die Stirn. »Sag mal, Lukas, kennen wir uns nicht von irgendwoher?«

»Nö, keine Ahnung, aber wollen wir nicht noch ein bisschen schneller werden?«

Die drei zogen das Tempo an, sorgsam taxierend, ob die jeweils anderen damit zurechtkamen. In den nächsten fünf Minuten liefen sie schweigend nebeneinanderher, dann schaute sich Lukas um.

»Leute, sollen wir kurz auf die anderen warten und ihnen Bescheid sagen, dass wir vielleicht noch weiter als gewohnt laufen? Wir könnten doch hier am Rheinufer bis zur Kennedybrücke und dann zurück laufen. Was haltet ihr davon?«

»Super Idee«, stimmte Stefan zu, »und, Claudia, kommst du auch mit?«

»Warum nicht.«

Mittlerweile waren alle drei stehengeblieben.

»Hat jemand Lust auf einen Energieriegel, während wir hier warten?« Lukas holte aus einer Gürteltasche drei eingepackte, knapp fünf Zentimeter lange Riegel heraus. »Die bestell ich in den Staaten, sind da der totale Hit bei Spitzenläufern. Kriegst du hier gar nicht, aber sie bringen dich wirklich weiter und sind nicht so süß.«

»Aus den Staaten, sagst du? Ja super, probiere ich gern«, Stefan nahm sich einen der Riegel, riss die Verpackung auf und wollte gerade reinbeißen, als Claudia dazwischenging. Sie hatte nur darauf gewartet, dass Lukas etwas zu essen oder trinken präsentierte.

»Iss das nicht!«

Claudias Warnung ließ Stefan zwar zögern, trotzdem machte er Anstalten, in den Riegel zu beißen.

Claudia hatte keine Wahl. Blitzschnell schlug sie Stefan den Riegel aus der Hand.

»Ey, spinnst du!«

»Ich sagte, iss das nicht. Wenn du da reinbeißt, bist du tot.«

Stefan starrte Claudia ungläubig an. Lukas dagegen spurtete los, schneller als es Claudia für möglich gehalten hätte. Der Mann war wirklich gut in Form.

»Mist, verdammter«, murmelte sie, um dann laut und deutlich zu rufen: »Zugriff, Zugriff, der Verdächtige flüchtet!«

Sie wandte sich an Stefan, der nur sprachlos dastand. »Sorry, Stefan, Claudia Meusen, Kriminalpolizei. Ich erklär dir das später. Bleib bitte hier und sorg dafür, dass keiner den Riegel da auf der Erde nascht, ja?«

Sie rannte los. Lukas hatte jetzt schon mehr als 150 Meter Vorsprung.

Lukas drehte sich nicht um, er rannte einfach, so schnell er konnte, und das konnte er gut. Die würden ihn nicht kriegen. Keiner würde ihn kriegen. Und Stefan Mollentau, dieses Arsch, würde er halt ein anderes Mal fertigmachen. Stefan war sowieso der letzte auf seiner Liste. Sechs ehemalige Mitschüler, »Die Gang«, so hatten sich die sechs Jungen damals genannt. Sie hatten sich einen Spaß daraus gemacht, andere Mitschüler zu quälen. Jeder, der nicht sportlich genug war oder ihnen aus anderen Gründen nicht passte, stand auf ihrer Abschussliste. Lukas hatte auf dieser Liste ganz oben gestanden. Acht lange Jahre hatte die Gang ihn in der Schule fertiggemacht.

Aber in den letzten Jahren hatte er trainiert, an sich gearbeitet, er war schnell geworden und stärker als alle anderen. Und dann war es an der Zeit gewesen zu zeigen, was er im Pharmaziestudium alles gelernt hatte. Keiner aus der Gang hatte ihn wiedererkannt, hatte ihn mit dem kleinen, schmächtigen, blonden Lukas in Verbindung gebracht, der so oft Ziel ihrer derben Späße gewesen war.

Ja, er würde einfach davonlaufen und später …

Plötzlich baute sich ein großer Mann mitten im Weg vor ihm auf. Lukas hatte gar nicht gesehen, wo der herkam.

»Überraschung, Freundchen!«

Lukas schlug einen Haken, aber der Kerl streckte nur den Arm aus, hielt ihn am Shirt fest, riss ihn zurück, zog ihm mit einem geübten Tritt die Beine weg und Augenblicke später lag Lukas mit dem Gesicht auf dem Asphalt. Er spürte, wie Handschellen an seinen Handgelenken zuschnappten. »Kriminalhauptkommissar Martin Winkelhart. Lukas Breidenstein, oder wie immer Sie heißen mögen, ich verhafte Sie wegen dringenden Mordverdachts in fünf Fällen.«

»Dass du aber auch genau an der richtigen Stelle aufgetaucht bist, Martin, das war klasse. Ich hätte den nicht mehr eingeholt.« Claudia Meusen hob ihr Glas, zur Feier des Tages ein trockener Rotwein von der Ahr, und stieß mit ihren beiden Kollegen an.

Jens Heckmann nickte: »Ich muss sagen, ihr habt beide ganze Arbeit geleistet. Wenn euch mal in der Eifel die Decke auf den Kopf fällt, kann ich jederzeit bei meinem Chef ein gutes Wort für euch einlegen.«

»Ach, lass mal, so scharf bin ich gar nicht auf Serienmörder.« Martin grinste Jens und Claudia an. »Außerdem war es kein Zufall, du warst ja verdrahtet, Claudia. Ich wusste, wo du warst und mit dem E-Bike konnte ich gut mithalten.«

»Gut, dass du auf die Idee mit dem E-Bike gekommen bist, sonst hätten wir echt Probleme gehabt«, lobte Jens, »aber jetzt sitzt der Kerl erst mal in Untersuchungshaft. Wer weiß, vielleicht plädiert der Verteidiger auf Unzurechnungsfähigkeit. Einen Schaden hat der auf jeden Fall. So – und was werdet ihr morgen an eurem letzten Tag in der Bundesstadt machen?«

»Ich gehe laufen, unten am Rheinufer. Kommst du mit, Martin?«

»Bin ich bekloppt? Nee, ich hab gesehen, dass ich mit meiner Karte drüben im ›**Kameha Grand**‹ ermäßigten Eintritt habe. Ich gönn mir einen halben Tag Wellness, Schwimmen und Sauna.« Martin grinste über sein Glas hinweg Jens und Claudia an. »Ihr wisst doch: Sport ist Mord.«

22 Deutsche-Post-Marathon Bonn

Der Marathon ist fester Bestandteil im Terminplan vieler Läuferinnen und Läufer im Rheinland. Rund 13.000 Sportler und knapp 200.000 Zuschauer waren in den letzten Jahren dabei. Damit gehört der Wettkampf seit über 15 Jahren zu den größten und beliebtesten Laufevents in Deutschland. Angeboten werden unterschiedliche Wettkämpfe: Halbmarathon und Marathon, Walken, Inlinern und Handbiken. Man kann sogar die Marathondistanz mit vier Personen als Business-Staffel aufteilen. Jeder Teilnehmer läuft dann Teilabschnitte zwischen 8,8 und 12,195 Kilometern.
Gestartet wird an der Uni, kurz vor dem Michaelstor, und durchs Ziel läuft man auf dem Bonner Marktplatz mit Blick auf das historische Rathaus. Ich bin die Halbmarathondistanz gelaufen und war ganz erstaunt, dass es dann im Zielbereich nicht die obligatorischen Bananen und Energieriegel gab, sondern Schmalzbrote und Fleischwurstbrötchen – rheinische Kraftnahrung eben. Lecker!
Informationen zum Wettbewerb findet man unter www.deutschepost-marathonbonn.de

23 Feuerroute

Die Feuerroute ist eine 33 Kilometer lange Wanderstrecke mit insgesamt sechs Stationen von Wachtberg bis Rheinbach quer durch das sogenannte Drachenfelser Ländchen.
Der Name des Wanderwegs ist Programm: Hier kann man die Überreste vulkanischer Tätigkeit bestaunen,

Töpfern und Glasbläsern bei der Arbeit zuschauen oder auch Obst-Brennereien besuchen. Jede Station bietet einen eigenständigen Rundwanderweg zwischen drei und zwölf Kilometern Länge. An den jeweiligen Startpunkten gibt es eine Einstiegsstelle, an der man einen für die jeweilige Region typischen Stein zum Mitnehmen findet. Und im Naturparkzentrum Rheinland im Himmeroder Hof in Rheinbach – eine der sechs Stationen – gibt es zu den Steinen auch den passenden Sammelkasten aus Holz.
Informationen zum Wanderweg findet man unter anderem auf der Webseite des Naturparks Rheinland www.naturpark-rheinland.de

24 Bonner Weg der Artenvielfalt

Der Weg wurde im Mai 2008 im Bonner Stadtwald eingerichtet. Rund um die Waldau (siehe dazu Freizeittipp »Bad Godesberg und Kottenforst«) im Stadtteil Bonn-Ippendorf gibt es auf knapp 2,5 Kilometern Strecke neun Erlebnisstationen und 15 Informationstafeln, die sich mit dem Thema Artenvielfalt befassen. Die gesamte Strecke ist barrierefrei, für Kinder übernimmt »Hase Felix« die einzelnen Erklärungen und es gibt zwei Schutzhütten, die sich für ein Picknick eignen.
Informationen zum Weg und zu den einzelnen Stationen unter www.bonn.de

25 Golfclub Bonn-Godesberg

Ursprünglich sollte der Golfplatz im Kottenforst entstehen, aber da legte der damalige Bundeskanzler Konrad Adenauer sein Veto ein. Doch die Golfsportler fanden schließlich ein geeignetes Gelände und 1960 wurde

der Verein gegründet. Im Sommer 1965 standen dann bei der Platzeröffnung 6,5 Löcher zur Verfügung. Mehr gab es erst einmal nicht, weil man die Baukosten im Rahmen halten wollte. Heute bietet der Golfplatz natürlich 18 Bahnen, es gibt Schnupperkurse und auch Gäste sind hier willkommen.
Informationen und Öffnungszeiten unter www.gc-bonn.de

26 **Mountainbike-Touren im Siebengebirge**
Der Naturpark Siebengebirge bietet sich für Mountainbike-Touren an. Allerdings gab es vor ein paar Jahren heftige Diskussionen über die friedliche Koexistenz von Bikern und Wanderern auf den Wegen der Naturparks. Grundsätzlich ist das Fahrradfahren auf einem ausgewiesenen Wegenetz erlaubt.
Wo man fahren darf, erfährt man auf www.naturpark-siebengebirge.de
Komplett organisierte Touren inklusive Übernachtungen gibt es unter anderem bei www.rad-reise-service.de
Wer nur mal mit anderen Bikern im Siebengebirge unterwegs sein will, für den bietet eine Mountainbike-Gruppe regelmäßige gemeinsame Fahrten. Informationen zu den Terminen unter www.7hills.de
Und auch die Bonner Sektion des Deutschen Alpenvereins (ja, die gibt es tatsächlich) bietet einen Mountainbike-Treff an. www.dav-bonn.de

27 **Rheinradweg**
Der 1.230 Kilometer lange Rheinradweg kommt, nach einer aktuellen Umfrage des Allgemeinen Deutschen Fahrrad-Clubs (ADFC), auf Platz drei der beliebtesten Radtouren in Deutschland.

Entlang des Rheins führt die Route durch vier Länder: Schweiz, Frankreich, Deutschland und die Niederlande. Ein Abschnitt geht von Bingen über Bonn nach Köln. Allein auf diesem Abschnitt kann man nicht weniger als 50 Schlösser, Burgen und Altertümer besuchen.
Ausführliche Informationen zum Rheinradweg und zu den einzelnen Routenabschnitten gibt es auf der Internetseite www.rheinradweg.eu

28 **»QuoRadis«-App**

Mit dieser App bietet der Verein »RadRegionRheinland« umfangreiche Informationen zu Radtouren im Rheinland, im Bergischen Land und der Voreifel. Die App ist sowohl für Apple-Smartphones als auch Android-Geräte kostenlos verfügbar. Mit der App kann man seine Radtour planen, sie ermöglicht eine Navigation mit Sprachansage während der Tour, man erhält Tipps entlang der Route und kann sich zu ausgewählten Sehenswürdigkeiten kurze Videos anschauen. Außerdem verspricht der Initiator in seinem Infomaterial, dass man bei einigen Sehenswürdigkeiten, Gastronomiebetrieben und Hotels mit dem Vorzeigen der App Rabatte und Gutscheine erhält.
Informationen zur App gibt es unter www.radregionrheinland.de

29 **»Bonn Regio WelcomeCard«**

Die »WelcomeCard« ist jeweils für 24 Stunden gültig und ermöglicht den freien Eintritt in mehr als 20 Museen, freie Fahrt mit Bus und Bahn und Ermäßigungen bei zahlreichen Sehenswürdigkeiten und Freizeitangeboten. Das Ganze gibt es als Einzel- oder

Familienkarte und die Preise variieren je nach der Größe des Gebietes, in dem man mit den öffentlichen Verkehrsmitteln unterwegs sein will. Die »Welcome-Card« gibt es an den stationären Fahrausweisdruckern, in den verschiedenen Tourist-Informationen und in einigen Hotels und Museen.
Informationen zu den Preisen, einer Übersicht der Museen, Sehenswürdigkeiten und Freizeitangeboten sowie den Verkaufsstellen findet man unter www.bonn-region.de

30 **Römische Badeanlage**
Die Überreste der römischen Badeanlage wurden erst 1988 bei Umbauarbeiten an der Adenauerallee entdeckt. Die Badeanlage befindet sich unter dem Studienhaus für Priesterkandidaten des Bistums Köln (Collegium Albertinum) und kann täglich bis 20:00 Uhr besichtigt werden. Der Eintritt ist frei.

31 **LVR-Landesmuseum**
Das LVR-Landesmuseum präsentiert Archäologie, Kunst- und Kulturgeschichte. Es ist das größte Museum des Landschaftsverbandes Rheinland (LVR) und zählt zu den führenden archäologischen Forschungsinstituten. Nirgendwo ist die Geschichte des Rheinlandes, von der Frühgeschichte bis ins 20. Jahrhundert, besser dokumentiert und zusammengestellt. Bereits im 19. Jahrhundert wurde das Museum gegründet und erhielt 1874 als »Provinzialmuseum Bonn« einen angegliederten wissenschaftlichen Forschungsbereich.
Nach Plänen von Clemens Guinbert kam es 1893 zum Bau eines neuen Museums, das bereits 1909 um

einen Erweiterungsbau ergänzt wurde. 1934 wurde das Museum dann in »Rheinisches Landesmuseum« umbenannt. Es blieb in den Jahren zwischen 1939 und 1944 für die Öffentlichkeit geschlossen.
Ende der 1980er-Jahre gab es dann einen umfassenden Umbau, neue Fassade und Raumaufteilung inklusive. Seit 2008 heißt das traditionsreiche Museum in Bonn nun LVR-Landesmuseum Bonn.
Informationen zu den Dauerausstellungen, den aktuellen Angeboten sowie Öffnungszeiten unter www.landesmuseum-bonn.lvr.de

32 Kanufahrt bei Vollmond

Die Vollmondfahrt ist eines der Sportangebote auf der Sieg. Erfahrener Kanute muss man nicht sein, um den Mondschein auf diesem herrlichen Fluss zu genießen. Ich bin selbst zweimal mit dem Kajak auf der Sieg unterwegs gewesen. Schon nach kurzer Zeit vergisst man, dass man nur wenige Autominuten von der Stadt entfernt ist. Begleitet wird man von zwei erfahrenen Kanuführern. Die Bootstour führt von Siegburg bis zur Rheinmündung in Mondorf. Das Ganze ist für Anfänger mit Vorkenntnissen geeignet.
Informationen und Termine unter www.stattreisen-bonn.de

33 Rhein-Tour im 10er-Canadier

Diese Tour ist sicher ein Gruppenerlebnis der besonderen Art. Zwei mögliche Strecken werden angeboten: entweder der Abschnitt von Hammerstein nach Bonn-Oberkassel oder der von Bonn- Oberkassel nach Köln. Vor Tourbeginn werden die zehn Teilnehmer in die Technik des Kanufahrens genau eingewiesen. Für

diese Aktion sollte man sich einen Tag Zeit nehmen, denn der Veranstalter gibt an, dass das Ganze circa sechs Stunden dauert. Dazu kommt noch die Zeit für das Verladen der Boote.
Informationen und Termine unter www.stattreisen-bonn.de

34 Ruderregatta EUREGA

Die Regatta wurde erstmals zum 100. Geburtstag des Bonner Rudervereins 1882 e. V. ausgerichtet. Seitdem treffen sich jeweils am ersten Samstag im Mai Ruderer, um die Strecke zwischen Sankt Goarshausen und Bonn in Angriff zu nehmen.
Wer selbst an dieser 100-Kilometer-Regatta oder der halben Strecke teilnehmen möchte, der findet alle Informationen zu Anmeldung, Streckenverlauf und den erlaubten Bootsgrößen und -klassen unter www.eurega.org

35 Naturerlebnispfad Ennert

Der Pfad ist 2013 in Bonn-Beuel angelegt worden. Los geht es am Ennertparkplatz an der Oberkassler Straße. Die Gesamtroute in Form eines Rundwegs hat eine Länge von neun Kilometern und man sollte rund vier Stunden für die Wanderung einrechnen. Der Weg kann aber auch etappenweise gegangen werden.
Entlang der Strecke informieren Thementafeln über Natur, Pflanzen und Tiere im Siebengebirge. Erweiterte Informationen bietet die interaktive Version der Thementafeln im Internet. Hier werden zum Beispiel Animationen, Zusatzinformationen und weitere Bilder angeboten. Außerdem kann man sich die Texte von einem Sprecher vorlesen lassen. Möglich wird dies

durch QR-Codes, über die man mit seinem Smartphone die Zusatzinformationen abrufen kann.
Informationen zur Route unter www.ennert.biostation-bonn-rheinerft.de

36 **»Kameha Grand« Bonn**

Das Design-Hotel in Bonn-Oberkassel mit seiner riesigen Glasfront bietet einen fantastischen Blick auf den Rhein, da lohnt sich schon ein Milchkaffee, um den Schiffen auf dem Fluss nachzuschauen.
Das Hotel hat aber auch einen großen Spa-Bereich, mit Schwimmbecken und verschiedenen Saunen, den man – dank der »WelcomeCard« (siehe oben) – mit 10 Prozent Ermäßigung als Tagesgast besuchen kann.
Alle Informationen zum Hotel, den Veranstaltungen und Angeboten unter www.kamehabonn.de

DAS POLITISCHE BONN

Dass Bonn nach dem Zweiten Weltkrieg Hauptstadt der neuen Bundesrepublik wurde, hielten selbst die deutschen Politiker für eine Übergangslösung. Dies zeigte sich ja schon in der Präambel des jungen Grundgesetzes, das man nur deshalb Grundgesetz nannte, weil man sicher war, dass ein vereintes Deutschland eine Verfassung beschließen würde.

Abgesehen davon sprach man lange vom »Regierungssitz«, keiner wollte Bonn als »Hauptstadt« bezeichnen. Reichlich knapp war ja auch die Entscheidung für Bonn ausgefallen: 33 Stimmen für Bonn, 29 für Frankfurt am Main.

Es dauerte gut 15 Jahre, bis man einsah, dass man kein Land mit einer Art Provisorium regieren kann.

Ich hatte einmal Gelegenheit, einen ganzen Nachmittag lang ein sehr ausführliches Gespräch und ein Interview mit dem FDP- und späteren CDU-Politiker Erich Mende zu führen, der unter Ludwig Erhard drei Jahre lang stellvertretender Bundeskanzler war. Er kannte unglaublich viele Details, weil er über Jahre hinweg Tagebuch geführt hatte. Erich Mende erzählte mir, dass sich Politiker quer durch alle Parteien lange gegen den Bau des Abgeordneten-Hochhauses ausgesprochen hatte, weil man sich damit eingestehen musste, dass es mit der angestrebten deutschen Einheit doch nicht so schnell klappte, wie man das gerne gewollt hätte. Und warum ein Hochhaus bauen, wenn man dann doch wieder an die Spree ziehen würde?

Nun, wir wissen es heute besser. Mehr als 40 Jahre blieb Bonn Regierungssitz und politisches Zentrum der Bundesrepublik. Aber auch nach dem Umzug der Regierung schaffte es die Stadt, »politisch« zu bleiben, mit den verschiedenen Amtssitzen einzelner Ministerien, vor allem aber auch dadurch, dass sich die Vereinten Nationen für Bonn entschieden.

Dass Bonn Bundeshauptstadt war, führte auch dazu, dass viele Länder in Bonn ihre Botschaften errichteten. Und auch wenn manche Bonn als beschaulich einstufen, hat es hier doch unzählige Intrigen und Spionagefälle gegeben.

Was liegt da näher, als das in einem Krimi zu verarbeiten.

Die Geschichte Bonns und damit die Geschichte der Bundesrepublik wird hervorragend im »Haus der Geschichte« dokumentiert. Näheres dazu in den Freizeittipps »Museen und Kultur«.

»JA LJUBLJU TEBJA« HEISST »ICH LIEBE DICH«

»Och komm, Jens, das wird lustig, auf jeden Fall lustiger, als mit ansehen zu müssen, wie du mit deinen Freunden aus der Altherrenmannschaft einen Fußball herumkickst. Außerdem hast du erst vorgestern gesagt, dass du eigentlich viel mehr über die Bonner Stadtgeschichte lernen möchtest. Bitte sehr, was ich hier vorschlage, ist spannend, und du kannst noch was über das politische Bonn erfahren. Was willst du mehr?«

Jens hätte jetzt gerne geseufzt, aber das ließ er bleiben. Simone hatte recht: Er interessierte sich wirklich für die »Bonner Ära«, als Bundestagsabgeordnete noch zu Fuß aus dem »Langen Eugen« zum **Plenarsaal** schlenderten. Heute war das ganze Gebiet zur exterritorialen Zone erklärt worden, weil dort die **Vereinten Nationen** ihren Sitz hatten. Wie gern würde er mal den **»Weg der Demokratie«** gehen, aber dafür hatte ihm bisher immer die Zeit gefehlt. Fehlende Zeit war auch der Grund, warum seine Beziehung mit Melanie damals kaputtgegangen war. Sie hatten kaum etwas gemeinsam unternommen. Das würde ihm mit Simone nicht passieren – das hatte er sich fest vorgenommen. Zum Glück war Simone aber auch anders als Melanie, sie ließ es nicht zu, dass er sich nur in seiner Arbeit festfraß und lediglich ab und zu mit den Jungs Fußball spielte.

»Aber du hast dir jetzt nicht eine von diesen **Botschaftstouren** ausgesucht, wo man nur die ehemaligen Villen der Botschaften zu sehen bekommt? Ich meine, das ist nicht schlecht, aber – erinnere dich – das war unser Betriebsausflug vor einem Jahr.«

»Nein, verlass dich darauf. Es ist was ganz Neues. Wir sind da in einer kleinen Gruppe unterwegs. Das wird lustig.«

Das wird überhaupt nicht lustig – egal, was da noch kommt. So viel stand für Jens zwei Tage später fest. Warum? Weil er schon von Weitem sah, wer da am **Konrad-Adenauer-Denkmal** auf Simone und ihn wartete.

»Sind das da vorne etwa Gerd und Meike?« Die Frage war eigentlich überflüssig, denn Gerds lange, schlaksige Gestalt war unverkennbar und neben ihm – das musste Meike sein. Obwohl: Sicher war Jens nicht. Als er die beiden das letzte Mal getroffen hatte, hatte Meike lange, glatte schwarze Haare getragen. Jetzt stand da eine Frau mit Kurzhaarschnitt, hellblond mit ins Orange gehenden Flecken.

»Juhu – ihr Süßen!«

Okay, die Frau mit der Tarnmuster-Frisur war eindeutig Meike. Jens hätte die hohe, leicht kieksige Stimme und das alberne Hüpfen auf der Stelle unter Tausenden wiedererkannt.

»Nun schau nicht so grimmig. Die Meike ist eine ganz nette Kollegin, und mit dem Gerd hast du dich doch beim Firmengrillfest gut unterhalten. Außerdem war es Meike, die das heute gefunden hat. Da kann ich schlecht an ihr vorbei einen anderen Termin auswählen.«

»Aber du hättest mich vorwarnen können, dann hätte ich mir einen Flachmann mit Whisky eingesteckt. Den Gerd ertrage ich nämlich am besten im Vollrausch«, raunte Jens, denn sie waren schon so nah bei dem anderen Paar, dass er seiner Empörung nur noch ganz leise Luft machen konnte.

»Alter Meckerbolzen« war Simones einziger Kommentar, gefolgt von einem spielerischen Klaps auf den Arm.

Für Jens hatte Meike viel Ähnlichkeit mit den Duracell-Hasen aus der Werbung. Sie konnte nie stillstehen und klatschte fortwährend und meistens ohne Grund vor Begeisterung in die Hände. Ganz anders Gerd. Der war ein staubtrockener Finanzbuchhalter und ging wahrscheinlich zum Lachen in den Keller. Bei ihrer ersten Begegnung hatte Jens es eine geschlagene Stunde ertragen, alles über die Novellierung der Absetzbarkeit des heimischen Arbeitszimmers in Hinblick auf die Bestimmung der Betriebsausgaben Paragraf 4, Abschnitt 5, Nummer 6 b des Einkommenssteuergesetzes anzuhören. Als ihm Gerd dann noch erklärte, dass er schon am Anfang seiner Karriere einmal die Absetzbarkeit der Kosten für Bleistifte in einem Musterprozess durchgesetzt hatte, war Jens klar geworden, dass Gerd quasi in einer anderen Galaxie zu Hause war. Gerds größtes Glück war das jährliche Nachrechnen des Auto-Fahrtenbuches. Nach dieser Eröffnung hatte Jens sich mit Bowle volllaufen lassen – Filmriss eingeschlossen. Wie dieser Langweiler mit Meike zusammenkommen konnte, gehörte für Jens zu den großen ungelösten Rätseln der Menschheit.

»Hallöchen, Simone. Ja, grüß dich, Jens, mein Süßer. Gerd, sag dem Jens doch auch Hallo.«

»Ja, hallo!«

Meike strahlte ein 150-Watt-Halogenstrahler-Lächeln und stupste ihren gelangweilt dreinschauenden Begleiter in die Seite. »Ach, der Gerd. Der freut sich seit Tagen wie Bolle auf unser gemeinsames Abenteuer. Der ist ganz aufgeregt.«

»Mhhhmmm! Toll!«

Wahrscheinlich hatte Gerd einen Herzschlag, aber noch keine Zeit gefunden umzukippen. Tiefenentspannt oder scheintot – »sich freuen wie Bolle« sah für Jens anders aus.

»Dann wollen wir mal, wir müssen ja noch zum Markt, Kinder. Hoffentlich sind die anderen in der Gruppe nicht so todernste Gestalten. Nicht wahr, Gerdilein, wir wollen doch Spaß haben?«

»Äh, ja!«

Meike klatschte kichernd in die Hände, drehte sich zum Zaun des ehemaligen Bundeskanzleramtes um und griff mit beiden Händen an die Stangen. »Wisst ihr noch? Der Gerhard Schröder soll doch damals hier gestanden haben, um an dem Zaun zu rütteln. ›Ich will hier rein!‹, hat er gerufen. Wisst ihr noch? Na ja, später durfte er dann ja rein und hätte sogar im **Bundeskanzler-Bungalow** einziehen können, aber dann ließ er ja den Kohl da weiter wohnen. Hach, wird das heute spannend.«

Meike erwartete offenbar keine Antworten, denn sie hakte sich bei ihrem Gerd unter und hüpfte los.

Jens ließ den beiden ein paar Schritte Vorsprung. »Boah, Simone, ich weiß nicht, ob ich Meike einen ganzen Nachmittag ertragen kann. Und behalte bitte Gerdilein im Auge, ich glaube, er macht es nicht mehr lange, der freut sich gerade zu Tode.«

»Pscht. Die beiden können dich doch hören.«

»Dann verrate mir wenigstens, was mich gleich erwartet«, forderte Jens.

Simone seufzte. »Also gut, aber du musst gleich noch ein bisschen überrascht aussehen, versprich mir das! Wir machen den **Spionage-Rundgang** mit.«

»Im Ernst jetzt?«

»Ja, und das wird dir gefallen.«

Jens warf einen sehnsüchtigen Blick zurück auf das **Palais Schaumburg** und dann in den Park der **Villa Hammerschmidt**. Die beiden Gebäude würde er sich gern mal bei einer Führung ansehen. Und auch den Kanzler-Bungalow auf dem Gelände des Palais Schaumburg. Aber einen Spionage-Rundgang? Mit Meike und Gerd, dieser Ausgeburt von Frohsinn? Junge, Junge … Jens spürte Simones Hand, die zärtlich über seinen Arm streichelte. Also gut, was soll's, wird schon werden.

Die drei weiteren Teilnehmer waren nett und erfreulich unspektakulär. Jens spürte, wie er sich entspannte und das Ganze zu genießen begann. Da waren Christian und Marlene, er Lehrer, sie Apothekerin, und Franziska, die sich mit einem schüchternen Lächeln vorstellte und erklärte, sie wäre jetzt in Rente und hätte früher als Sekretärin gearbeitet. Da sie als Team zusammenarbeiten sollten, einigten sie sich darauf, sich zu duzen.

Im Café auf dem Marktplatz ging es los. Nach einer kurzen Einweisung erhielt die Gruppe den ersten Hinweis. Ein Dossier musste gefunden werden, eine Liste mit den Namen aller in Bonn tätigen Spione, die für die Hauptverwaltung Aufklärung (HVA) gearbeitet hatten. Natürlich gab es mehr als nur eine Partei, die das brisante Dossier lieber unveröffentlicht gesehen hätte. Christian fand eine Spur. Sie führte die Gruppe zum Hauptbahnhof und zu einem Schließfach. Dort entdeckten sie eine Art Zahlencode. Und, oh Wunder, Gerd begann regelrecht aufzublühen. Eben noch scheintot neben Meike hergetrottet, strahlte er beim Anblick der Zahlenreihen.

Jens musste, wenn auch widerwillig, zugeben, dass ihn der Spionage-Rundgang fesselte und dass Gerd ja an sich harmlos und in seiner Begeisterung auch sympathisch war.

»Siehst du«, Simone lächelte ihn an, »es war doch eine gute Idee von Meike.«

»Ja, du hast recht. Mal sehen, wie lange Gerd …«

»Fertig!«

»Oh, Gerdilein, wie klug du bist!«

»Na ja, das war ja auch nur ein einfacher Austauschcode.«

»He, Gerd, gut gemacht«, lobte Christian.

»Und wo müssen wir nun als Nächstes hin?«, fragte Marlene.

»Hier steht, wir sollen zum **Hofgarten**. Auf einer Parkbank würden wir einen Informanten treffen.«

»Na, dann los, worauf warten wir noch? Schnappen wir uns den Kerl«, sogar Franziska schien das Jagdfieber gepackt zu haben.

Im Hofgarten gab es etliche Parkbänke und leider waren davon auch etliche besetzt. Jens schaute sich um. Sie hatten keinen weiteren Hinweis auf die gesuchte Person. Es blieb ihnen wohl nichts anderes übrig, als jede Person, die auf einer Bank saß, anzusprechen. Gerd hatte noch ein Codewort in der Botschaft entschlüsselt: »Butterblume«.

»Also gut, Leute, machen wir uns zum Affen. Wir gehen rum und lassen immer mal wieder das Codewort ›Butterblume‹ fallen, irgendwer wird schon reagieren«, schlug Marlene vor.

»Wir können uns ja aufteilen, eine Gruppe nimmt hier den rechten Teil des Hofgartens unter die Lupe und die andere Gruppe geht links rum. Drüben am **Akademischen Kunstmuseum** treffen wir uns wieder«, schlug Simone vor.

»Ja, können wir machen«, stimmte Jens ihr zu, »Simone und ich gehen hier geradeaus weiter.«

»Ich schließe mich euch an«, erklärte Franziska.

»Okay, dann gehen Marlene, Meike, Gerd und ich hier links rum. Ihr könnt ja laut rufen, wenn ihr auf den Informanten gestoßen seid, so groß ist der Hofgarten schließlich nicht«, sagte Christian.

Sie sahen den älteren Herrn auf der Parkbank schon von Weitem. Er saß einfach nur entspannt da, hatte den Kopf in den Nacken gelegt und schien die Sonne zu genießen.

Jens blieb vor ihm stehen. »Entschuldigen Sie bitte. Sagt Ihnen das Wort ›Butterblume‹ etwas?«

Der Mann öffnete die Augen, blinzelte kurz und musterte die kleine Gruppe.

Merkwürdig – Jens hätte schwören können, dass für einen Augenblick so etwas wie Erschrecken über sein Gesicht gehuscht war.

»Äh, wie bitte?«

»Es ist ein Spiel, an dem wir teilnehmen«, erklärte Simone, »wir sollen jemanden treffen und das Codewort ist ›Butterblume‹. Aber ich sehe schon, Sie wissen nicht, wovon wir reden. Entschuldigen Sie bitte, dass wir Sie gestört haben.«

»Aber nein, das macht doch nichts, und viel Spaß noch bei Ihrem Spiel.« Der Mann lächelte und legte dann den Kopf wieder in den Nacken und schloss die Augen.

»Der war doch nett«, urteilte Simone, nachdem sie ein paar Meter gegangen waren, dann blieb sie stehen und musterte Franziska besorgt. »Was ist denn mit dir, du siehst ja plötzlich ganz elend aus. Ist dir nicht gut?«

»Ach, es tut mir leid. Ich hatte schon heute früh so ein Magengrummeln. Ich muss irgendwas Falsches gegessen haben. Jetzt ist mir richtig übel, es wird gar nicht besser. Ich glaube, ich kann nicht mehr weitermachen.«

»Wie schade. Hast du es denn weit bis nach Hause? Sollen wir dich noch irgendwo hinbringen?«

»Nein, nein, das geht schon. Ich ruh mich kurz hier auf der Bank aus. Und mein Auto steht in der Tiefgarage gleich hinter der Uni. Wie ärgerlich. Ich hätte zu gern gewusst, wie alles ausgeht.«

In diesem Moment schallte quer durch den ganzen Hofgarten ein lautes »Huhuuu – wir haben sie gefuuuuunden!«.

Jens lächelte Franziska aufmunternd zu. »Du hörst es, wir werden gebraucht. Schade, dass du nicht weiter mitmachen kannst.«

»Geht nur«, Franziska lächelte gequält, »das klingt, als sei Meike schon ganz ungeduldig. Macht euch mal um mich keine Sorgen und bestellt den anderen schöne Grüße.«

Franziska nahm die Richtung, aus der sie gekommen waren, während Jens und Simone quer über die große Rasenfläche liefen, einer hüpfenden Meike entgegen.

Die nächsten anderthalb Stunden vergingen wie im Flug.

»Schade, jetzt sind wir schon am Ende«, beschwerte sich Meike.

»Das war wirklich super«, Gerd strahlte immer noch bis über beide Ohren, denn er hatte gerade erfahren, dass keine andere Gruppe den Zahlencode bisher so schnell geknackt hatte wie ihre.

»Und wie hat es dir gefallen, Jens?«, fragte Marlene.

»Das war ein wirklich toller Nachmittag, schade nur, dass Franziska die Auflösung …« In Jens Jackentasche summte sein Handy. »Oh, sorry. Augenblick«, entschuldigte er sich. »Heckmann, hallo? Was? Nee! Ja sicher, ich kann in zehn Minuten da sein. Alles klar.«

»Was Schlimmes?«, Simone kannte diese Art von Anrufen zur Genüge.

»In der Nähe vom Hofgarten ist ein Toter gefunden worden.«

»Das gehört jetzt noch zum Spiel, oder?«, fragte Christian lachend und zwinkerte Jens zu.

»Nee, du, leider nicht. Das ist kein Spiel mehr«, erwiderte Jens ernst.

»Das versteh ich nicht, was hast du denn damit zu tun?«, fragte Marlene. Woher sollte sie es auch wissen, keiner hatte Jens nach seinem Beruf gefragt.

»Für mich, Marlene, ist das der Alltag. Ich bin Kriminalhauptkommissar bei der Bonner Kripo.«

Arne Schmitz sah seinen Kollegen Jens Heckmann schon von Weitem. Er rannte zwar nicht gerade, überholte aber mit seinen weit ausholenden Schritten eine ganze Gruppe von Nordic-Walkern, die gerade auf einen der Kieswege einbogen.

Zwei Minuten später hatte Jens seinen Kollegen erreicht. »Da bin ich, was haben wir?«

»Eine Leiche, drüben an der Bank. Männlich, weiß, wahrscheinlich über 60, würde ich schätzen. Ein Jogger ist praktisch über ihn gestolpert. Lange hat der Tote da noch nicht gelegen«, zählte Arne auf.

»Und irgendwelche sichtbaren Hinweise auf einen Mord?«

»Ich bin ja nicht unser Doc von der Gerichtsmedizin, aber für mich sieht es so aus, als hätte der Tote die Ohrfeige seines Lebens bekommen. Man sieht sogar noch die Abdrücke auf der Haut, und er lag neben der Bank.«

»Du meinst, jemand hat ihn geschlagen, er ist gestolpert, gefallen, ist auf die Holzkante da geknallt und hat sich dabei das Genick gebrochen?«

»Mhmm, könnte so gewesen sein.«

Jens seufzte. So hatte er sich das Ende des Samstagnachmittags nicht vorgestellt.

»Na, dann Rock 'n' Roll«, murmelte er resigniert.

Zwei Kollegen von der Spurensicherung beugten sich gerade über die leblose Gestalt. Als der eine aufstand, konnte Jens das Gesicht des Toten sehen. Obwohl – das war eigentlich gar nicht mehr nötig, er hatte schon das blaue Sportsakko erkannt.

»Ich werd verrückt«, sagte er laut.

»Was ist? Kennst du den?«, fragte Arne neugierig.

Jens nickte. »Diesen Herrn da habe ich noch vor etwas mehr als einer Stunde gefragt, ob ihm das Codewort ›Butterblume‹ etwas sagt.«

Die Ermittlungen rund um den Toten im Hofgarten schleppten sich dahin. Und das hatte drei Gründe.

Erstens: Es gab keine Zeugen. Obwohl zum vermuteten Tatzeitpunkt im Hofgarten und am Alten Zoll genügend Menschen unterwegs gewesen waren, hatte sich doch keiner gemeldet. Allerdings war der Tatort auch von einigen Bäumen und Büschen umgeben, sodass es keine direkte Sicht zu den Hauptwegen und der Rasenfläche gab.

Zweitens: Es gab keine Mordwaffe. Arnes erste Vermutung wurde bei der Obduktion der Leiche und anhand der gefundenen Spuren am Tatort bestätigt. Jemand hatte den Mann geschlagen, und der war dann unglücklich gestürzt. Also wahrscheinlich kein vorsätzlicher Mord, sondern Totschlag oder Körperverletzung mit Todesfolge.

Drittens: Sie wussten immer noch nicht, wer das Opfer war. Und das war das eigentlich Merkwürdige an diesem Fall. Der Tote hatte in seiner Brieftasche Ausweispapiere, Führerschein und Kreditkarten auf den Namen Ottmar Dellwig dabeigehabt. Unter der angegebenen Anschrift lebte kein Ottmar Dellwig, er war nirgends gemeldet, es gab keine Vermisstenmeldung, die Fingerabdrücke halfen ihnen auch nicht weiter.

Jens saß an seinem Schreibtisch im Polizeipräsidium und nippte an seinem dritten Becher Kaffee, als Arne ins Zimmer stürzte.

»Du glaubst nicht, was ich gerade bekommen habe.«

»Zwei Monate Urlaub bei vollem Lohnausgleich? Einen festen Platz im ZDF-Fernsehballett? Nun sag schon!«

Arne hielt einen Ausdruck hoch. »Tadaa – eine Rückmeldung vom BKA. Die Kollegen haben die Fingerabdrücke von Ottmar Dellwig über ihre Verbindungen zu den Amerikanern bekommen, nur dass Dellwig in Wirklichkeit Alexej Sokolow heißt, also hieß, muss man ja der Genauigkeit halber sagen. Und jetzt halt dich fest: Er war von 1980 bis 1986 Kulturattaché in der sowjetischen Botschaft auf der Viktorshöhe in Godesberg.«

»Moment mal – sagtest du gerade Kulturattaché? Dann war er …«

»Genau, jeder, der mal einen Agentenroman gelesen hat, weiß, dass unser Alexej mit ziemlicher Sicherheit ein Spion war.«

»Das ist ja ein Ding, Schatz. Der nette ältere Herr, der im Hofgarten die Sonne genossen hat, war ein Spion?«, fragte Simone laut aus der Küche.

»Beweisen kann ich das nicht, offengestanden werden wir es wahrscheinlich nie beweisen können. Wie denn auch?«, Jens war müde und rieb sich die Augen. »Außerdem bringt uns das auch keinen Schritt weiter. Gut, wir wissen, dass er falsche Papiere besaß. Aber die Zeiten des Kalten Krieges sind vorbei, ich kann mir schwer vorstellen, dass Sokolow noch in Bonn aktiv war.«

»Du, ich habe da mal einen Artikel über ›Venusfallen‹ gelesen«, Simone drückte Jens ein Glas Rotwein in die Hand, das sie in der Küche eingeschenkt hatte. »Man kennt das doch aus Filmen, dass eine gut aussehende Frau einen Mann verführt, um ihn auszuhorchen oder ihn zu kompromittieren und dann zu erpressen.«

»Mhmm! Und?«

»In dem Artikel ging es darum, dass es auch männliche ›Venusfallen‹ gab: Gut aussehende Männer, die sich an unschuldige Sekretärinnen herangemacht haben.«

Jens trank nachdenklich einen Schluck Rotwein.

»Eine männliche ›Venusfalle‹. Sachen gibt's. Sokolow als russischer Casanova, der eine verliebte Sekretärin dazu bringt, Geheimnisse zu verraten. Spannende Theorie. Fehlt nur noch die Sekretä…« Jens brach mitten im Wort ab. Dann flüsterte er: »Heilige Scheiße«, stellte sein Rotweinglas so heftig auf dem Tisch ab, dass etwas Wein auf die Platte schwappte.

»Vorsichtig«, ermahnte ihn Simone.

Doch Jens achtete gar nicht auf seinen Wein. Er sprang auf, umarmte und küsste Simone. »Schatz, du bist genial. Wenn du irgendwann einmal die Meike leid bist, dann sag Bescheid, ich verschaffe dir bei uns jeden Job, den du willst, meinen eingeschlossen.«

»Was ist denn in dich gefahren?«

»Ich weiß jetzt, an wen ich mich wenden muss, das ist alles. Ich muss noch mal los, um ein paar Sachen vorzubereiten.«

Sie wusste, dass es vorbei war, als der fremde Mann vor ihrer Haustür stand.

»Ja, bitte?«

»Kriminaloberkommissar Arne Schmitz, Kripo Bonn, dürfen wir für einen Moment hereinkommen?«

»Wir?«, fragte Franziska Bollert überrascht und schien dabei die Ruhe in Person.

»Ja, mein Kollege kommt da gerade.«

Sie zuckte zusammen, als sie den Mann erkannte, der durch den Vorgarten auf sie zukam. »Du?«

»Hallo, Franziska, ich hatte gar keine Gelegenheit, mich richtig vorzustellen. Jens Heckmann, Kriminalhauptkommissar. Ich weiß, was passiert ist. Und du weißt, warum wir hier sind – nicht wahr?«

Die Frage schien bei Franziska einen inneren Damm einzureißen.

Ihre Hände begannen zu zittern, Tränen schwammen in den Augen.

Sie nickte stumm. Jens führte sie sanft, aber bestimmt am Arm ins Haus. Im Wohnzimmer setzte sie sich auf das Sofa und wischte sich mit einer energischen Geste die Augen trocken.

»Ich wollte ihn nicht umbringen. Das musst du mir glauben. Ich war so überrascht. 30 Jahre lang habe ich mit der Schuld gelebt, mein Land verraten zu haben. 30 Jahre voller Sorge, entdeckt zu werden. Und dann die Ungewissheit, was eigentlich aus Alexej geworden ist. Von einem Tag auf den anderen war er verschwunden.«

»Aber vorher hast du ihm Unterlagen besorgt, nicht wahr?«

Franziska Bollert nickte zaghaft. »Ich war nur ein kleines Licht im Verteidigungsministerium und Alexej wollte mit den Informationen sein Geschäft ankurbeln, wir wollten heiraten, sobald alles gut lief. Wir ... ach egal. Und dann sitzt er plötzlich da in der Sonne mitten im Hofgarten.«

»Du bist zurückgekehrt, ihr seid etwas abseits gegangen und da hast du ihn zur Rede gestellt«, ergänzte Jens ihre Erzählung.

»Ja, genau. 30 Jahre – ich war plötzlich so wütend auf ihn. Ich habe ihn geschlagen, er ist nach hinten getaumelt, an einer Wurzel hängengeblieben, und hart aufgeschlagen. Es ... es war so laut. Das Knacken von seinen Knochen war so laut.«

Jens nickte Arne zu. Der räusperte sich. »Frau Bollert, ich verhafte Sie. Ihnen wird der Totschlag an Alexej Sokolow vorgeworfen. Der Richter wird entscheiden müssen, ob das alles ein Unfall war.«

Franziska Bollert achtete nicht auf Arne. Mit tränenblinden Augen schaute sie zu Jens hoch.

»Ich spreche kein Russisch, aber einen Satz habe ich mir gemerkt«, ihre Stimme war vor Trauer und Schmerz ganz heiser, »›Ja ljublju tebja‹ – das hat Alexej immer gesagt. ›Ja ljublju tebja‹ heißt ›Ich liebe dich‹.«

37 **Plenarsaal**

Der Plenarsaal ist wohl jedem von uns durch Fernsehübertragungen zumindest in Teilen bekannt. Der große Bundesadler an der Wand – so habe ich nachgelesen – hat absichtlich ein asymmetrisches, lückenhaftes Gefieder. Das soll die Abgeordneten daran erinnern, dass niemand perfekt ist. Ob das den Parlamentariern aufgefallen ist? Aufgefallen ist ihnen auf jeden Fall, dass der alte Saal Mitte der 1980er-Jahre nach und nach zu eng wurde. Also beschloss man einen Neubau. Doch wo sollte man in der Zwischenzeit tagen? Man baute das »Alte Wasserwerk« um, das Pumpenhaus war 1875 gebaut worden und lag direkt gegenüber dem Abgeordneten-Hochhaus. Das Wasserwerk wurde bis 1992 als Plenarsaal genutzt, dann war der Neubau bezugsfertig. Sieben Jahre später, am 1. Juli 1999, fand hier die letzte Sitzung des Deutschen Bundestages statt.

Der Plenarsaal ist heute Teil des World Conference Centers und wird für Tagungen und Kongresse genutzt. Informationen dazu unter www.bonn-region.de

38 **UN-Campus**

Nach dem Berlin-Umzug des Parlaments begann sich Bonn mit Unterstützung der Bundesregierung sozusagen nach neuen »Mietern« umzusehen. Der Bund sanierte die ehemaligen Regierungsgebäude und stellte sie den Vereinten Nationen zur Verfügung. Die Geburtsstunde des UN-Campus. Heute ist ein Teil des ehemaligen Regierungsviertels exterritoriales Gebiet,

darunter auch das Abgeordneten-Hochhaus, liebevoll der »Lange Eugen« genannt (nach dem ehemaligen Bundestagspräsidenten Eugen Gerstenmaier, der übrigens eher von kleiner Statur war, aber das nur am Rande).
18 UN-Organisationen sind mittlerweile in Bonn ansässig. Unter dem Dach »UNO in Bonn – für nachhaltige Entwicklung weltweit« arbeiten hier zum Beispiel kleinere Organisationen wie das »Sekretariat des Abkommens zur Erhaltung der Kleinwale in der Nord- und Ostsee, dem Nordostatlantik und der Irischen See«, aber auch das europäische Büro der Weltgesundheitsorganisation WHO.

39 **»Weg der Demokratie«**
Der »Weg der Demokratie« wurde vom Haus der Geschichte und der Stadt Bonn im Jahr 2004 eingerichtet und umfasst die wichtigsten Wirkungsstätten der Bonner Ära. Insgesamt gibt es 18 Stationen, an denen Informationstafeln Wissenswertes vermitteln. Das Ganze beginnt am Haus der Geschichte (siehe dazu »Museen in Bonn«), zu den Stationen zählen der Bundesrat, das Bundeshaus, der Plenarsaal des Deutschen Bundestages und die Bürobauten »Tulpenfeld« mit der Bundespressekonferenz. Man sollte für den Rundweg anderthalb bis zwei Stunden rechnen. Wer das Ganze nicht allein gehen will, sondern darüber hinaus noch zusätzliche Informationen erhalten möchte, für den gibt es auch spezielle Führungen.
Informationen erhält man unter www.wegderdemokratie.de

40 **Botschaftstouren**

Viele Länder hatten ihre Botschaft in Bad Godesberg. Das Stadtmarketing bietet zwei Spaziergänge, eine Tour mit dem Rad und eine spezielle Rundfahrt mit dem Bus an. Die Rundgänge sollen an die Jahre erinnern, in denen zahlreiche Botschaften das Leben in Bad Godesberg geprägt haben. Natürlich erfährt man nicht nur Wissenswertes aus der Vergangenheit, sondern auch etwas über die Zukunftsaussichten des ehemaligen Diplomatenstadtteils.

Welche Botschaften auf dem Programm stehen, Preise und Termine – das alles findet man im Internet unter www.godesberg-stadtmarketing.de

41 **Konrad-Adenauer-Denkmal**

Kaum zu glauben, dass das Konrad-Adenauer-Denkmal, die große Büste aus Bronze, zunächst keinen Standort hatte und eine Zeit lang eingelagert werden musste. Eigentlich sollte die große Büste in Rhöndorf vor dem Haus Adenauers stehen, doch – so kann man nachlesen – die Familie Adenauer erhob Einspruch. Also musste ein neuer Standort her, und den fand man dann zum Glück am Bundeskanzlerplatz, in unmittelbarer Nähe des Bundeskanzleramtes (heute Bundesministerium für wirtschaftliche Zusammenarbeit und Entwicklung). Hier wurde das Denkmal 1982 feierlich enthüllt.

Von Weitem sieht das Denkmal lediglich wie ein recht naturgetreues Abbild des Kanzlergesichtes aus, doch wer sich ein bisschen mit dem Denkmal beschäftigt, erfährt eine ganze Menge. Der Künstler Hubertus von Pilgrim hat nämlich die wichtigsten Stationen im Leben Adenauers mit verschiedenen Symbolen in die Plastik eingearbeitet, darunter das Geburts- und Sterbejahr, den Kölner Dom, den Rhein, Europa auf dem Stier und Rosen. Es lohnt sich wirklich, das Denkmal näher in Augenschein zu nehmen.

42 Bundeskanzler-Bungalow

Konrad Adenauer soll beim Anblick des Bundeskanzler-Bungalows gesagt haben: »Ich weiß nicht, welcher Architekt den Bungalow gebaut hat, aber der verdient zehn Jahre.« Ob das stimmt? Jedenfalls hatte Konrad Adenauer meiner Meinung nach unrecht. Der Kanzler-Bungalow, den der Architekt Sep Ruf im Auftrag von Ludwig Erhard entworfen hat, wirkt mit seinen Glasfronten modern, hell, luftig und offen. Während die Regierungschefs anderer europäischer Staaten in altehrwürdigen Residenzen wohnten, wollte man in der Bundesrepublik ein modernes Zeichen setzen. Und so wurde der Bungalow im Park des Palais Schaumburg zum Wohn- und Empfangsgebäude des Kanzlers. Für die private Nutzung des Gebäudes zahlten alle Bundeskanzler Miete an den Bund. Helmut Kohl war der letzte Mieter, der hier wohnte. Sein Nachfolger Gerhard Schröder zog, kurz vor dem Umzug nach Berlin, nicht mehr ein. Angela Merkel hat ihren offiziellen Amtssitz, wenn sie in Bonn ist, im Palais Schaumburg. Nach 1999 stand der Bungalow zunächst leer, wurde kurzzeitig einmal für eine Fernsehproduktion genutzt. Zwischen 2007 und 2009 wurde er saniert und restauriert.
Die Stiftung »Haus der Geschichte der Bundesrepublik Deutschland« hat mittlerweile eine kleine Dauerausstellung eingerichtet und bietet Gruppenführungen an. Informationen dazu unter www.hdg.de

43 Spionage-Rundgang

Einen solchen Rundgang gibt es wirklich. Um Ihnen aber nicht die Spannung zu nehmen, wenn Sie in Bonn die Spionage-Tour buchen möchten, habe ich den Rundgang in der Geschichte frei erfunden.
Bei der aktuell angebotenen Spionage-Tour können die Teilnehmer in die Welt der Spione, der toten Briefkästen und der Geheimbotschaften eintauchen. Die Initiatoren haben das Thema »Spionage in der Bundeshauptstadt Bonn« lange und gründlich recherchiert und diese Informationen in die Gestaltung ihrer Tour einfließen lassen – verschlüsselte Botschaften und konspirative Treffen mit Informanten gehören natürlich auch dazu. Bei der gut zweieinhalbstündigen Tour erfahren die Teilnehmer nebenbei noch eine Menge über das politische Bonn.
Informationen zu den Terminen und Kosten unter www.stattreisen-bonn.de

44 Palais Schaumburg

Entlang der Konrad-Adenauer-Allee, der ehemaligen Handelsstraße, stehen in Richtung Uni mehrere altehrwürdige Gebäude, die beiden bekanntesten sind ohne Zweifel das Palais Schaumburg und die Villa Hammerschmidt.
Das Palais Schaumburg wurde in den Jahren 1858 bis 1860 im Auftrag des Aachener Tuchfabrikanten Aloys Knops gebaut. Knops wünschte sich eine Stadtvilla in Stil und Größe eines barocken Lustschlosses. Dass es heute nicht als Palais Knops bekannt ist, liegt daran, dass ab 1890 das Gebäude in den Besitz des Fürstenhauses Schaumburg-Lippe kam.
Von 1949 bis 1976 war es dann offizieller Amtssitz des

Bundeskanzlers, danach wurde das moderne Bundeskanzleramt fertiggestellt. Trotzdem blieb das Palais Schaumburg das Haus des Bundeskanzlers und ist heute der zweite Dienstsitz des jeweiligen Regierungschefs bziehungsweise der Regierungschefin. Mehrere Jahre lang wurde das Gebäude saniert, wenn Sie dieses Buch lesen, sollten die Arbeiten endlich abgeschlossen sein. Der große Park des Palais Schaumburg wurde Anfang der 50er-Jahre mit dem Park der Villa Hammerschmidt verbunden. Auf dem Gelände steht unter anderem auch der Bundeskanzler-Bungalow (siehe oben).
Informationen unter www.hdg.de

45 Villa Hammerschmidt

Sie ist sozusagen das »Weiße Haus« der Bundesrepublik – die Villa Hammerschmidt.
Bis 1994 war das markante weiße Gebäude der Amtssitz des Bundespräsidenten. Bundespräsident Richard von Weizsäcker entschied, den ersten Amtssitz des Staatsoberhauptes ins Schloss Bellevue nach Berlin zu verlegen. Seitdem ist die Villa Hammerschmidt der zweite Amtssitz des Bundespräsidenten. Wenn sich der Bundespräsident dort aufhält, wird die Standarte auf dem Dach des Gebäudes gehisst.
Die Villa Hammerschmidt wurde im Jahr 1860 beinah zeitgleich mit dem benachbarten Palais Schaumburg gebaut, und zwar im Auftrag des Kaufmanns Albrecht Troost. Und wie beim Palais Schaumburg gab auch erst der zweite Besitzer dem Gebäude seinen endgültigen Namen. Im Jahr 1899 erwarb der Geheime Kommerzienrat Rudolf Hammerschmidt Haus und Grundstück für sich und seine Familie.

1950 kaufte die Bundesregierung dann Villa, Nebengebäude und Park von den Erben Rudolf Hammerschmidts. Der Deutsche Bundestag bestimmte die Villa zum Amtssitz des deutschen Staatsoberhauptes. Informationen unter www.bundespraesident.de

46 Hofgarten

Den Hofgarten habe ich während meiner Studienzeit als willkommenen Ort kennengelernt, um im Sommer in der Sonne auf dem Rasen das nächste Seminar vorzubereiten oder einfach nur zu entspannen.
Ein paar Jahre vor meinem Studium in Bonn habe ich während einer Friedensdemo gegen den Nato-Doppelbeschluss im Hofgarten verschiedene Redner und am Abend dann die Band BAP live erlebt. Der Park war immer auch Schauplatz von politischer Geschichte in Bonn.
Entstanden ist der Hofgarten übrigens als Garten der Residenz von Kurfürst Clemens August Mitte des 18. Jahrhunderts. Dieser hatte aber nicht nur den Hofgarten zur Erholung, sondern auch seine Gartenanlagen am Poppelsdorfer Schloss.

47 Akademisches Kunstmuseum

Wenn man am Unigebäude steht und über die große Wiese des Hofgartens schaut, steht genau gegenüber ein weißes klassizistisches Gebäude – das Akademische Kunstmuseum.
Seit Gründung der Universität 1818 beherbergt es die Antikensammlung der Universität Bonn und ist damit das älteste Museum der Stadt. Hier wird griechisch-römische Kunst in Abguss und Original gesammelt. Das Kunstmuseum besitzt eine der größten Abguss-

Sammlungen Deutschlands mit Gipsabgüssen von 300 Statuen und 200 Reliefs. Dazu kommen noch 2.000 Werke aus Marmor, Terrakotta und Bronze.
Wer sich in Bonn mehrere Museen ansehen will, für den gibt es Kombi-Tickets. Außerdem bietet das Kunstmuseum in bestimmten Monaten spezielle Kinder-Führungen an.
Öffnungszeiten, Preise und weitere Informationen unter www.antikensammlung.uni-bonn.de

BAD GODESBERG UND KOTTENFORST

Als Student wohnte ich im Godesberger Stadtteil Lannesdorf und von meinem Wohnzimmer aus konnte ich direkt auf den Drachenfels schauen.

In Godesberg gab es damals zahlreiche ausländische Botschaften und das spiegelte sich auch in der Godesberger Innenstadt wieder. Was man hier an Gewürzen oder Lebensmitteln nicht einkaufen konnte, gab es nicht – na ja, jedenfalls kam mir das damals so vor. Was man in der Innenstadt, unterhalb der Godesberger Burgruine, allerdings vergeblich suchte, waren Studentenkneipen, da gab es eher den Edel-Italiener. Kein Wunder, schließlich waren in den 90er-Jahren in Godesberg sicher mehr Diplomaten als Studenten unterwegs.

Urkundlich erstmals erwähnt wird Godesberg im Jahr 722 als »Woudensberg« (»Wotansberg«). Dass der Kölner Kurfürst hier dann im 13. Jahrhundert eine Höhenburg errichtete (siehe auch Freizeittipps) unterstrich die Bedeutung des Ortes als strategisch wichtigen Punkt am Rhein und des Handelsweges von Köln nach Koblenz und Mainz.

Zum Kurort wurde Godesberg im 18. Jahrhundert. Das verdankte die Stadt ihren Mineralquellen, die schließlich 1926 dazu führten, dass der Zusatz »Bad« im Namen getragen werden durfte.

Dass die Godesberger sich eigentlich nicht wirklich als Bonner verstanden, habe ich auch ziemlich schnell gelernt. Die Eingemeindung fand auch erst im Jahr 1969 statt, eine Klage dagegen vor dem Verwaltungsgericht Münster blieb erfolglos. Was auf dem Papier stand, musste aber in den Köpfen noch lange nicht ankommen, meine Nachbarin in Lannesdorf bedauerte zum Beispiel immer, dass ich früh morgens so weit, nämlich bis nach Bonn, fahren müsse, um zur Uni zu kommen. Ich dagegen fühlte mich quasi als waschechter Bonner. Alles Ansichtssache.

Fährt man von Godesberg aus Richtung Meckenheim, dann kommt man unweigerlich durch einen Teil des Kottenforstes. Dieses riesige Waldgebiet ist heute Naturpark (siehe Freizeittipps) und war im 17. und 18. Jahrhundert sozusagen das Naherholungsgebiet der Kölner Kurfürsten gewesen. Vor allem Kurfürst Clemens August hat im Kottenforst seine Jagdleidenschaft ausgelebt.

Informationen zu Bad Godesberg findet man unter www.godesberg-stadtmarketing.de

Auf dieser Seite kann man sich über verschiedene Feste und Aktivitäten informieren.

Bad Godesberg Stadtmarketing e. V.
Ria-Maternus-Platz 1
53173 Bonn-Bad Godesberg
Tel: 0228/1842690

Übrigens, der Einstieg in die nachfolgende Geschichte war ein Geburtstagsgeschenk für Moni Ludwig, die geduldig drei Jahre gewartet hat bis »ihre« Geschichte nun tatsächlich in einem Buch auftaucht.

SOPHIE

»Zum Geburtstag viel Glück, zum Geburtstag viel Glück, zum Gebuuuurtstaaaag alles Guuuhte, liebe Moni, zum Geburtstag viieel Glüüück.«

Die letzten Noten des Geburtstagsständchens hallten durch die Tür in den leeren Flur. Staubteilchen schwebten flirrend im Sonnenlicht, das durch eines der Oberlichter als Streifen hereinfiel.

Erst würden sie zu Ende singen, dann würde es noch eine kurze Ansprache geben, und dann – dann würde sein bisheriges Leben für immer vernichtet werden. Seine Berufskarriere würde den Bach runtergehen.

Noch fünf Minuten … höchstens.

Jonas Larsmann saß auf einem viel zu kleinen Stuhl, die Knie fast an den Ohren, und schwitzte. Er hatte noch nie geschwitzt. Nicht damals, als er Enrico »den Schlächter« an einem Sommerabend unterhalb der **Godesburg** – oder besser, dem, was von der Burg noch übrig war – ausgeschaltet hatte.

Oder der Auftrag in der **Redoute**, ein knappes Jahr später. Es gab einen Abendempfang in dem ehemaligen Tanz- und Spielhaus des Kurfürsten Max Franz. Passenderweise der Frühjahrsball einer wohltätigen Organisation. Allerdings stand auf der Gästeliste unerkannt ein Mann, den die ehrbaren Bürger von Bad Godesberg sicher nicht in ihrer Mitte geduldet hätten. Nur wusste eben keiner der Damen und Herren, wer sich da unter ihre illustre Gesellschaft gemischt hatte. Während im Saal, in dem bereits der junge Beethoven vor Joseph Haydn gespielt hatte, die Gäste in kleinen Grüppchen zusammenstanden, während erste Tanzpaare im Walzertakt über das Parkett schwebten, traf sich Vladimir Potejev mit seinen Kontaktleuten. Was eignete sich besser für ein geheimes Treffen als ein Frühjahrsball? Potejev »der Lächler« aus Sankt Petersburg war einer der schlimmsten Drogenbosse östlich von Leipzig. Er hasste dunkle Gassen und Hinterhöfe, warum sollte er – ein erfolgreicher Geschäftsmann – sich auch verstecken? Er scheffelte Millionen, nur eben nicht mit dem Verkauf von Autos, Immobilien oder Elektrogeräten, sondern mit Drogen, Nutten und Waffen. Immer mit einem Lächeln auf den Lippen, auch wenn er gerade einen Nebenbuhler aus dem Weg schaffen ließ. Jonas gelang es problemlos, Potejev in den **Redoutenpark** zu locken. Gut, zwei Leibwächter begleiteten ihren Boss hinaus in die laue Frühlingsnacht. Aber zwei waren kein Problem für Jonas. Potejev betrat den Park, und mit einem gezielten Schuss wischte Jonas »dem Lächler von Sankt Petersburg« das Dauergrinsen aus dem Gesicht.

Noch vier Minuten.

Was hatte er sich nur dabei gedacht?

Er wusste es schon! Nie wollte er Sophie anlügen. Kein einziges Mal sollte der Schatten der Unwahrheit zwischen sie fallen. Sophie war anders gewesen, für sie galten andere Regeln. Und die hatte er selbst aufgestellt.

Noch drei Minuten.

Er rieb sich die großen, schweißnassen Hände an seiner Hose ab. Wenn ihn jetzt einer seiner Kumpels sehen könnte oder noch schlimmer ein potenzieller Auftraggeber … nicht auszudenken. Er war ein Wrack, ein körperliches Wrack. Dabei liebte er seinen Beruf. Ach was – es war mehr als das, es war seine Berufung.

Vor ein paar Jahren hatte in einem Kinofilm ein Killer gesagt, dass es doch nett sei, Auftragsmörder zu sein: Man bekomme genug Geld und habe viel mit Menschen zu tun.

Er war der einzige gewesen, der nicht nur gelacht, sondern sogar geklatscht hatte – damals im Kino.

Noch zwei Minuten.

Doch seit Sophie in sein Leben getreten war, war alles schwieriger geworden. Von wegen »dem Kunden die Freude, mir den Scheck«. Plötzlich musste er schauen, dass er seine Arbeitszeiten einhielt, seine Reisen konnte er nicht mehr spontan antreten und egal, ob er jetzt Dimitri Vasolek, Karl »den Heuchler« oder Luigi »das Auge« Palotti seinem Schöpfer näher brachte, immer musste er irgendetwas Schönes mitbringen. Das war nicht leicht. Wie sollte man ein Andenken für eine Neunjährige in den Hintergassen von Palermo finden?

Noch eine Minute.

Aber es hatte sich gelohnt, trotz aller Anstrengungen. Doch damit war Schluss. Aus und vorbei, in weniger als 60 Sekunden. Und zum ersten Mal in seiner langen Berufslaufbahn sah er keinen Ausweg. Niemals lügen, wenn Sophie dabei war.

Die Tür neben ihm ging auf. Er stöhnte leise.

»Hallo, Papa, du kannst jetzt reinkommen.«

Sophie, seine kleine Sophie, stand neben ihm, ihre Zöpfe

wackelten fröhlich und ihre kleine, warme Hand ergriff seine große, feuchte Pranke. Augenblicke später stand er in Sophies Klassenraum, lauter erwartungsvolle Kindergesichter und eine Lehrerin, die ihm aufmunternd zunickte.

»Ja, hallo, Kinder«, krächzte er und schluckte einmal trocken.

Sophie schaute erwartungsvoll zu ihm hoch. »Das hier ist mein Papa. Was er als Beruf macht – das erklärt er uns jetzt.«

Berufskiller – ehrlich, bis jetzt hatte er seine Arbeit wirklich geliebt …

»Also: Ich … ich heiße Jonas Larsmann, ähm ja, ich bin der Papa von Sophie.«

»Bitte begrüßt doch Sophies Papa«, ermahnte Tanja Mühlenborn-Weiherbart, Sophies Klassenlehrerin, aus dem Hintergrund ihre Klasse.

21 Kinder antworteten wie aus der Pistole geschossen: »Guten Morgen, Herr Larsmann.«

»Ah, ihr dürft natürlich Jonas sagen.«

Jonas überlegte fieberhaft, ob er noch irgendwie aus der Nummer hier herauskommen konnte.

Stille breitete sich in der Klasse aus, wie eine schmierige Öllache sickerte sie zwischen den Tischreihen hindurch. Jonas stand einfach da, versuchte seine flatternden Nerven zu beruhigen. Ein erstes leises Kichern durchschnitt die Stille.

»Herr Larsmann – Sie können jetzt gern anfangen.«

Frau Mühlenborn-Weiherbarts Aufforderung riss ihn aus seiner Starre.

»Ja, also, das ist nicht so leicht zu erklären. Natürlich konnte ich Sophie die Bitte nicht abschlagen, aber …« Jonas atmete tief durch.

»Ich bin so etwas wie ein, äh, Problemlöser. Ja, so könnte man das wohl nennen. Also, mich fragen Menschen, ob ich ihnen helfen kann. Das ist nicht immer leicht, denn manchmal sind das schon ganz schön schwierige Probleme, die diese Menschen haben. Aber holla, ich sag euch, da sind Sachen dabei, wo mancher so ohne Weiteres nicht weiterkommt. Und oft schaffe ich es dann …«

Jonas sah irritiert, wie die ersten Jungen demonstrativ gähnten. Ein paar Kinder tuschelten miteinander, offenbar hatten sie ihn hier vorne schon abgeschrieben. Tanja Mühlenborn-Weiherbart runzelte die Stirn. Sie war sich offenbar noch nicht ganz sicher, ob sie dazwischengehen sollte.

Nur Sophie lächelte ihn an. Na gut, auch sie sah ein bisschen enttäuscht aus, aber im Grunde seines Herzens wusste Jonas, dass er auch laut rückwärts von 50 auf null zählen konnte, und trotzdem würde Sophie ihn anlächeln.

»Nun, das klingt doch aber sehr interessant, nicht wahr, Kinder? Hat denn jemand jetzt schon eine Frage an den Herrn Larsmann?«

Wenn schiere Langeweile töten könnte, er hätte gerade 21 Seelen auf dem Gewissen. Jetzt war es wirklich nur noch Sophie, die sich auf ihn konzentrierte.

So schnell aber gab Tanja Mühlenborn-Weiherbart nicht auf. »Will denn keiner von euch mehr über die Arbeit als … äh … ja, als Dingens, als …«

Ihre Unfähigkeit, nach seinem Gestammel einen konkreten Beruf benennen zu können, gab Jonas den Rest. Was tat er bloß hier? Er war dabei, seinen Grundsätzen untreu zu werden. Ein paar Kinder grinsten bereits hämisch, nicht auszudenken, was sich Sophie in der Pause würde anhören müssen.

Jonas gab sich einen Ruck. »Das Wort, Frau Mühlenborn-Weiherbart, das Wort, das Sie suchen, heißt: Profikiller. Ja, es gibt ziemlich viele, ganz üble Burschen da draußen, die es einfach nicht wert sind, weiterzuleben. Ich will euch was sagen: Das ist keine leichte Aufgabe, und hier in der Schule, wenn ihr da nicht aufpasst, verpasst ihr die wichtigsten Sachen, um in diesem Job erfolgreich zu sein. Okay, ich nenn euch mal drei Beispiele: erstens Sportunterricht. Alles klar? Ihr braucht Kondition und ihr müsst natürlich topfit sein, um als Auftragsmörder einen Job durchzuziehen.«

Jonas schaute sich um, sah ein Leimholzbrett auf der Fensterbank – offenbar vom Werkunterricht – und schätzte kurz die Dicke ab. Nur knapp zwei Zentimeter stark – kein Problem.

»Frau Mühlenborn-Weiherbart, ist das Brett hier übrig? Kann ich es haben?«

Sophies Lehrerin war völlig perplex und nickte nur stumm.

»Prima. Ihr beiden hier vorne, ich lege dieses Brett zwischen eure Tische, haltet es doch bitte mal fest. Ja, so ist es gut.«

Jonas holte kurz aus.

»Haiia!«

Seinem Kampfschrei folgten ein lautes Krachen und Splittern, als er das Brett mit der Handkante zertrümmerte.

Jetzt war Jonas richtig in Fahrt. »Also Fitness ist wichtig. Zweitens Sprachen. Ihr müsst natürlich Sprachen beherrschen. Also ich spreche englisch, französisch, spanisch, russisch und ein wenig arabisch. Und dann solltet ihr natürlich – drittens – Physik beherrschen. Wenn ihr jemanden auf 800 Meter erschießen wollt, dann müsst ihr die Flugbahn der Kugel berechnen können, müsst dabei auch den aktuellen Wind in eure Kalkulation einbeziehen. Bei einer Pistole auf kurze Entfernung ist das natürlich nicht nötig, da heißt es nur: schnell ziehen, zielen, schießen und Abgang.«

Den letzten Satz unterstrich Jonas, indem er blitzschnell aus einem Holster unter seiner Jacke seine Glock herauszog, kurz in Schussposition ging, beidhändig zielte und ebenso schnell die Pistole wieder verschwinden ließ.

»Ja, in Grunde war es das. Noch Fragen?« Jonas schaute die Kinder der Reihe nach an, die ihn stumm und mit weit aufgerissenen Augen anstarrten.

Tanja Mühlenborn-Weiherbart saß auf einer Tischkante und hatte vor Erstaunen den Mund halb geöffnet.

Jonas wusste, dass es jetzt aus war. Aber er hatte sein Versprechen gehalten.

Doch dann kam es anders. Einer der Jungen vorne am ersten Tisch brach das Schweigen. Ehrfürchtig sagte er: »Meegaa-krass, Alter!«

Der Rest ging in dem tobenden Beifall und dem Johlen der ganzen Klasse unter.

Wie jeden Mittag wartete er auch heute wieder um eins am Tor der Grundschule auf Sophie. Wenn er nicht beruflich unterwegs war, stand er hier. Immer, verlässlich, ohne Ausnahme. Nie war er unpünktlich. Sophie hatte schließlich nur ihn. Kurz vor Sophies zweitem Geburtstag war Katja gestorben – einfach so, völlig überraschend und aus heiterem Himmel war seine geliebte Katja bei einem Stadtbummel zusammengebrochen. Die Ärzte am **Venusberg** hatten ihm versichert, dass man nichts hätte dagegen tun können. Ein angeborener Herzfehler, der bis dahin niemandem aufgefallen war. Als Jonas am offenen Grab auf dem **Burgfriedhof** gestanden hatte, wusste er zum ersten Mal in seinem Leben nicht, wie es weitergehen sollte. Die wenigen Jahre mit Katja, ihre kleine Hochzeitszeremonie in der von ihr so geliebten **Alt-St.-Martin-Kirche**, die Geburt Sophies – das alles hatte ihn zu einem glücklichen und zufriedenen Menschen gemacht. Jetzt war er verzweifelt. Aber Sophie brauchte ihn, da blieb nicht viel Raum für Verzweiflung.

Und so organisierte Jonas sein Leben neu. Engagierte eine verlässliche Haushälterin, die sich auch liebevoll um Sophie kümmerte, wenn er unterwegs war, und versuchte ansonsten, so viel Zeit wie möglich mit seiner Tochter zu verbringen. Und dazu gehörte auch, dass er hier am Tor stand, immer, bei Wind und Wetter.

Ein Gong schallte über den Schulhof und zwei Minuten später vibrierte die Luft von den ausgelassenen Schreien und Rufen der Grundschüler, die sich aus dem Haupteingang drängten. Jonas sah Sophie sofort und er bemerkte auch gleich, dass sie etwas bedrückte. Normalerweise hüpfte Sophie ihm vergnügt entgegen, heute sah sie nachdenklich aus.

»Hi, Papa!«

»Na, Prinzessin, wir war der Rest deines Schultags?«

»Gut!«

»Gut? Und weiter?«

»Ganz gut halt.«

Jonas blieb stehen und schaute Sophie fragend an.

Als sie seufzte und die Augen verdrehte, verspürte Jonas einen Stich. Genauso hatte Katja ausgesehen. Das gleiche Seufzen, das gleiche Augenverdrehen.

»Der Jan-Hendrik nervt rum. Er hat in der zweiten großen Pause erzählt, dass du wahrscheinlich geschummelt hast und gar kein Profikiller bist.«

»Und?«

»Na, nichts und. Ich hab ihn getreten.«

»Sophie, du sollst keine anderen Kinder treten.«

»Aber, wenn er doch angefangen hat …«

»Okay, er hat dich also geärgert.«

»Ja auch …«

»Und was ärgert dich noch, Prinzessin?«

»Mich ärgert, dass du mir das nicht vorher erzählt hast.«

Sophie lief weiter und Jonas ahnte, dass er noch eine ganze Menge über die Gefühlswelt einer fast Zehnjährigen zu lernen hatte. Das kann ja heiter werden, dachte er.

Jonas holte seine Tochter mit wenigen Schritten ein. »Hör zu, Sophie, ich dachte, dass das, womit ich mein Geld verdiene, noch nichts für ein kleines Mädchen ist.«

»Phfff«, schnaubte Sophie, »ich bin fast zehn, schon vergessen?«

»Gut, daran hab ich nicht gedacht.«

Sophie blieb stehen. »Machst du das gerne?«

Jonas wusste sofort, was sie meinte. »Na ja, ich bin sehr gut.«

»Und die sind immer böse?«

»Ja, davon kannst du ausgehen. Keine Frauen, keine Kinder, nur wirklich böse Männer.«

Sophie legte den Kopf schräg und runzelte nachdenklich die Stirn. Sie brauchte ungefähr fünf Sekunden, um für sich eine Entscheidung zu fällen.»Dann finde ich das gut. Aber du darfst mir nichts mehr verheimlichen.«

»Versprochen!«

»Und ich will am Samstag im **Kottenforst** zu den Rehen und auf den **Spielplatz am Haus der Natur** und einen großen Eisbecher will ich auch.«

Jonas grinste. »Ganz schön harte Bedingungen, Prinzessin.«

»Strafe muss sein, Papa.« Sophie lächelte, griff nach seiner Hand und begann kleine Hüpfer in ihren Gang einzubauen.

Jonas liebte den Kottenforst, die Ruhe im Wald ließ ihn vergessen, dass er sich ganz in der Nähe der Stadt befand. Sophie dagegen war ganz begeistert, als sie am Haus der Natur ein paar Rehkitze im Wildgehege entdeckte. Jonas konnte sie nur mit dem Versprechen, dass sie noch öfter das Gehege besuchen könnten, von den Tieren loseisen.

Später am Vormittag aßen sie zusammen Eis, erkundeten gemeinsam den Klangbaum, und dann ließ Jonas Sophie auf dem Spielplatz toben, während er sich endlich mal die Zeit gönnte, auf einer Bank in Ruhe in einem Krimi zu lesen.

Er war so entspannt, dass ihm das Vibrieren seines Handys zunächst gar nicht auffiel. Hastig fummelte er das Telefon aus der Hosentasche, aber der Anrufer hatte schon wieder aufgelegt. Jonas vergewisserte sich, dass mit Sophie noch alles in Ordnung war, und prüfte dann die Liste der entgangenen Anrufe. Die oberste Nummer kannte er nicht, aber das war ja noch nicht ungewöhnlich. Er wählte die Nummer.

Eine Frauenstimme meldete sich: »Mühlenborn-Weiherbart – hallo.«

Jonas schwieg perplex.

»Hallo?«

»Entschuldigung, Jonas Larsmann hier. Ich war nur verblüfft, als Sie sich gemeldet haben. Sie haben gerade versucht, mich anzurufen.«

»Nein, ich muss mich entschuldigen, Herr Larsmann, ich habe Ihre Handynummer aus der Klassenliste. Es tut mir leid, dass ich Sie am Wochenende belästige.«

»Sie belästigen mich doch nicht. Ist irgendetwas mit Sophies Leistungen nicht in Ordnung?«

»Nein, es geht … nun ja, es geht um Ihren Vortrag gestern früh vor der Klasse.«

Jonas hatte plötzlich ein ganz mieses Gefühl im Magen. Klar, man konnte schließlich keinem erwachsenen Menschen erklären, dass man als Profikiller sein Geld verdient, und dann darauf hoffen, dass man ungeschoren davonkommt.

Tanja Mühlenborn-Weiherbart deutete sein Schweigen offenbar richtig. »Sie … Sie müssen sich keine Sorgen machen, Herr Larsmann. Ich glaube kaum, dass irgendwelche Eltern die haarsträubende Erzählung ihrer Kinder glauben werden. Nein, ich würde mich gern einmal mit Ihnen treffen. Ich weiß, ich überfalle Sie jetzt, aber hätten Sie vielleicht schon morgen Abend Zeit? Wir … wir könnten uns an der **Michaelskapelle** treffen. Ich weiß, das muss jetzt merkwürdig für Sie klingen, und es ist Sonntag, aber es würde …«

»Nein, nein, gern«, versicherte Jonas hastig, »ich habe Zeit und Sophie ist alt genug, um keinen Babysitter mehr zu brauchen. Vor allem muss sie sowieso gegen acht ins Bett.«

»Ich freue mich, dann bis morgen also, Herr Larsmann.«

Nachdenklich schaute Jonas auf das Display seines Handys. Das war seltsam. Was konnte Sophies Lehrerin nur von ihm wollen?

Jonas hatte sein Auto zu Hause stehen gelassen. Ein längerer Spaziergang war genau das Richtige für ihn. Sophie hatte darauf bestanden, dass er noch früher als nötig das Haus verließ, weil sie dann in Ruhe ihre Lieblingsserie im Fernsehen anschauen konnte. Und wie Jonas vermutete, nicht nur die, sondern gleich die nachfolgende Serie auch noch. Aber er gönnte ihr den Spaß. Als er zu der weißverputzten Kapelle kam, erinnerte er sich wieder daran, dass in dem stuckverzierten, barocken Innenraum Katjas Begräbnisgottesdienst stattgefunden hatte. Katja hatte die Kapelle immer gemocht, er hatte sie seit diesem Tag nicht mehr betreten.

Tanja Mühlenborn-Weiherbart stand in der Nähe des Eingangs und schaute sich unsicher um.

Als sie ihn sah, zuckte sie zuerst zusammen, entspannte sich dann aber, als sie ihn erkannte.

Nein, hier stimmte wirklich etwas nicht.

»Guten Abend, Herr Larsmann. Ich bin froh, dass Sie kommen konnten.«

»Guten Abend, Frau Mühlenborn-Weiherbart, ich bin gern gekommen. Allerdings muss ich zugeben, dass ich ziemlich neugierig bin, warum wir uns so konspirativ hier an der Kapelle treffen.«

»Ich … ich wollte nur sichergehen, dass wir auch allein sind.« Wieder der prüfende Rundblick. »Ich habe für uns einen Tisch im **Schaumburger Hof** reserviert. Wir können mit meinem Wagen dorthin fahren, oder wir gehen zu Fuß. Dann brauchen wir aber sicher eine halbe Stunde.«

»Passt das denn zeitlich mit der Tischreservierung?«

»Ja, ich hab den Tisch für halb neun bestellt und gesagt, dass wir uns eventuell verspäten würden.«

»Dann lassen Sie uns doch zu Fuß gehen. Ich hätte nichts gegen einen Abendspaziergang.«

Die ersten 100 Meter gingen sie schweigend nebeneinanderher. Jonas erkannte, dass sie den Weg über die Beethovenallee, durch das Godesberger Villenviertel einschlagen würden, statt die Plittersdorfer Straße entlangzulaufen.

»Waren Sie schon mal im Schaumburger Hof nach dem Umbau?«, fragte er. Smalltalk, unverfängliches Thema, gut zum Einstieg in ein Gespräch, wenn man nicht weiß, warum man sich überhaupt getroffen hat.

»Nein, aber mir war der Italiener hier oben im Stadtzentrum zu nah und das ›Redüttchen‹ öffnet ja nur noch für Gruppen. Das ›Ännchen‹ ist zu, da fiel mir der Schaumburger Hof ein.«

Jonas nickte und schaffte es, noch gefühlte weitere 100 Meter zu schweigen, doch dann wurde seine Neugierde einfach zu groß. »Frau Mühlenborn-Weiherbart, ich …«

»Tanja. Sagen Sie doch bitte Tanja.«

»Gern. Ich bin der Jonas.«

Tanja lächelte ihn von der Seite an. Erst jetzt fiel ihm auf, dass sie die Haare anders trug. Er hatte sie bisher erst zweimal getroffen. Bei einem Elternabend vor einem Jahr, als sie Sophies Klasse übernommen hatte, und dann am Freitag, bei seinem Beitrag zur Reihe »Was macht mein Papa? Eltern stellen ihren Beruf vor«.

Beide Male hatte sie die Haare streng zurückgekämmt und zu einer Art Dutt geknotet. Jetzt fielen ihre Haare dagegen in sanften Wellen auf ihre Schultern. Die braune Hornbrille war auch verschwunden. Kontaktlinsen, vermutete Jonas.

Nein, keine Frage – Tanja war wirklich hübsch, wie sie ihn so anlächelte, ungefähr in seinem Alter. Sie hatte braune Augen, eine schmale Nase und zwei Grübchen.

Komisch, er hatte Sophies Lehrerin bisher nicht als attraktive Frau gesehen. In seinem Kopf war sie eigentlich nur ein eher unbestimmtes, geschlechtsloses Wesen gewesen.

Sein Blick ruhte einen Augenblick länger als nötig auf ihrer Oberweite und glitt dann abwärts zu den schlanken Beinen – geschlechtslos war sie ganz sicher nicht, so viel stand fest. Dass ihm das bisher entgangen war – Jonas konnte sich nur über sich selbst wundern.

»Also, Tanja, willst du mir nicht verraten, was das alles soll? Ich weiß immerhin, dass es nicht um Sophies Leistungen in der Schule geht und auch nicht um, ähm, meinen Vortrag vor der Klasse.«

»Nein, du hast recht. Das alles hier muss dir schon merkwürdig vorkommen. Aber ich weiß sonst niemanden, an den ich mich damit wenden könnte.«

»Womit?«

Tanja blieb stehen und schaute sich um, aber sie waren wirklich ganz allein auf dem Bürgersteig.

»Damit, dass ich glaube, dass mich mein Ex-Mann ermorden will.«

Während sie weiter Richtung Rhein gingen, erzählte Tanja ihre Geschichte. Eigentlich zunächst nichts Außergewöhnliches. Tanjas Vater gehörte das Mühlenborn-Werk in der Nähe von Stuttgart. Ein Betrieb, der vor allem Spritzgussteile für die Automobilindustrie der Region produzierte. Tanja hatte keine Ambitionen, Verantwortung im elterlichen Betrieb zu übernehmen, obwohl ihr entsprechende Anteile gehörten. Sie hatte geheiratet und ihr Ehemann, Robert Weiherbart, war in die Firma eingestiegen. Ganz der Traum-Schwiegersohn für ihren Vater. Robert hatte allerdings kein anderes Ziel, als endlich die alleinige Leitung des Betriebs zu übernehmen. Als Tanjas Vater vor fünf Jahren starb, sah auch alles danach aus, als würde genau das eintreten. Doch der alte Mühlenborn hatte seiner Tochter weitere Stimmanteile überschrieben, die Robert für sich beanspruchen konnte, solange sie miteinander verheiratet waren. Wie sich aber rasch herausstellte, war Robert nicht nur an der Leitung der Firma interessiert, sondern auch an der einen oder anderen jungen Praktikantin.

Tanja verließ ihren untreuen Ehemann, ging zurück in den Schuldienst und nahm eine Stelle in Bad Godesberg an, als sich ihr die Gelegenheit bot. Sie reichte die Scheidung ein.

»Und seit zwei Wochen sind wir nun geschieden, Robert ist zwar weiterhin Geschäftsführer der Mühlenborn-Werke, aber die Stimmmehrheit liegt bei mir und ich kann ihn jederzeit, versehen mit einer entsprechenden Abfindung, am Ende seiner Vertragslaufzeit vor die Tür setzen«, erklärte Tanja.

»Und würdest du es tun?«

»Ich habe noch nicht darüber nachgedacht. Robert ist als Ehemann eine Katastrophe und als Mensch hat er mich tief enttäuscht und verletzt, aber als Geschäftsführer macht er seine Sache ganz ordentlich.«

»Wann würde denn sein Vertrag auslaufen?«

»Ende des Monats, in zehn Tagen.«

»Also in zehn Tagen kannst du über seine berufliche Zukunft entscheiden.«

»Ganz genau, er ist abhängig davon, ob ich seinen Vertrag verlängere. In zehn Tagen oder in fünf Jahren, immer würde dieser Punkt wie ein Damoklesschwert über ihm schweben.«

»Solltest du aber sterben, kann er nach dem Willen deines Vaters weitermachen wie bisher.« Jonas kratzte sich nachdenklich am Kinn.

»Mhmm, so weit hab ich das alles verstanden, aber wie kommst du darauf, dass dich dein Ex-Ehemann ermorden will?«

»Das erzähl ich dir gleich. Sieh mal, da vorne ist es schon.« Tanja deutete auf die Fachwerkgebäude, in denen die Gastwirtschaft untergebracht war. »Was meinst du, wollen wir uns vielleicht draußen hinsetzen? Ich liebe den Blick aufs Wasser.« Tanja lächelte zaghaft.

Jonas spürte bei diesem Lächeln plötzlich etwas, das er seit Jahren schon nicht mehr gespürt hatte. Er fühlte sich zu Tanja hingezogen, wollte mehr von ihr wissen und vor allem öfter dieses Lächeln sehen. »Gern, ich sag nur drinnen Bescheid, dass wir erst mal draußen bleiben. Immerhin hat schon Heinrich Heine davon geschwärmt, hier unter den Lindenbäumen zu sitzen.«

»Sieh mal an, ein Mann, der nicht nur Bretter mit der Hand zerschlagen kann, sondern sich auch noch mit Heines Biografie auskennt.«

»Ach was, ich geb nur mit meinem Halbwissen über die älteste Gastwirtschaft Godesbergs an, kannst du auch im Internet nachlesen«, wiegelte Jonas bescheiden ab, aber ihm gefiel, wie Tanja ihn freundlich verspottete.

Sie suchten sich einen freien Tisch und bestellten zwei große Bier. Tanja wählte aus der Speisekarte einen Salat mit Garnelen, während sich Jonas für den rheinischen Sauerbraten entschied.

»Den koch ich mir selber nämlich nie«, verriet er Tanja.

Als die Getränke serviert wurden, prosteten sie sich zu, und dann drängte Jonas darauf, auch noch den Rest der Geschichte zu hören.

»Das ist eigentlich schnell erzählt«, begann Tanja, »erst einmal habe ich schon seit mehr als einer Woche das Gefühl, dass ich beobachtet werde. Aber ich habe niemanden gesehen. Am letzten Montag hatten wir dann den Lehrerausflug. Wir sind mit dem Kollegium den **Geologischen Lehr- und Wanderpfad** entlanggelaufen. Als wir am Schluss bei den Autos ankamen, stand da ein schwarzer Audi mit einem Mann am Steuer. Später habe ich zufällig aus dem Küchenfenster geschaut und festgestellt, dass nicht weit von meinem Haus ein schwarzer Audi parkte. Einmal in der Woche fahre ich zum **Rodderberg** und geh dort laufen. Ich laufe immer die gleiche Runde und hab mir bisher noch nie Gedanken gemacht, dass ich dort allein unterwegs bin. Aber diesmal … diesmal war es irgendwie anders. Einmal hab ich angehalten, weil mein Laufschuh offen war, da hab ich ganz deutlich Schritte gehört, ein Ast hat geknackt, nur war niemand zu sehen und es kam auch kein anderer Läufer hinter mir her. Richtig unheimlich war das. Als ich dann wieder nach Hause fuhr, sah ich in einem Seitenweg halb versteckt einen schwarzen Audi parken. Das war dann das erste Mal, dass ich richtig Angst bekam. Und am Freitagnachmittag bin ich zur **Draitschquelle** gegangen. Ich wollte dort Mineralwasser abfüllen für den Sachkundeunterricht am Montag.«

»Und da ist dir der schwarze Audi gefolgt?«

Tanja schüttelte den Kopf. »Als ich mit dem Wasserkanister über die Straße gehen wollte, raste der schwarze Audi auf mich zu. Ich hatte noch gar nicht richtig die Fahrbahn betreten, er machte einen Schlenker und hätte mich sicher überfahren. Ich habe mich in letzter Sekunde zwischen zwei parkende Autos geworfen. Der Audi ist an einem der Wagen vorbeigeschrammt und hat dann noch gerade die Kurve gekriegt. Bevor ich mir das Nummernschild merken konnte, war er schon weg.«

»Das kann natürlich immer noch ein ganz dummer Zufall sein«, warf Jonas ein, auch wenn er selbst an solche Zufälle schon lange nicht mehr glaubte.

Doch Tanja war noch nicht fertig. »Ich will das ja auch gern glauben, schließlich ist das ein ganz schrecklicher Gedanke, dass mich jemand ausspioniert, verfolgt und auch noch versucht, mich zu überfahren. Heute Morgen aber bin ich im Garten gewesen. Ich gehe an mein Blumenbeet, sehe vor mir eine Schnecke, bücke mich, und in dem Moment platzt hinter mir ein großer Blumenkübel. Ich bin sofort zurück ins Haus gelaufen.«

»Der Blumenkübel ist geplatzt?«

»Geplatzt ist das falsche Wort, zerschossen trifft es wohl besser – hier.« Tanja griff in ihre Jackentasche und schob Jonas ein Metallstück zu. »Zufällig standen hinter dem Blumenkübel Säcke mit Erde an der Hauswand, das habe ich später aus dem letzten Sack ausgegraben.«

Joans erkannt sofort, was er da vor sich hatte. »Winchester Magnum 7,62 x 67 Millimeter«, murmelte er, »wahrscheinlich ein G22, zielsicher bis auf 800 Meter. Das passt alles nicht zusammen.«

»Was passt nicht zusammen?«

»Die Vorgehensweise, die Ausrüstung, die Ausführung.« Jonas sah, dass Tanja ihn nicht verstand.

»Also pass auf: Dein Mann, genauer dein Ex-Mann, will dich aus dem Weg schaffen. Ich vermute mal, dass er das nicht selber machen will – oder ist er passionierter Jäger?«

Tanja schüttelte den Kopf.

»Gut, also engagiert er jemanden. Doch jetzt passen die Details nicht mehr zusammen. Obwohl du nicht geschult bist, hast du bemerkt, dass man dich beschattet, du konntest dich, wenn auch mit etwas Glück, vor einem ersten Anschlag retten. Unser Mister X ist also ein lausiger Fahrer und ein noch lausigerer Schütze, trotzdem benutzt er ein G22, das Scharfschützengewehr der Bundeswehr, wahrscheinlich sogar mit einem Schalldämpfer ausgestattet, schließlich hast du keinen lauten Schuss gehört. Keine Ahnung, wie er daran gekommen ist. Das G22 ist für Reichweiten bis zu 800 Meter ausgelegt, ich glaube kaum, dass dein Garten ein freies Schussfeld auf fast einem Kilometer erlaubt, also war er deutlich näher und hat trotzdem danebengeschossen.«

»Weil ich mich plötzlich gebückt hatte.«

Jonas gestattete sich ein schiefes Lächeln. »Ich will es mal so sagen: Wenn ich den Finger am Abzug gehabt hätte, hättest du dich bücken können, solange du wolltest, ich hätte einfach ein zweites oder drittes Mal abgedrückt. Schließlich bist du ja auch zurück ins Haus gelaufen, auch da hätte er dich erwischen können, er hat aber nur ein einziges Mal geschossen. Wie ich schon sagte, es passt einfach nichts zusammen.«

»Da bin ich aber froh.« Tanjas Sarkasmus war nicht zu überhören. »Jetzt geht es mir gleich besser. Vielleicht hätte Robert besser dich engagiert.«

»Hör zu, ich habe ganz sicher den falschen Beruf und ich habe mehr als einmal daran gedacht, ganz aufzuhören, aber ich brauchte das Geld, schon um Sophies willen. Bitte vergiss nicht, dass du mich angesprochen hast, ich …«

Tanja griff über den Tisch hinweg nach Jonas' Hand. Ihre Berührung brachte seine Haut zum Kribbeln.

»Entschuldige bitte. Ich war ungerecht. Du hast ja recht. Allerdings«, sie zwinkerte ihm zu, »bist du auch der erste Profikiller in meinem Leben.«

»Also gut, vergessen wir einfach mal die letzte Minute, außer natürlich das Händchenhalten, das war nett.«

Tanja wurde rot und zog rasch ihre Hand zurück.

»Ich denke, wir sollten zwei Dinge angehen«, schlug Jonas grinsend vor, »zum einen werde ich dich aus dem Hintergrund überwachen, um zu sehen, ob ich Mister X erwischen kann. Und zum anderen: Hast du Zugriff auf die Konten deines Gatten?«

»Ja, wir haben immer noch ein gemeinsames Konto und ich kann seit zwei Jahren auf das Firmenkonto zugreifen«, erwiderte Tanja.

»Gut, dann prüfe doch bitte mal, ob eine größere Summe an eine Einzelperson überwiesen oder bar abgehoben wurde.«

»So dumm kann selbst Robert nicht sein.«

»Du ahnst ja gar nicht, wie leichtsinnig manche Menschen sind. Ich hatte schon Kunden, die auf Decknamen bestanden, aber mir dann von ihrem privaten Girokonto Geld überwiesen haben, Vor- und Nachname inklusive.«

Bevor Tanja noch antworten konnte, wurde ihr Essen serviert.

»Reden wir von etwas anderem und lass uns den Abend unter den Linden von Heinrich Heine genießen«, schlug Tanja vor.

Ein Vorschlag, der Jonas nur recht war.

Am nächsten Morgen saß Jonas sehr früh in seinem Auto. Von hier aus hatte er einen guten Blick auf Tanjas Haus.

Was für ein Abend. Die anfängliche Befangenheit, ein neues Gesprächsthema zu finden, war schnell verfolgen. Die Gefahr, die von Tanjas Ex-Ehemann Robert ausging, war mehr und mehr in den Hintergrund gerückt. So gut hatte sich Jonas schon seit Jahren nicht mehr bei einem Treffen mit einer – da war er ehrlich zu sich – für ihn eigentlich wildfremden Frau amüsiert. Als sie schließlich zu Fuß in die Innenstadt zurückschlenderten, hatte sich Tanja wie selbstverständlich bei ihm eingehakt und er hatte ihre Nähe genossen. Es war verrückt: Er hatte in den letzten Jahren gar nicht das Bedürfnis gehabt, eine Frau kennenzulernen, und plötzlich, wie aus heiterem Himmel, war Tanja in sein Leben getreten.

Jonas schaute auf die Uhr im Armaturenbrett. Er parkte schon seit 5:00 Uhr früh hier in der Straße. Von einem schwarzen Audi keine Spur. Um kurz nach sieben verließ Tanja das Haus. Jonas stieg aus und folgte ihr in ausreichendem Abstand. Als sie schließlich die Schule erreichten, wartete er, bis sie im Gebäude verschwunden war, dann ging er zurück zu Tanjas Haus. Er umrundete das Grundstück und fand nach kurzer Zeit eine Stelle, von der er in den Garten sehen konnte. Von hier aus musste der Schuss gefallen sein. Zwei Minuten später stand Jonas in Tanjas Garten. Das mannshohe Gartentor war zwar abgeschlossen gewesen, aber das war für ihn kein Hindernis. In nicht einmal einer Minute hatte er das Schloss geknackt. Die Scherben des Blumenkübels lagen noch auf dem Boden, die Säcke mit Gartenerde standen an der Wand, genauso wie Tanja es beschrieben hatte. Doch das war nicht das, was ihn interessierte. Der Schütze hatte einen Schalldämpfer verwendet, davon war Jonas überzeugt. Tanja hatte den ersten Schuss schon nicht gehört, wie konnte sie da sicher sein, dass es nicht doch noch weitere Schüsse gegeben hatte? Jonas musste nicht lange suchen, um das erste Einschussloch zu finden. Die Kugel war in die Holztür des Kellereingangs geschlagen. Er prüfte den Schusswinkel. Tanja hatte sich gebückt, die erste Kugel hatte den Blumenkübel getroffen, dann war sie – so hatte sie erzählt – zurück ins Haus gelaufen. Die Kugel in der Kellertür bewies, dass der Schütze sehr wohl versucht hatte, die flüchtende Tanja noch zu treffen. Kugel Nummer 3 hatte den zusammengerollten Sonnenschirm durchschlagen. Jonas verließ den Garten, schloss das Gartentor wieder sorgfältig ab und ging tief in Gedanken versunken zu seinem Auto zurück. Seine gestrige Annahme war falsch gewesen. Der Attentäter war zwar ein lausiger Autofahrer und ein schlechter Schütze, aber er hatte versucht, Tanja zu erledigen. Also ein Täter, der ein Scharfschützengewehr der Bundeswehr besaß, mit dem er nicht richtig umgehen konnte, der es aber durchaus ernst meinte. Seine erste Vermutung, dass der Täter womöglich Tanja nur einschüchtern wollte, war damit hinfällig. Da meinte es jemand todernst – im wahrsten Sinne des Wortes.

Jonas nahm sich vor, erst einmal zu frühstücken und danach würde er mit ein paar seiner Kontakte telefonieren.

Bis er Sophie abholen musste, blieb ihm noch genug Zeit, auch für ein zusätzliches Schläfchen. Besser, er ruhte sich aus, solange es ging. Die Nacht würde lang werden.

Der Garten lag in tiefer Finsternis. Hier gab es kein Licht von Straßenlaternen, und dichte Wolken verdeckten den Mond.

Lautlos schlich er über den Rasen. Das Gartentor war verschlossen, aber die Mauer am Ende des Grundstücks war nicht sehr hoch. Tanja Mühlenborn-Weiherbart war jetzt sicher im Bett, in keinem Zimmer brannte noch Licht. Er würde das Schloss der Kellertür aufbrechen und ins Haus schleichen. Aus seinem Gürtel zog er ein Messer. Die Klinge war länger als eine Männerhand, schwarz gefärbt und rasiermesserscharf. Heute Nacht würde er es zu Ende bringen. Dieser Auftrag war bisher eine einzige Katastrophe gewesen. Dass seine Zielperson sich zwischen die Autos werfen konnte, war Pech gewesen. Aber danach war alles schiefgegangen. Sie hatte sich in dem Moment gebückt, wo er abgedrückt hatte, und seine beiden anderen Schüsse waren viel zu hastig gewesen. Er hatte ja gleich ein schlechtes Gefühl gehabt, eine unbekannte Waffe einzusetzen, mit der er noch nie geschossen hatte. Egal – sein Messer hier in der Hand kannte er jedenfalls, und er wusste genau, wie man jemandem die Kehle durchschnitt. Behutsam schob er die Klinge in den Spalt zwischen Kellertür und Rahmen, er ruckelte ein wenig, dann hebelte er in einem bestimmten Winkel das Messer zur Seite und die Kellertür sprang auf. Gelernt ist gelernt, dachte er und gestattete sich ein zufriedenes Lächeln.

Im Keller war es – wenn das überhaupt möglich war – noch dunkler als draußen. Er zog eine kleine Taschenlampe aus der Tasche.

»Ich vermute, ich kann Sie nicht davon überzeugen, Ihren Auftrag einfach zu vergessen?«

Erschrocken fuhr er zusammen, doch nur eine Sekunde später hatte er sich schon wieder im Griff. Die Stimme war von rechts gekommen, ganz nah bei ihm. Er wirbelte herum und stieß gleichzeitig mit dem Messer zu.

»Anfänger! Das soll wohl Nein heißen.«

Die Stimme kam plötzlich von links. Aber bevor er noch reagieren konnte, traf ihn der Schlag, Sterne explodierten vor seinen Augen. Die Finsternis, die dann folgte, hätte selbst seine Taschenlampe nicht mehr erhellen können.

Jonas nahm das Nachtsichtgerät ab und schaltete das Licht im Keller an. Jemanden im Dunkeln anzusprechen, danach blitzschnell und lautlos den eigenen Standort zu verändern, war ihm in Fleisch und Blut übergegangen. Man konnte sich nur wundern, was die Anfänger alles noch nicht wussten.

Seine Kontaktleute hatten von einem Neuen gehört, von einem, der die Preise kaputtmachte. Gut, das Problem war jetzt aus der Welt geschafft, der Kerl würde nie mehr zu Dumpingpreisen arbeiten. Jonas hatte, ohne es Tanja zu sagen, die halbe Nacht gewartet. Der Keller war der beste Weg, um ins Haus zu kommen, sogar für einen Anfänger.

Während der Warterei hatte Jonas viel nachgedacht. Wahrscheinlich war es einfach an der Zeit, sich einen neuen Beruf zu suchen, vielleicht irgendetwas in der Sicherheitsbranche. Oder er könnte Selbstverteidigungskurse anbieten – für Kinder oder Frauen. Ja, warum eigentlich nicht? Auf jeden Fall wollte er nicht miterleben, wie ihm irgendwelche jungen, ehrgeizigen Dilettanten das Geschäft kaputtmachten.

Es war wahrscheinlich das Beste, freiwillig aufzuhören. Aber erst mal musste er den Jungspund loswerden.

Die SMS von Tanja erreichte ihn am nächsten Mittag. 10.000 Euro hatte Robert vor zwei Wochen abgehoben. Möglicherweise wollte sich Robert nur eine neue Wohnzimmergarnitur kaufen oder ein Auto anzahlen, aber Jonas glaubte nicht daran. Er war überzeugt, dass die 10.000 der Preis für Tanjas Kopf waren. Dumpingpreise – er hatte es ja schon geahnt. Robert hatte dem Jungspund eine MMS mit einem Foto von Tanja geschickt. Jungspund und Handy würden nie wieder auftauchen. Aber das Foto zusammen mit dem Geldbetrag waren für Jonas Beweis genug. Robert

Weiherbart hatte die Ermordung seiner Ex-Frau in Auftrag gegeben.

Keiner konnte sagen, ob Robert es nicht noch mal versuchen würde.

Ja, Jonas würde sich zur Ruhe setzen, aber vorher musste er noch was erledigen.

Drei Tage später saß Jonas Larsmann wieder auf einem viel zu kleinen Stuhl, die Knie fast an den Ohren. Staubteilchen schwebten flirrend im Sonnenlicht, das durch eines der Oberlichter als Streifen hereinfiel.

Der Gong hallte durch die Schule und Sekunden später ergoss sich eine Flut von Schülern auf die Flure. Als Sophie ihn sah, rannte sie mit einem Jauchzer in seine ausgebreiteten Arme.

»Hallo, Prinzessin, da bin ich wieder.«

»Hallo, Papa, ich hab dich lieb.«

Jonas sah, wie Tanja in der Tür des Klassenzimmers auftauchte.

»Hallo, Jonas, Sophie erzählte mir, dass du unterwegs warst. Ich habe gestern Abend erfahren, dass mein Ex-Mann einen Unfall hatte. Er muss wohl unglücklich von der Leiter gefallen sein. Der Arzt unserer Familie sagte, dass er nicht gelitten habe.«

»Haushaltsunfälle sind eine schreckliche Sache, die passieren öfter, als man denkt«, erwiderte Jonas.

Tanja schwieg einen Moment, dann sagte sie lächelnd: »Danke.«

Jonas lächelte zurück. »Ich werde übrigens ab der nächsten Woche Selbstverteidigungskurse für Frauen anbieten. Wenn du Lust hast, mal zum Training vorbeizukommen, ich würde mich freuen.«

»Wie wäre es, wenn ich heute Nachmittag schon zum

Kaffee vorbeikomme? Ich bringe von der **französischen Bäckerei** Zitronen-Tarte mit, die beste Zitronen-Tarte in ganz Bonn.«

»Das wäre ganz großartig«, freute sich Jonas.

Zusammen mit Sophie ging er langsam nach Hause.

»Du, Papa?«

»Ja, Prinzessin?«

»Ich glaub die Frau Mühlenborn-Weiherbart mag dich. Magst du sie auch?«

»Ja, ich mag sie auch.«

»Das ist gut, Papa, das ist richtig gut.« Sophie nickte mit ernstem Gesicht, dann fiel ihr offenbar etwas ein und sie strahlte ihn an. »Bevor wir aber nach Hause gehen, müssen wir noch in die Stadt, Papa.«

»Warum?«

»Du schuldest mir noch einen großen Eisbecher – schon vergessen?«

Sophie begann an seiner Hand kleine Hüpfer in ihren Gang einzubauen und Jonas wunderte sich über das unbändige Glücksgefühl, das ihn fast platzen ließ.

48 Godesburg

Viel ist ja nicht mehr übrig von der einstigen Höhenburg. Gebaut wurde sie um 1210 vom Kölner Erzbischof und Kurfürsten Dietrich I. Einer seiner Nachfolger, Konrad von Hochstaden, erweiterte die Burg Mitte des 13. Jahrhunderts. Mehr als 300 Jahre trotzte die Burg allen Angreifern, aber im Jahr 1583 wurde sie von Ernst von Bayern belagert, erobert und durch einen Sprengsatz, der in einem Stollen deponiert wurde, größtenteils zerstört.

Die Ruine war später ein beliebtes Motiv für viele Rheinmaler und natürlich ein Anziehungspunkt für die zahlreichen Gäste der Kurstadt.

Ende des 19. Jahrhunderts überließ Kaiser Wilhelm II. die Ruine der Stadt Bad Godesberg. Wenige Jahre später wurde hier bereits das Burgrestaurant eröffnet. Noch heute gibt es ein Restaurant auf der Burgruine, das 2015 vom »Bonner General-Anzeiger« unter die Top 10 der besten Bonner Restaurants gewählt wurde. Besucher können auch den 32 Meter hohen Bergfried besichtigen.

Informationen unter www.godesburg-bonn.de

49 Redoute

Die Redoute war lange Zeit Mittelpunkt des höfischen Lebens in Bad Godesberg. Kurfürst Max Franz ließ das Ballhaus 1790 bauen und schon zwei Jahre später wurde es Ort einer geschichtsträchtigen Begegnung. Der junge Ludwig van Beethoven lernte in der Redoute während eines Konzerts 1792 Joseph Haydn kennen.

Beethoven folgte Haydn nach Wien und nahm damit Abschied von seiner Geburtsstadt Bonn.
1793 fand in der Redoute die erste deutsche Aufführung von Mozarts Zauberflöte statt.
Das Gebäude beherbergte später dann ein Spielcasino, eine Gemäldegalerie und sogar ein Mädchenpensionat. Die französische Armee nutzte das Gebäude 1949 bis 1953 als Klubhaus.
Heute wird die Redoute für Empfänge und Tagungen, aber auch für private Feste und Feiern genutzt. Informationen unter www.redoute-bonn.de

50 Redoutenpark

Natürlich gehörte zum kurfürstlichen Ballhaus auch eine entsprechend stilvoll gestaltete Umgebung. Der Park an der Redoute wurde allerdings erst Mitte des 19. Jahrhunderts im englischen Stil geschaffen und gehört seit 1920 der Stadt Bad Godesberg. Im Park findet man zahlreiche seltene Bäume, darunter mehrere Mammutbäume. Abgesehen davon, dass der Park natürlich als grüner Rückzugsort den Godesbergern dient, ist er auch Schauplatz für Kulturveranstaltungen und Konzerte.

51 Venusberg

Den Venusberg habe ich während meiner Studienzeit zunächst als Ort des Bonner Universitätsklinikums kennengelernt und dann, über einen Studienfreund, als Umgebung fürs abendliche Lauftraining.
Mit dem höchsten Punkt von 166 Metern ist der Venusberg nicht gerade ein Riese, aber er bietet im Hochsommer immerhin ein anderes Klima als »unten« in der Stadt. Vom Venusberg aus kann man natürlich auch den Kottenforst erkunden.

Der Name Venusberg hat übrigens nichts mit der Venus, der Göttin der Liebe, zu tun, sondern verweist darauf, wie es wohl früher hier aussah: »Venne« ist ein anderes Wort für »Sumpf« oder »Moor«.

52 **Burgfriedhof**

Der Burgfriedhof liegt unterhalb der Godesburg-Ruine. Der älteste Teil des Friedhofs wurde Anfang des 19. Jahrhunderts geschaffen. In den Jahrzehnten danach wurde hier auch ein jüdischer Friedhof angelegt. Die Grabsteine dieses jüdischen Friedhofs wurden aber erst nach dem Zweiten Weltkrieg wiederentdeckt.

Auf dem Burgfriedhof fanden unter anderem der Filmschauspieler Paul Kemp und der SPD-Politiker Herbert Wehner ihre letzte Ruhestätte.

53 **Alt-St.-Martin-Kirche**

Die Alt-St.-Martin-Kirche zählt zu den ältesten romanischen Kirchen im Rheinland. Im kleinen Stadtteil Muffendorf gelegen, wurde die Kirche im Jahr 913 das erste Mal urkundlich erwähnt. Historiker gehen davon aus, dass die Kirche an einer Stelle erbaut wurde, an der bereits ein römisches Heiligtum gestanden hatte. 1911 wurde bei Sanierungsarbeiten in einem Seitenaltar ein Weihestein der römischen Göttin Diana gefunden, der vermutlich aus dem zweiten Jahrhundert nach Christus stammt. Über die Jahrhunderte hinweg wurde die Kirche immer wieder umgebaut und ergänzt. Ende des 19. Jahrhunderts war sie dann aber für die Gemeinde zu klein und eine neue Kirche wurde gebaut. Doch die Alt-St.-Martin-Kirche geriet dadurch nicht in Vergessenheit, sondern wurde weiter renoviert und saniert, unter anderem wurden Einbauten aus dem 17. und 18. Jahrhundert wieder entfernt und die romanischen Elemente rekonstruiert.

54 Kottenforst

Der Kottenforst ist sozusagen die grüne Lunge, die sich oberhalb von Bad Godesberg und Bonn bis hin Richtung Köln zieht. Der Kottenforst ist ein Eldorado für alle Radfahrer, Spaziergänger und Läufer. Kilometerlange Waldwege sind sogar asphaltiert, sodass selbst Inlineskater hier unterwegs sind.

Der Name Kottenforst leitet sich von dem altkeltischen Namen »coat« für Waldgebiet ab. Natürlich gab es in diesem Wald eine Fülle an Wild, was den Adel reizte, den Kottenforst als Jagdrevier zu nutzen.

Im 16. Jahrhundert kam das Gebiet in den Besitz des Kölner Kurfürsten. Und im 17. Jahrhundert ließ Kurfürst Clemens August in dem riesigen Waldgebiet zu seinem fürstlichen Vergnügen ein Lustschloss und Wasserspiele errichten, vor allem aber strahlenförmige Alleen anlegen, die ihm zur Parforcejagd dienten. 1818 wurde der heutige Naturpark unter preußischer Regierung zum Staatsforst erklärt.

55 Haus der Natur/Waldinformationszentrum

Ein altes Fachwerkhaus und ein wunderschöner Bauerngarten – das ist das Haus der Natur/Waldinformationszentrum im Bonner Stadtteil Venusberg. Hier gibt es eine Dauerausstellung rund um den Lebensraum Wald und regelmäßig wechselnde Sonderausstellungen. Die Mitarbeiterinnen und Mitarbeiter bieten auch Führungen an, es gibt Waldjugendspiele und Projekttage für Kinder- und Jugendgruppen.

Außerdem findet man hier einen großen Kinderspielplatz und ein Wildgehege. Kurz: Hier kommt jeder auf seine Kosten.
Informationen und aktuelle Öffnungszeiten unter www.hausdernatur-bonn.de

56 **Michaelskapelle**

Bereits vor dem Bau der Godesburg 1210 muss auf diesem Gelände eine Kapelle gestanden haben. Grabfunde aus dem neunten Jahrhundert belegen diese These. Diese Kapelle jedenfalls musste dem Bau der Godesburg weichen. Möglicherweise wurde die eigentliche Michaelskapelle dann Mitte des 13. Jahrhunderts bei der Erweiterung der Burganlage errichtet.
Sicher ist, dass die Kapelle zusammen mit einem großen Teil der gesamten Burganlage 1583 zerstört wurde. Historiker vermuten, dass gegen 1660 eine neue Kapelle unter Einbeziehung von Mauerresten der Vorgängerkirche gebaut wurde. Diese Kapelle erhielt im 17. Jahrhundert ihre prächtige Barockdekoration und diente den Godesberger Bürgern über Jahrhunderte hinweg als Pfarrkirche. Erst 1862 wurde eine neue, größere Pfarrkirche eingeweiht. Die Michaelskapelle wird seitdem unter anderem als Friedhofskapelle genutzt.

57 **Schaumburger Hof**

»Dort wieder unter dem Lindenbaum, sitz ich vor der alten Schenke«, schrieb Heinrich Heine in einem Brief, als er in Paris Sehnsucht nach seiner Godesberger Zeit hatte. Gemeint war das Gasthaus »Unter den Linden« am Rhein. Schon 1775 wurde es eröffnet und ist damit die älteste Gastwirtschaft Godesbergs. Im 19. Jahrhundert war das Gasthaus Ziel für zahlreiche Professoren

und Studenten der Bonner Universität. Sie alle liebten offenbar die Lage direkt am Rhein, mit Blick auf das Siebengebirge. Friedrich Nietzsche und Alexander von Humboldt sollen hier bereits ihr Bier getrunken haben. Die Umbenennung der Gastwirtschaft erfolgte nach 1900. Prinz Adolf zu Schaumburg-Lippe war während seiner Dienstzeit bei dem Bonner Husarenregiment Stammgast gewesen. Ihm zu Ehren wurde das Gasthaus in »Schaumburger Hof« umbenannt.
Informationen und Öffnungszeiten unter www.schaumburger-hof.de

58 Geologischer Lehr- und Wanderpfad

Der Pfad ist ein rund neun Kilometer langer Wanderweg im Kottenforst, der 1989 angelegt und vor ein paar Jahren komplett erneuert wurde. Entlang der Strecke gibt es insgesamt 20 Infotafeln, die nicht nur über die Entstehungsgeschichte der Landschaft vor 400 Millionen Jahren informieren, sondern auch Einzelheiten zu den Themen Böden und Gesteine präsentieren.
Informationen zum Verlauf der Strecke findet man unter www.bonn.de/@geo-lehrpfad

59 Draitschquelle

Bad Godesberg ist berühmt für sein Mineralwasser. Schon die alten Römer nutzten das Wasser, das bei Verdauungsbeschwerden, Herz- und Nervenleiden helfen soll. Ende des 18. Jahrhunderts ließ Kurfürst Max Franz von Habsburg-Lothringen die ersten Kuranlagen aufbauen. Aber erst 1926 wurde aus Godesberg endlich Bad Godesberg, den Mineralquellen sei Dank. Aus gut 200 Metern Tiefe stammt das Wasser der Draitschquelle.

Im Pavillon an der Brunnenallee kann man werktags zwischen 13:30 und 18:00 Uhr und samstags zwischen 09:00 und 14:00 Uhr das Mineralwasser in mitgebrachte Kanister oder Flaschen für wenige Cent je Liter abfüllen.

60 Rodderberg

Am Rodderberg, der zum Godesberger Stadtteil Mehlem gehört, kann man erkennen, wie eng eigentlich das Gebiet von Bad Godesberg und die Ausläufer der Osteifel geologisch zusammenhängen. Der 195 Meter hohe Rodderberg ist der nordöstlichste Vulkan dieses Gebietes. Vor etwa 550.000 Jahren brach er zum ersten Mal aus. Der Krater füllte sich nach und nach wieder auf und bildete später einen wichtigen Rückzugsraum für gefährdete Tier- und Pflanzenarten. Bereits 1927 wurde der Rodderberg unter Naturschutz gestellt. Heute erläutert ein geologischer Wanderweg mit Schautafeln die Geschichte dieses Naturgebietes.

61 Feinbäckerei »epì«

Französische Backkunst oder, wie mir ein Godesberger verriet, die beste Zitronen-Tarte in Bonn, kann man in der Feinbäckerei »epì« genießen.
Das Unternehmen besitzt verschiedene Filialen unter anderem auch in Köln und der Bonner Innenstadt. Wer will, kann sich vor Ort bei einem Milchkaffee entspannen und durch die Glaswand einen Blick in die Backstube werfen.
Informationen unter www.epi-cologne.eu

SIEBENGEBIRGE

Während eines Uni-Seminars über die Gebrüder Grimm gab es eine hitzige Diskussion darüber, ob das Siebengebirge auf der anderen Rheinseite das Vorbild für die »sieben Berge« gewesen sein könnte, wo die »sieben Zwerge« lebten.

Dass das Siebengebirge sieben markante Gipfel aufweist und dass hier jahrhundertelang Stollen angelegt wurden, um Tuffstein abzubauen, waren natürlich stichhaltige Argumente. Schließlich waren die Zwerge doch auch im Bergbau tätig. Mein Professor meinte damals grinsend, dass Schneewittchen ja vielleicht auch mit dem Drachen aus der Siegfried-Sage befreundet gewesen sein könnte. Und schon ging die Diskussion weiter …

Bleiben wir also besser bei den Fakten.

Bereits 1570 lässt sich die lateinische Bezeichnung »Septem montes« für das Siebengebirge urkundlich nachweisen. Eigentlich ist der Name aber irreführend, denn es gibt hier, je nach Zählart, zwischen 40 und 50 Kuppen, Anhöhen und »Gipfel«, wobei sieben besonders bekannt sind: Ölberg (461 Meter), Löwenburg (455 Meter), Lohrberg (435 Meter), Nonnenstromberg (335 Meter), Petersberg (331 Meter), Wolkenburg (324 Meter) und Drachenfels (321 Meter).

Eine Sage berichtet, dass sieben Riesen ein neues Flussbett für den Rhein gruben. Zum Schluss ihrer erfolgreichen Arbeit klopften sie den Dreck von ihren Spaten ab. Diese Dreckreste seien die sieben genannten Gipfel.

Viel wahrscheinlicher für die Namensgebung ist eine andere Theorie: Die Zahl sieben gilt seit jeher als eine Mengenzahl für etwas Unüberschaubares, etwas Großes, was man nicht auf einen Blick zählen kann.

Die 40 bis 50 Kuppen des Siebengebirges sind so eine unüberschaubare Zahl, und so wählte man die Siebenzahl als Bezeichnung für diese Region.

Viel Interessantes über das Siebengebirge und die hier angebotenen Freizeitaktivitäten erfährt man in der Geschäftsstelle des »Verschönerungsvereins für das Siebengebirge« (VVS):

Forsthaus Lohrberg
Löwenburger Straße 2
53639 Königswinter
Tel. für allgemeine Fragen: 02223/909494
Tel. für Veranstaltungen und Fahrgenehmigungen: 02223/279933
E-Mail: info@naturpark-siebengebirge.de

TOTE RUDERN KEINE BOOTE – EIN FALL FÜR DEVON SCHIEFER

Es war einer von diesen miesen, kleinen, unscheinbaren Tagen, an denen selbst die Fliegen im Büro zu schlafen schienen. Entweder sie schliefen oder sie waren vor Langeweile gestorben – wer konnte das schon sagen.

Mein Name ist Schiefer, Devon Schiefer. Für die einen bin ich einer von vielen lästigen Privatschnüfflern, für die anderen der letzte Strohhalm, an den sie sich klammern, wenn sie nicht mehr weiterwissen. Ich denke, die Wahrheit liegt irgendwo dazwischen.

Ich mochte meinen Job, zumindest an den meisten Tagen. Und ich verdiente genug, um mir all die kleinen Sünden der großen Stadt leisten zu können, zumindest an den meisten Tagen, Sie verstehen, was ich meine.

Ich saß also in meinem Büro, als diese Kleine ohne anzuklopfen hereinkam. Sie blieb zwei Schritte hinter der Tür mitten im Raum stehen und schaute sich verblüfft um.

Den Blick kannte ich schon: Es war das ungläubige Staunen darüber, dass hier keine blonde, gut gebaute Sekretärin in einem Vorzimmer saß, sondern nur ein schrankgroßer Kerl, der näher an der 40 als an der 30 war. Ja, ich brauchte mittlerweile schon eine verdammt große Torte für alle Geburtstagskerzen.

Mit zwei weiteren zögernden Schritten baute sie sich vor meinem Schreibtisch auf. Und musterte mich kritisch.

Die Zeiten, in denen Klientinnen in ein Büro hereinstürzten, dir einen Blick so tief wie zwei Doppelte zuwarfen und dann mit atemloser Stimme um Hilfe baten – hab ich leider nicht mehr erlebt. Die Süße sah nicht so aus, als würde sie irgendwem, irgendwann einmal was ins Ohr hauchen. »Verzeihen Sie, ich wollte nicht so hereinplatzen, aber ich dachte, es gäbe ein Vorzimmer.«

Überraschung, Schätzchen, dachte ich amüsiert. »Wenn Sie ein Vorzimmer suchen, dann müssen Sie die Straße runter, da ist ein Zahnarzt, der hat eine nette Kleine am Empfang sitzen.«

»Ich schätze Männer mit Humor, da bin ich wohl richtig.« Sie sagte das in einem schneidenden Tonfall, mit dem du eine Katze hättest häuten können.

Ich nahm die Füße vom Schreibtisch und setzte mich gerade hin. »Setzen Sie sich doch erst einmal.«

Verärgert zog sie die Stirn kraus.

Hoppla, Devon, falsche Wortwahl. »Ich meinte, bitte nehmen Sie doch Platz, und dann werden wir sicher eine Lösung für Ihr Problem finden.«

»Wer sagt Ihnen, dass ich ein Problem habe?«

Jetzt hättest du mit dem Tonfall die gehäutete Katze gleich einfrieren können.

Das konnte ja heiter werden. Ehrlich, Miss Bofrost, so dringend brauche ich die Kohle auch wieder nicht.

»Sie wollen mir augenscheinlich kein Zeitschriftenabo verkaufen, der letzte Kurierfahrer war um Klassen hässlicher als Sie, und wären Sie ein Bulle, hätten Sie mir schon längst Ihren Ausweis gezeigt. Fangen wir doch einfach noch mal von vorne an – Schiefer, Devon Schiefer, wie kann ich Ihnen helfen?«

Immerhin setzte sie sich nach meiner kleinen Rede auf den Besucherstuhl, allerdings nur vorne auf die Kante. Bei jeder anderen hätte das unsicher gewirkt. Bei ihr war es eine Warnung. Überzeug mich, ich kann hier jederzeit wieder verschwinden, wenn mir deine Nase nicht passt.

Irgendwie war mir mein einnehmender Charme bei Frauen in den letzten zehn Minuten verlorengegangen. Na ja, darüber konnte ich mir später noch Sorgen machen.

»Lassen Sie mich erst mal zwei Dinge klären. Sind Sie wirklich Privatdetektiv?«

Ich zeigte mit dem Finger auf die Milchglasscheibe in der Bürotür hinter ihr. »Da steht es: ›Private Ermittlungen‹. Ich fürchte, mehr Nachweise kann ich Ihnen nicht bieten.«

»Ach, Sie schleppen immer die Tür mit sich herum? Wie lästig.«

Ich seufzte, fischte aus meiner Brieftasche eine Visitenkarte und legte sie vor ihr auf den Tisch.

»Devon Schiefer, private Ermittlungen, Mitglied im Bundesverband deutscher Detektive/BDD«, las sie vor.

»Mehr werden Sie von mir nicht bekommen können, meinen Polizeiausweis habe ich vor fünf Jahren abgegeben.«

»Sie waren bei der Polizei?«

»Ist das schon Ihre zweite Frage?«

Zum ersten Mal huschte so etwas wie ein Lächeln über ihr Gesicht, vielleicht bildete ich mir das aber auch nur ein.

»Okay, meine zweite Frage: Heißen Sie wirklich Devon Schiefer?«

Jetzt grinste ich sie an: »Mein Vater war Geologe, und er liebte Mosel-Riesling. Wenn Sie mich fragen, eine unheilvolle Kombination. Vor allem, wenn Sie an einen Standesbeamten ohne Hemmungen geraten. Aber es hätte auch schlimmer kommen können. Stellen Sie sich Horst Kevin Schiefer auf der Glasscheibe dort drüben vor.«

Pluspunkt für dich, Devon, dachte ich, denn die Kleine rutschte endgültig mit ihrem süßen Po ganz auf den Stuhl. Sie schlug die Beine übereinander. Hübsche schlanke, lange Beine, die auf der einen Seite in einem engen Rock und auf der anderen in schwarzen High-Heels endeten. Nicht schlecht, und ich hatte noch vor fünf Minuten gedacht, der Nachmittag würde nichts Aufregendes mehr bieten.

Sie schaute sich um. Ihr Blick blieb an den offenen Umzugskisten in der Ecke hängen, in denen Bücher und Aktenordner gestapelt waren.

»Ihr Einrichtungsstil gefällt mir.«

»Mhmm, ich bin noch beim Auspacken.«

»Seit wann?«

»Seit gut fünf Jahren, aber ich will so einen Raum erst mal auf mich wirken lassen, bevor ich mich entscheide, wo ich was hinstelle. Vielleicht lege ich auch nur eine Glasplatte auf die Kisten, einen Beistelltisch kann man ja immer gebrauchen.«

Diesmal war ich mir sicher, dass das in ihrem Gesicht ein Lächeln war, wenn auch nur ein kurzes.

»Ich wiederhole mich ja nur ungern, aber wie kann ich Ihnen helfen?«

Hätte ich doch einfach meinen Mund gehalten. Ohne diese Frage wäre mir eine Menge Ärger erspart geblieben. Aber das konnte ich ja nicht ahnen.

Sie strich sich eine lange Haarlocke in der Farbe meines Lieblingswhiskys aus dem Gesicht. Vielleicht tat sie das ja, um nachzudenken. Aber diese kleine, wohleinstudierte Geste war ganz großes Kino.

»Ich weiß nicht so recht, wo ich anfangen soll.« Miss Bofrost hatte ihren Tonfall auf honigsüß umgeschaltet.

»Ich will Ihnen da nicht zu nahe treten, aber keiner besucht einen Privatschnüffler, ohne sich vorher darüber im Klaren zu sein, was er will. Also, machen wir es doch auf die klassische Tour: Verraten Sie mir erst mal Ihren Namen – meinen kennen Sie ja schon. Einverstanden?«

»Judith, ich heiße Judith Overbrecht.«

»Overbrecht wie Overbrecht, Overbrecht & Partner?«

Die hübsche Judith nickte. »Mein Vater und mein Onkel.«

Ich stieß einen anerkennenden Pfiff aus. Vor mir saß die millionenschwere Erbin einer der ältesten Anwaltskanzleien Bonns. Die ersten Overbrechts hatten vermutlich schon Kurfürst Clemens August beraten. Die beiden aktuellen Firmenpatriarchen beschäftigten ein ganzes Heer arbeitswilliger Juristen. Lauter Jura-Nerds, aber mit einem Stundensatz in der Höhe einer Monatsmiete für mein Büro. Die Kleine saß mit ihrem süßen Po auf mehr Geld, als ich in diesem Leben noch ausgeben konnte.

»Sitzen Sie da nicht im falschen Büro, vor dem falschen Kerl?«, fragte ich sanft.

»Sie meinen, weil mein Vater seine eigenen Ermittler beschäftigt?«

»Ganz genau, Frau Overbrecht, Ermittler, die sicher mehr als nur eine Dame im Vorzimmer sitzen haben.«

»Weder mein Vater noch mein Onkel wissen, dass ich hier bin. Vor allem wissen sie nichts von Chris, meinem Verlobten.«

»Und wegen Ihres Verlobten Chris sind Sie hier? Wie komm ich da ins Spiel? Wenn Ihr Vater die Auswahl Ihres Ehemanns missbilligt, kann ich wenig tun. Sie sind über 18 und wir leben nicht mehr im Mittelalter. Wo ist also das Problem?«

»Chris Beier ist einer von Vaters angestellten Anwälten …«

»Na bitte, das ist doch eine solide Grundlage, so von Jurist zu Jurist.«

»Vater hat sicher andere Pläne, aber darum geht es auch gar nicht. Mein Verlobter ist vor zwei Wochen gestorben. Man fand ihn tot in einem der **Boote auf dem See in der Rheinaue**.«

»Oh, das tut mir leid. Weiß man, wie er gestorben ist?«

»Die Polizei sagt, es war ein Herzinfarkt, irgendwann zwischen 8:00 und 10:00 Uhr morgens.«

Ich dachte kurz über das nach, was sie da gerade sagte. »Moment mal, Frau Overbrecht, der Bootsverleih öffnet doch erst um 11:00 Uhr.«

»Genau deshalb, Herr Schiefer, sitze ich hier vor Ihnen. Tote rudern keine Boote.«

Judith Overbrecht wollte wissen, ob Chris wirklich mit einem Herzkasper vor den großen Lord getreten war. Sie hatte mich für eine Woche im Voraus bezahlt. Jetzt hieß es nachdenken.

Wenn ich nachdenken musste, brauchte ich Kaffee, so dringend wie eine abgebrannte Nutte einen Freier. Judith Overbrecht hatte mir eine Menge Stoff zum Nachdenken geliefert, aber in meinem Büro war die Kaffeemaschine kaputt. Ich schlenderte also zum Stadthaus, weil dort in der Maxstraße das **Kaffeekontor** lag. Für Koffein-Junkies wie mich war es das Paradies – allein schon der Geruch von frisch gerösteten Bohnen.

Seit ein paar Jahren bekam die Chefin für ihre Kaffeesorten eine Auszeichnung nach der anderen. Ich schätzte, der Platz an der Wand für all die Urkunden wurde langsam knapp.

Dass hier kein großer Trubel herrschte, lag schlicht daran, dass es hinten im Laden nur drei kleine Tische mit großen, halbrunden Korbsesseln gab. Keine Chance für Gruppen und Dummschwätzer.

»Hi, Devon. Das Übliche?«, fragte Christiane hinter der Theke, als ich hereinkam.

Ich nickte zufrieden, ging an der Theke vorbei, umrundete zwei Deckeleimer mit neuen Kaffeesorten und ließ mich wohlig seufzend in einen der Korbsessel fallen. Aus einem versteckten Lautsprecher klang leiser Jazz durch den hohen Raum mit dem alten Holzfußboden.

Keine zwei Minuten später stand Christiane an meinem Tisch. »Bitte schön, ein Glas Wasser und zwei Espresso doppio mit den Royal-Bohnen. Stark, schwarz, süß – oder stehst du neuerdings auf Blondinen, dann würde ich dir noch Milchschaum vorbeibringen?«

»Nee, lass mal gut sein, das ist genau das, was ich jetzt brauche.«

»Ah, so schlimm? Also ein Drei-Tassen-Problem.«

Ich verstand ihre Anspielung auf Holmes Pfeifen sofort. »Kann ich noch nicht sagen. Du weißt doch, Süße, es hat lange nicht mehr geregnet …«

»… um die Sünden der großen Stadt in die Gosse der Vergessenheit zu spülen«, ergänzte sie grinsend meinen Lieblingsspruch. »Wenn du noch Nachschub brauchst, weißt du ja, wo du mich findest.«

Sie ging nach vorne, um den nächsten Kunden zu bedienen.

Die erste der beiden Tassen trank ich auf Ex, erst danach fischte ich mein Handy aus der Tasche.

Chris Beier war ein kerngesunder Kerl von etwa 30 gewesen, Judith Overbrecht hatte mir zwei Fotos von ihm gemailt. Chris bei einem gemeinsamen Ausflug. Auf dem ersten saß er an einem Tisch, die **Waldgaststätte Milchhäuschen** war deutlich zu erkennen. Das zweite Foto zeigte einen lächelnden Chris Beier an der **Ruine des Klosters Heisterbach**. Wahrscheinlich hatten die beiden oft Ausflüge in die Natur gemacht, weil sie Sorge hatten, dass sie sonst unerwartet Kanzleikollegen über den Weg laufen könnten. Da war eine Wanderung auf dem **Rheinsteig** im Siebengebirge allemal sicherer als ein Zug durch die Bars und Clubs in Köln.

Chris Beier hatte braune, verwuschelte Haare, war schmal, fast schon schmächtig und grinste schief in die Kamera. Kurz: Er sah überhaupt nicht wie ein erfolgreicher Jurist aus, der dabei war, die Karriereleiter emporzustürmen. Ich wettete zehn zu eins darauf, dass Judith und Chris nie die Hochzeitsglocken zu hören bekommen hätten. Außer wenn sich die süße Judith von ihrem Vater losgesagt und mit Chris nach Vegas durchgebrannt wäre.

Wie weit würde wohl jemand wie der alte Overbrecht gehen, um dafür zu sorgen, dass so ein Hänfling nicht seine Nachfolge antritt? Ein interessanter Gedanke.

Und wo ich schon mal dabei war nachzudenken, überdachte ich auch gleich die nächsten Schritte. Ich hatte Judith Overbrecht gebeten, mir ein paar Hobbys oder Freunde von Chris zu nennen, aber ihr fiel nur ein, dass er sich einmal im Monat mit ein paar ehemaligen Studienkollegen zum **Fußballgolf** in Königswinter getroffen hatte. Doch sie kannte keine Namen.

Fußballgolf? Das klang im ersten Moment so absurd wie Unterwasser-Halma oder Hallen-Polo. Als Judith gegangen war, musste ich mich erst mal informieren. Unser schmächtiger Chris hatte gerne Fußbälle auf einer Hindernisbahn versenkt, warum auch nicht?

Wahrscheinlich sollte ich dort mal vorbeischauen und nachfragen, wer mit Chris immer zusammengespielt hatte. Aber die wichtigste Frage konnte ich sofort klären. Ich rief Bernd an.

»Polizeihauptkommissar Lemperz, guten Tag.«

»Hi, Bernie, ich bin's, Devon.«

»Na, du alter Sack, wie läuft's so in der freien Wirtschaft?«

Bernd Lemperz und ich hatten vier Jahre lang ein Büro geteilt. So was verbindet.

»Es reicht für den Einsatz bei unserer nächsten Pokerrunde.«

»Scheiße, ist schon wieder ein Monat rum? Hätte ich fast vergessen. Wir treffen uns diesmal bei Basti – oder?«

»Jep! Und wo du gerade in tiefer Dankbarkeit mir gegenüber schwelgst – ich hab da mal eine Frage: Christian Beier, 30, vor zwei Wochen gestorben.«

»Der Tote im Boot.«

»Genau der. Seine Freundin möchte wissen, ob es wirklich ein natürlicher Tod war.«

»Komm, Devon, du erwartest doch nicht von mir, dass ich Interna aus einer Polizeiakte vorlese? Das gibt es nur in schlechten Krimis. Im richtigen Leben heißen die Zauberwörter Dienstgeheimnis und Vertraulichkeit. Das weißt du doch selber am besten, warst schließlich lang genug bei unserem Verein dabei.«

»Ich will keine Einzelheiten von dir hören, sondern nur zwei einfache Punkte klären.«

Bernd seufzte laut. »Frag schon, aber ich verspreche nicht, auch zu antworten.«

»Frage Nummer 1: Starb Chris Beier wirklich an einem Herzinfarkt?«

»Ja, das stand so in der Zeitung und daran gibt es auch keinen Zweifel. Nächste Frage.«

»Kennst du irgendjemand, der mit mir darüber plaudern würde, was Chris Beier so getrieben hat? Ich meine, nach Feierabend.«

»Ich denke, seine Freundin ist deine Klientin?«

»Ja, aber in diesem Punkt reicht ihre Unwissenheit von hier bis zum Mond.«

»Devon, ich kann nicht über unsere Ermittlungen mit dir sprechen.«

»Bernie, ich brauche nur einen Namen, mehr nicht.«

»Also gut, frag mal bei Joe B. nach. Wir haben die Visitenkarte seines Centers in der Brieftasche des Toten gefunden. Aber das hast du nicht von mir – verstanden?«

»Ich hab dich auch lieb, Bernie.«

»Leck mich. Wir sehen uns am Freitag, du Nervensäge.«

Joe B. – bürgerlicher Name Jochen Baumgärtner – war ein alter Bekannter, hatte früh mit dem Kickboxen angefangen. Zwei-, dreimal stand er vor dem Richter, weil ihm versuchte Körperverletzung vorgeworfen wurde. Aber immer gab es Zeugen, die glaubhaft versicherten, dass der gute alte Joe nur in Notwehr gehandelt hatte.

Tatsächlich sah es für mich, als ich noch bei der Polizei meine Brötchen verdiente, so aus, als würde Joe den Absprung nicht schaffen. Aber Joe war nicht blöd. Die Kohle, die er mit der Drecksarbeit für die großen Köln-Bonner Drogenbosse kassierte, investierte er in eine Mischung aus Kampfschule und Fitnessclub.

Jetzt musste Joe nicht mehr selbst zuschlagen. Jetzt kassierte er die dicke Kohle dafür, dass er zusah, wie andere sich gegenseitig eine blutige Nase verpassten. Respekt!

In Joes Trainingshalle schmeckte die Luft nach Blut, Schmerz und Männerschweiß. Ich sah ein paar Kerle, mit Bizeps so dick wie mein Oberschenkel, die riesige Langhanteln rhythmisch in die Luft pumpten.

Es gab die guten alten Sandsäcke aus Leder und eine große Matte in der Mitte der Halle. Das Ganze sah aus wie die Kulisse des letzten Rocky-Films.

Eindeutig die falsche Sorte Fitnessclub für einen Jura-Nerd wie Chris Beier. Die Jungs, die hier an den Sandsäcken spielten, hätten das Kerlchen zum Frühstück vernascht.

Ich fing ein paar Blicke auf, als ich durch die Halle zur

großen Matte schlenderte. Neugierige und bedrohliche Blicke.

Ich nickte den Männern zu. »Einfach weiterspielen, Mädels. Ich muss nur kurz mit dem Chef sprechen.«

Etwas in meinem Lächeln warnte sie davor, mehr zu versuchen.

Hinten an der Matte war Joe B. unüberhörbar in seinem Element. »Na los, Champ, jetzt knall ihn endlich um. Meine Fresse, wollt ihr Pussys kuscheln, oder was?«

Ein zwei Meter großer Riese, der gut und gern 220 Pfund auf die Waage brachte, brüllte los und schickte mit einem einzigen Schlag seinen Gegner auf die Matte. Der Riese bestand nur aus Sehnensträngen und Muskelbergen.

»Na endlich, gut gemacht, Leo. He, schafft mal den Günni von der Matte und sorgt dafür, dass er wieder aufwacht.«

»Joe, ich glaub, du hast Besuch«, brummte Leo mit einem Kopfnicken in meine Richtung.

»Leck mich am Arsch: Devon Schiefer. Dass Sie sich hierher trauen. Lange nicht mehr gesehen.«

»Hallo, Joe, die Geschäfte scheinen ja gut zu laufen.«

»Der Laden wirft genug ab, um ehrlich zu bleiben, Schiefer.«

»Da geht mir doch das Herz vor Freude auf, Joe. Vielleicht kannst du mir ja bei einer Sache weiterhelfen? Sozusagen um der alten Zeiten willen.«

Joe stieß ein meckerndes Lachen aus. »Einen Scheiß werde ich. Warum sollte ich mit einem Ex-Bullen reden?«

»Joe, soll ich ihn nach draußen bringen?«, fragte Leo dazwischen.

Ich warf dem Riesen einen Schulterblick zu. »He, Shorty, halt mal kurz die Klappe, wenn Erwachsene miteinander reden.«

Leo grunzte wütend und wollte schon auf mich losgehen, doch Joe stoppte ihn mit einer Handbewegung.

»Ich bin ja leider von Natur aus neugierig. Sie wollen also was von mir, Schiefer? Fein, warum nicht?«, Joe grinste gehässig. »Wissen Sie was, Schiefer? Sie gehen für eine Runde mit meinem Champ auf die Matte. Danach können Sie mir Ihre Fragen stellen.«

Champ Leo freute sich wie ein kleiner König. Mit einem dümmlichen Grinsen hüpfte er auf der Stelle, schlug die rechte Faust in die linke Handfläche und rollte seinen Kopf im massigen Nacken hin und her. Conan der Barbar machte sich gerade locker.

Ich zuckte mit den Schultern. »Abgemacht, eine Runde mit Shorty und du redest mit mir?«

»Oder mit den Resten, die Leo von der Matte wischt«, antwortete Joe und sah dabei aus wie ein zufriedenes Frettchen, »ach, und ziehen Sie Schuhe und Socken aus, bevor Sie die Matte betreten, Schiefer.«

Das wurde ja immer schlimmer. Ich seufzte, zog den Trenchcoat aus, bevor ich mich bückte, um Schuhe und Socken loszuwerden. Shorty tänzelte unruhig von einem Fuß auf den anderen.

Weiß Gott, ich war kein Winzling, aber der Kerl vor mir überragte mich um gut einen halben Kopf.

»Moment mal, Shorty, müssen wir uns nicht erst verbeugen?«, fragte ich und schlug die Hacken zusammen, legte die Hände an die Hosennaht und deutet eine Verbeugung an.

Shorty war zwar der Champ, aber eindeutig nicht das schärfste Messer in der Schublade. Kein Wunder, bei all den Schlägen an die Nuss.

Er zögerte einen Augenblick, dann nahm er doch tatsächlich ebenfalls die Beine zusammen und begann sich zu verbeugen.

Ich unterbrach blitzschnell meine ehrenvolle Begrüßung, packte ihn an den Schultern, nahm so zusätzlichen Schwung, riss mein rechtes Knie hoch und donnerte es ihm in die Kronjuwelen. Shorty blieb die Luft weg. Stöhnend krümmte er sich zusammen. Ich ließ seine Schultern los. Winkelte den Arm an, drehte mich in der Hüfte und knallte den Ellenbogen genau an die richtige Stelle seines Kinns. Der Treffer knipste bei Shorty das Licht aus. Zappenduster von 100 auf null. Sein Kopf wurde in den Nacken geschleudert, er verdrehte die Augen, und dann krachten 220 Pfund Muskelmasse mit einem lauten Rums so auf die Matte, dass der Boden wackelte. Ich stieg über den leblosen Körper hinweg, zog mir wieder Socken und Schuhe an und hob meinen Mantel auf.

»Das … das … war nicht fair, Schiefer.«

Ich lächelte Joe an. Ein Lächeln, bei dem er ängstlich zusammenzuckte.

»Was ist schon fair im Leben, Joe. Und jetzt habe ich ein paar Antworten bei dir gut.«

»Ehrlich, Schiefer. Ich kannte den Kerl gar nicht.«

Wir saßen in Joes Büro. Nachdem ich ihm die Fotos gezeigt hatte, versicherte mir Joe jetzt schon zum vierten Mal, dass er Beier eigentlich nicht kannte.

Langsam wurde es langweilig, Joe verschwendete meine Zeit, und ich hasste es, wenn man meine Zeit verschwendete.

»Lass gut sein, Joe, meine Ohren sind ja schon ganz wund von deinem Gejammer. Schieb mal ne neue Scheibe in den Wechsler. Mir ist schon klar, dass du nichts in Beiers Freundschaftsalbum geschrieben hast. Ich will wissen, wann er hier war und was er wollte.«

»Aber, wenn ich es doch sage …«

Ich schlug mit der flachen Hand auf den Tisch und ersparte mir so Folge fünf des Gejammers. Ich funkelte Joe wütend an und er begriff, dass er kurz davor war, sich eine blutige Nase zu holen.

Abwehrend hob er die Hände. »Schon gut, Schiefer, ganz ruhig bleiben. Ja, jetzt erinnere ich mich wieder. Der Kerl war vor einem Monat hier, so ungefähr vor einem Monat, denke ich. Er sagte mir, er sei Anwalt und er suche jemanden, der ihm einen Kontakt machen könnte. Wollte sogar dafür zahlen. Hat mir 500 auf den Tisch geblättert.«

500 Eier für einen Namen, meine Fresse, Beier hätte über kurz oder lang ja jeden Informanten in der Stadt versaut.

»Eine Menge Geld für einen Kontakt. Also, lass hören?«

Joe rutschte unruhig in seinem Leder-Chefsessel hin und her. »Das hast du aber nicht von mir, hab ich da dein Wort, Schiefer?«

»Ich werde schweigen wie ein Grab, Joe.«

»Also gut, Chris Beier wollte an Big Tommi rankommen. Ich habe ihm die Telefonnummer von Rosi Sliebotzki gegeben.«

»Siehst du, Joe, hat doch gar nicht wehgetan. Und weil das für dich bestimmt genauso schön war wie für mich, kannst du gleich noch einen drauflegen. Was wollte Beier von Big Tommi?«

»Woher soll ich das wissen?«, ereiferte sich Joe. Erstens kam das zu schnell und zweitens sah er dabei aus, als hätte ich ihm gerade eine 45er in den Hintern gerammt.

Ich verschränkte die Hände und ließ die Fingerknöchel knacken. Bei dem Geräusch wurde mein Joe ganz kalkig.

»Ja, sicher«, gab er zu, »ich hab natürlich gefragt. Schließlich geht es da auch um meinen Kopf. Wenn der Anwalts-Heini Scheiße gebaut hätte und Big Tommi sauer geworden wäre – das verstehst du doch, Schiefer? Beier erzählte mir, er habe da einen Mandanten, einen stinkreichen Privatsammler, den er vertrete. Und der wolle sich von paar Stücken aus seiner Waffensammlung trennen. Jeder weiß doch, wie geil Big Tommi auf diesen Wehrmachtsscheiß ist, und die Rosi war doch eine Zeit lang, die … die, na ja, du weißt schon, sie hat Tommi halt bei Laune gehalten.«

Ich stand auf. »Danke Joe.«

»Du lässt mich aber aus der Sache raus, du hast es versprochen, Schiefer.«

»Keine Sorge, Joe. Und wenn ich mal Lust habe, mit ein paar von deinen Mädels zu spielen, komme ich wieder vorbei.«

»Wenn du das nächste Mal kommst, kette ich Leo an, der wird eine Mordswut auf dich haben.«

»Es gibt 'ne Menge Leute, die eine Mordswut auf mich haben. Shorty kann sich hinten anstellen. Richte ihm von mir aus, dass ich beim nächsten Mal richtig zuschlage.«

Draußen war es dunkel geworden. Ein trüber Tag ging in eine nebelige Nacht über. Ich machte Zwischenstopp bei »**Herr Lehmann**«. Es war so früh, dass ich noch bequem einen Sitzplatz fand. Ich bestellte meinen Lieblingsburger und fing an, mir mein Honorar zu verdienen.

Big Tommi hatte seine gierigen Finger in fast jedem illegalen Geschäft, das genug Profit abwarf. Rosi war ziemlich lange seine bevorzugte Begleitung gewesen. Die beiden hatten sich vor ein paar Jahren im Guten getrennt. Das Außergewöhnliche daran war, dass Rosi sich strahlender Gesundheit erfreute und einen eigenen Escortservice gegründet hatte. Die meisten Menschen, von denen sich Big Tommi im Guten trennte, waren mit dem Gesicht nach unten im Rhein Richtung Holland unterwegs. Ich konnte mir gut vorstellen, dass Big Tommi seiner früheren Bettgefährtin als stiller Teilhaber unter die Arme gegriffen hatte. Außerdem bot so eine Connection nicht nur finanzielle Reize. Niemand, der bei Verstand war, vergriff sich an einem Mädchen, über das Tommi seine schützende Hand hielt. Bestimmt konnte sich Rosi darauf verlassen, dass ihr guter alter Tommi zur Stelle war, wenn es für eines ihrer Mädels haarig wurde. Wer weiß, vielleicht durfte Tommi sich dafür in ihrem Stall bedienen. Als ich die letzte Pommes aufgegessen hatte, rief ich Judith Overbrecht an.

»Overbrecht!«

»Schiefer hier, guten Abend. Ich hab nur eine kurze Frage: Was für Mandanten hat Ihr Verlobter betreut?«

»Chris? Soweit ich das weiß, hatte er gar keine eigenen Mandanten. Mein Vater hat da sehr genaue Regeln. Es gibt eine Art Gruppenleiter, einen der Partner, dem Chris zuarbeitete.«

Ich bedankte mich und bevor sie Fragen stellen konnte, beendete ich das Gespräch. Chris Beier hatte Joe also angelogen. Der gute Chris hatte etwas, das er verkaufen wollte, und der angebliche Mandant war nur eine Luftnummer gewesen. Interessant.

Ich kannte Rosi noch aus meiner Zeit bei der Polizei. Einen Termin bei ihr zu bekommen war nicht mal schwer gewesen. Okay, ich musste am Telefon ihr Gedächtnis kurz auffrischen, aber dann hatte ich meinen Termin bei ihr für 11:00 Uhr vormittags.

Ab einer bestimmten Einkommensklasse lässt der Name »Sliebotzki« bei Freiern nicht gerade die Silberglöckchen erklingen.

Ich will damit sagen, dass es mich nicht überraschte, als man mir erklärte, dass Madame Chantal Martinaud gleich für mich Zeit hätte.

Ich setzte mich auf eine cremefarbene Ledercouch und schaute mich um. Ich bin Ermittler, kein Innenarchitekt, aber hier hatte jemand einen Haufen Knete auf den Tisch gelegt. Chantal Martinaud hatte Stil. Alles war modern, elegant und feminin, ohne plüschig zu sein. Ich war gerade dabei, über den tieferen Sinn einer großen schwarzen Steinplastik nachzudenken, als eine atemberaubende Blondine ins Zimmer rauschte. Sie stellte sich als Rosis persönliche Assistentin vor. Sie trug ein silbernes Etuikleid, das keine Fragen offenließ, und war mit einer Oberweite gesegnet, die eindeutig unter das Waffengesetz fiel.

Ich nickte stumm, denn hätte ich geantwortet, hätte ich vielleicht gesabbert. Ich wollte mir wenigstens noch einen Rest Würde bewahren.

Blondie rauschte wieder aus dem Zimmer und ich machte mir gerade Sorgen, wie ich je wieder aus den Tiefen der Ledercouch herauskommen sollte, als Rosi alias Chantal hereinschwebte.

Wir waren ungefähr im gleichen Alter, aber bei ihr hatte der alte Lord offenbar Überstunden eingeschoben. Sie spielte eindeutig in einer anderen Liga als Blondie.

Rosi-Chantal trug einen eng geschnittenen Hosenanzug mit Nadelstreifen. Ihr Oberteil war so tief ausgeschnitten, dass ich eine ziemlich genaue Vorstellung davon bekam, was sie alles nicht unter ihrer Jacke trug. Und das war, von einer schlichten Perlenkette mal abgesehen, so ziemlich alles.

Sie setzte sich mir gegenüber in einen Sessel und schlug die Beine übereinander, schenkte mir ein strahlendes Begrüßungslächeln mit einem Hauch Begierde und gurrte:

»Devon Schiefer, es muss Jahre her sein, dass wir uns das letzte Mal gesehen haben. Gut sehen Sie aus, Devon.«

»Hallo, Rosi, Pardon, ich meine natürlich Chantal. Ich möchte Sie gar nicht lange aufhalten. Ich habe gehört, dass Chris Beier bei Ihnen war, um mit Big Tommi ins Geschäft zu kommen.«

»Ach, der Chris. Ganz unschuldig der Kleine, ein bisschen schmächtig, aber irgendwie süß«, Chantals rauchige Altstimme konnte einen Mann in den Wahnsinn treiben, wenn sie nur das Telefonbuch vorlas.

Aber jetzt wollte ich erst mal Antworten. »Geht es vielleicht ein bisschen genauer?«

Rosi-Chantal schnalzte tadelnd mit der Zunge. »Na, na, wer wird denn gleich ungeduldig werden, Devon. Also, Chris Beier war ein paar Tage mit Andrea zusammen, einem meiner Mädchen. Er buchte sie als Begleitung. Für mich sah es zuerst so aus, als wollte er nur mal an der Seite einer hübschen Frau abschalten. Die beiden machten tatsächlich Ausflüge zusammen, damit hätte ich nun nicht gerechnet. Sie wissen schon: mit der **Zahnradbahn** zum **Drachenfels** rauf, die **Nibelungenhalle** besichtigen, **Schloss Drachenburg** ansehen, so was. Ich erinnere mich noch, dass Andrea erzählte, wie ekelig sie die Viecher im **Reptilienzoo** da oben fand.«

»Und das war alles?«

»Nein, Andrea erzählte mir, dass sie später noch mal da waren und sich oben auf dem Drachenfels mit ein paar Männern getroffen haben, Russen vielleicht. Chris Beier spielte denen was vor, da passte offenbar eine langbeinige Begleitung gut ins Bild.«

»Und Big Tommi, hat er den auch getroffen?«

»Ja, ich habe die beiden einander vorgestellt. Chris wollte Tommi etwas verkaufen. Was, weiß ich nicht.«

»Würden Sie Tommi für mich fragen, was Chris Beier ihm verkaufen wollte?«, bat ich und kämpfte mich aus den Lederpolstern hoch, ohne mich völlig zum Clown zu machen.

»Natürlich, Devon.«

Ich legte ihr meine Karte auf den niedrigen Glastisch zwischen uns. »Hier, rufen Sie mich ruhig jederzeit an, Chantal.«

»Rosi, für meine ganz alten Freunde bin ich immer noch die Rosi.« Ihre rauchige Altstimme klang wie das zufriedene Schnurren einer Tigerkatze. »Ich werde ganz sicher bald anrufen. Beim nächsten Mal müssen Sie mehr Zeit mitbringen, Devon.«

»Ich weiß nicht, ob ich mir das erlauben kann … Rosi.«

»Keine Sorge, Devon, geht alles aufs Haus.«

So viel Espresso konnte Christiane gar nicht rösten, wie ich jetzt nachdenken musste. Also saß ich in meinem Büro, legte die Beine auf den Tisch und wippte mit dem Stuhl, während ich meine grauen Zellen in Habachtstellung antanzen ließ.

Chris Beier wollte einen Deal einfädeln sowohl mit Big Tommi als auch mit irgendwelchen Russen. Dabei machte er einen auf dicke Hose und verließ sich nicht auf die süße Judith – die sicher ohne Weiteres mit einem von Rosis Mädels hätte mithalten können – sondern engagierte eine Professionelle. Joe hatte von Wehrmachtskram gesprochen.

Ein leises Saxofon unterbrach meinen Gedankengang. Ich schaute auf das Handy. Es war eine SMS von Rosi:

»Ch. hatte SS-Waffen und ein Stück V2 im Angebot. Evtl. auch mehr. Tommi war nicht sicher, ob alles echt war. Kuss R. PS Wann sehen wir uns wieder?«

Sieh mal einer an, das wurde ja immer seltsamer. Bei dem Wort »V2« begannen meine grauen Zellen unruhig auf und ab zu hüpfen. Da war doch was gewesen?

Ich suchte aus meinem Notizbuch eine Telefonnummer heraus. Es gab einen Mann, dem ich mal vor Jahren kostenlos aus der Patsche geholfen hatte, weil er ein alter Freund meines Vaters war. Wilfried Schwerer, Oberstudienrat a. D., ein lebendes Lexikon, wenn es um den **Naturpark Siebengebirge** ging. Zu Hause war er nicht, aber immerhin wusste seine Frau, wo ich ihn erreichen konnte. Ich erwischte ihn im **Forsthaus Lohrberg**.

»Ja, Devon, das ist ja eine Überraschung, was macht dein Vater? Geht es ihm gut?«

»Vater ist seit zwei Monaten in Südfrankreich und untersucht Steinzeithöhlen. Am liebsten würde er dort einziehen, wenn man ihn nur ließe. Ja, Wilfried, ihm geht es gut.«

»Da wird er ja eine Menge zu erzählen haben, bei unserem nächsten Treffen. Aber jetzt musst du mir verraten, warum du angerufen hast, Junge.«

»Wo könnte ich SS-Waffen oder Teile der V2-Raketen finden? Ginge das auch im Siebengebirge?«

»Eine interessante Frage.«

»Weil es Quatsch ist – oder?«

»Nein, nein, weil ich mich erst kürzlich darüber mit einem Freund unterhalten habe. Sagt dir der Name ›Schlammpeitzger‹ etwas? Nein? Also das war der Nazi-Deckname für die unterirdische Produktion der Kölner Aero-Stahl. In den letzten Kriegsjahren hat man im Stollensystem oberhalb von Königswinter Einspritzpumpen für den Flugzeugmotor BMW 801 gebaut.«

»Im Siebengebirge gab es eine unterirdische Nazi-Produktionsstätte?«

»Natürlich. Die haben die alten **Ofenkaulen** ausgebaut. Heute sind die Stollen nicht nur Bodendenkmal und Rückzugsort für Fledermäuse, sie sind auch zugemauert und weitestgehend verschlossen.«

»Aber …«

»Ja, ich weiß, was du sagen willst, Devon. Ich habe Gerüchte gehört, dass Eingänge zu den Stollen aufgebrochen wurden. Es wäre aber Wahnsinn, dort einzusteigen.

Manche Stollen stehen unter Wasser, das Ganze ist ein verfluchtes Labyrinth.«

»Trotzdem wäre es denkbar, oder?«

»Sicher, es kursieren ja im Netz auch Fotos aus den Stollen und Bunkern, irgendwelche Bekloppten gibt es immer, die dort reingehen. So, und nun zu deiner Frage vom Anfang: Vielleicht findet man dort auch Waffen, schwer vorstellbar nach all den Jahren, aber möglich. Doch die Aero-Stahl baute nicht für die V2-Raketen, sondern für die Jagdflugzeuge der Nazis. Hilft dir das weiter, Devon?«

»Darauf kannst du deine Beamtenpension verwetten, Wilfried.«

Es gibt Städte, die sind größer, reicher und wohl auch gemeiner. Aber verdammt, das hier war meine Stadt. Ich spürte ihren Atem, wusste, wie sie tickte, kannte eine Menge Leichen, die sie in ihren dunklen Kellern versteckte. Hier war ich zu Hause und es widerte mich an, wenn ein paar Dreckskerle in meinem Zuhause ihr mieses Spiel trieben.

Chris Beier war in ihr Spiel geraten, hatte sich mit Kerlen eingelassen, um die er besser einen großen Bogen gemacht hätte. Doch dafür war es nun zu spät, viel zu spät.

Ich traf mich mit Judith Overbrecht unten am Auensee. Sie saß da ganz verloren auf einer Bank und starrte ein paar Enten hinterher. Ich hasste es, das zu tun, was ich jetzt tun musste, aber einer musste diesen Job schließlich machen.

Also setzte ich mich neben sie auf die Bank.

»Es war kein Herzinfarkt, nicht wahr, Schiefer?«

»Nein, Ihr Verlobter war kerngesund, bis zu diesem einen Morgen, an dem er sich am falschen Ort mit den falschen Leuten getroffen hat, Frau Overbrecht.«

»Was … was haben Sie herausbekommen?«

»Ich habe keine Beweise, nichts, was Sie einem Richter vorlegen könnten. Aber ich habe so meine Vermutungen, wie es ablief.« Sie hörte mein Zögern.

»Ich habe Sie bezahlt, also habe ich ein Scheiß-Recht auf Ihre Vermutungen«, platzte Judith heraus um sofort nachzuschieben: »Entschuldigen Sie, ich wollte Sie nicht anbrüllen. Wollen Sie es mir erzählen? Ihre Sicht, bitte!«

»Chris Beier war unzufrieden. Er hatte Sie, die Tochter des Chefs, und seine Chancen, damit durchzukommen, waren in etwa so groß wie meine, zum Mond zu fliegen. Verstehen Sie mich nicht falsch: Sie haben ihn geliebt, aber Ihr Vater hätte ihn einfach vor die Tür gesetzt. Aber dann muss Chris bei einer der Wanderungen im Siebengebirge auf etwas gestoßen sein. Ich vermute, Sie waren beide öfter drüben, vielleicht hat er auch etwas von einem Kumpel gehört. Jedenfalls stieß Ihr Chris in einer der Höhlen drüben bei Königswinter auf den Jackpot. Chris fand Dinge aus der Nazizeit, und zwar so wertvolle Stücke, dass sich mancher Sammler danach die Finger lecken würde. Es gab sogar einen Interessenten, ganz sicher kein Musterknabe, aber immerhin in vielen Fällen ehrlich. Stellen Sie sich einfach vor, Sie würden einem hungrigen Tiger eine Fleischkeule unter die Nase halten, Sie können damit durchkommen, wenn Sie Glück haben. Chris hatte kein Glück, denn er wollte besonders clever sein und bot seine Funde gleich zwei verschiedenen Käufern an. Ich glaube, er hat die einen Käufer unterschätzt, tödlich unterschätzt. Denn das waren ganz große, böse Jungs und die haben sich einfach genommen, was ihnen gefiel. Sie haben sich Chris Funde unter den Nagel gerissen und ihn aus dem Weg geräumt. Einfach so.« Ich schnippte mit den Fingern. »Weil es ging. Es gibt Gifte, die zum Herzversagen führen, ich vermute, die Täter wollten kein Aufsehen erregen. Deswegen haben sie den toten

Chris in ein Ruderboot verfrachtet. Ein bisschen auf dem Wasser unterwegs sein, plötzlich eine unerwartete Herzattacke, aus und vorbei. Viel besser als ein Messerstich oder eine Kugel.

Wie gesagt, Chris hat sich mit den falschen bösen Jungs angelegt. Er wollte wohl unbedingt an viel Geld kommen, um sich dann den Abgang in der Kanzlei erlauben zu können.«

Judith starrte mit tränenblinden Augen auf den See.

»Mein Gott, ich wäre mit ihm überall hingegangen«, murmelte sie.

»Ich habe einen Freund bei der Polizei, einen ehemaligen Kollegen, dem habe ich gestern Abend alles vorgelegt. Die Polizei wird den Tod Ihres Verlobten noch einmal aufrollen«, sagte ich sanft.

Sie wischte sich die Tränen aus den Augen und öffnete ihre Handtasche. »Sie haben gute Arbeit geleistet, Schiefer. Was bin ich Ihnen schuldig?«

Ich stand auf und schaute auf die Kleine herab. Wahrscheinlich würde es eine Weile dauern, aber irgendwann würde Chris nur noch eine Randnotiz im großen Buch ihres Lebens sein.

»Sie haben mich für eine Woche bezahlt und das reicht. Sie schulden mir gar nichts mehr. Ich wünsche Ihnen Glück, Judith Overbrecht. Machen Sie es Ihrem Vater nicht zu leicht, okay?«

Ich ging, bevor sie gezwungen war, mir zu antworten. Ich hatte ihr nichts von Andrea erzählt, nichts von Big Tommi. Der war stinksauer darüber, dass jemand in seinem Revier an einen Baum gepinkelt hatte. Tommi hatte mich gestern für einen Monat im Voraus bezahlt. Ich sollte für ihn die Russen finden. Eine Menge Kohle für so einen Job.

Rosi hatte mich angerufen, um mir in allen Einzelheiten zu schildern, wozu sie alles bereit sei. Böses, böses Mädchen.

Ich folgte dem langen Weg zurück, zurück in die große Stadt mit all ihren kleinen Sünden, die ich so gut kannte.

62 **Bootsverleih im Freizeitpark Rheinaue**

Eine der Attraktionen im Freizeitpark Rheinaue (siehe dazu auch »Parks in Bonn«) ist ohne Zweifel der Auensee. Auf dem 1,5 Kilometer langen, gut 15 Hektar großen See soll man sogar seinen Sportbootschein erwerben können. Wer dagegen gar keine Segelambitionen hat, mietet sich beim Bootsverleih stundenweise ein Tretboot oder Ruderboot. Und für alle Modelschiff-Kapitäne gibt es im nördlichen Teil des Sees einen Bereich, in dem sie ihre Schiffe zu Wasser lassen können. Der Bootsverleih ist in den Wintermonaten geschlossen, ansonsten aber mindestens in den Kernzeiten von 11:00 bis 18:00 Uhr geöffnet.

63 **Kaffeekontor Bonn**

Das Kaffeekontor ist eine Kaffeerösterei, die in den letzten Jahren eine Auszeichnung nach der anderen einheimst. Christiane Hattingen hat dort das Sagen. Als ausgebildete Diplom-Kaffeesommelière berät sie die Kunden bei der Kaffeeauswahl. Gleichzeitig kann man im Kaffeekontor natürlich den gewählten Kaffee probieren und es gibt verschiedene Workshops und Veranstaltungen rund um den Kaffee.
Informationen zu den Veranstaltungen und den Öffnungszeiten unter www.kaffeekontor-bonn.de

64 **Waldgaststätte Milchhäuschen**

Die Gaststätte mit großem Biergarten in Königswinter ist eine Möglichkeit, sich für die Wanderung im Siebengebirge gründlich zu stärken. Das Milchhäuschen wird erstmals 1826 erwähnt. Nach eigenen Angaben könnte der Name daher rühren, dass das Gebäude Teil des Burghofes war, der die Wolkenburg und die Burg Drachenfels mit landwirtschaftlichen Produkten versorgte und ehemals der Milch- und Schweinewirtschaft diente.

Die Waffeln im Milchhäuschen sollen legendär sein. Aber auch das große Frühstücksbuffet an Sonn- und Feiertagen lockt viele Gäste in die Waldgaststätte. Informationen und Öffnungszeiten unter www.milchhaeuschen.de

65 Ruine des Klosters Heisterbach

Der Name des Klosters verrät schon etwas über seine Lage: Hier gab es Buchen, die man früher »Heistern« nannte, und einen Bach.

1192 gründeten Zisterziensermönche das Kloster. Der Sage nach soll die Gottesmutter Maria den Abt im Traum angewiesen haben, das neue Kloster dort zu bauen, wo er einen blühenden Rosenstock finden würde. Den fand der Abt nach längerem Suchen mitten im Winter am Heisterbach.

Als die Klosterkirche im Jahr 1237 eingeweiht wurde, übertraf sie mit ihrer Größe alle anderen Kirchen des kurkölnischen Gebietes mit Ausnahme des Kölner Doms.

Im Zuge der Säkularisierung Anfang des 19. Jahrhunderts wurde das Kloster verkauft und die Klosterkirche als Steinbruch genutzt. Glücklicherweise überstand ein kleiner Teil die Sprengungen und Abbrucharbeiten. Informationen zum Kloster, Führungen und Veranstaltungen unter www.klosterlandschaft-heisterbach.de

66 **Rheinsteig**

Der Rheinsteig ist ein sogenannter Prädikats-Fernwanderweg mit einer Länge von 320 Kilometern. Er führt von Bonn über Koblenz nach Wiesbaden. Startpunkt der ersten Etappe ist der Bonner Marktplatz. Der Weg führt später auf der anderen Rheinseite am Kloster Heisterbach sowie dem Petersberg vorbei und endet in Königswinter.

Im Internet unter www.rheinsteig.de gibt es ausführliche Beschreibungen der einzelnen Etappen, Hinweise zum öffentlichen Nahverkehr, Einkehrmöglichkeiten, Kartenmaterial sowie Ausrüstungs- und Sicherheitstipps.

67 **Fußballgolf**

Nein, diese Sportart ist keine Erfindung von mir, es gibt sie wirklich. Wenn man den Angaben im Internet glauben darf, dann wurde Fußballgolf oder »Soccergolf« in Schweden erfunden. Mittlerweile gibt es auch in Deutschland einzelne Anlagen. Eine davon ist in Königswinter. Sie hat die Größe von zwölf Fußballfeldern. Man spielt auf 18 Bahnen und muss, ähnlich wie beim Golf, am Ende einen Ball einlochen. Auf den Bahnen sind verschiedene Hindernisse platziert, zum Beispiel aus Holz, hier muss der Ball dann durchgeschossen beziehungsweise herumgespielt werden.

Informationen zum Fußballgolf in Königswinter, eine Beschreibung der einzelnen Bahnen und die Öffnungszeiten der Anlage gibt es im Netz unter www.fussballgolf-bonn.de

68 **Herr Lehmann Burger & Cocktail**

Der Name verrät es schon: Hier werden verschiedene Burgervarianten angeboten. Wer will, bekommt seinen

Burger sogar ohne Brötchen und in veganer Ausführung.
Ist man dann satt und zufrieden, kann man sich – sofern man nicht mit dem Auto angereist ist – noch den einen oder anderen Cocktail servieren lassen. Denn auch die gibt es bei »Herr Lehmann«.
Bar und Burgerrestaurant findet man in der Budapester Str. 11, mehr oder weniger gegenüber dem Bonner Stadthaus. »Herr Lehmann« ist im Web mit einer Facebook-Seite vertreten: www.facebook.com/HerrLehmannBurgerCocktail.

69 Drachenfelsbahn

Die Drachenfelsbahn ist die älteste in Betrieb befindliche Zahnradbahn Deutschlands. Im Juli 1883 brachte sie zum ersten Mal die Fahrgäste auf den 321 Meter hohen Drachenfels. Schon damals, Ende des 19. Jahrhunderts, waren das Siebengebirge und insbesondere Drachenfels und Petersberg beliebte Ausflugsziele für Rheintouristen. Auf der Fahrt mit der Zahnradbahn gibt es eine Mittelstation, hier sollte man aussteigen, um sich Nibelungenhalle, Repitilienzoo und Schloss Drachenburg (siehe unten) anzusehen.
Bis 1960 waren bei der Drachenfelsbahn sogar noch Dampfloks im Einsatz. In der renovierten Talstation gibt es eine Tourist-Information und man erfährt in einer Ausstellung Wissenswertes über die Geschichte der Zahnradbahn.
Fahrplan, Infos und Preise im Netz unter www.drachenfelsbahn-koenigswinter.de

70 Drachenfels

Böse Zungen behaupten ja, der 321 Meter hohe Gipfel im Siebengebirge sei der höchste Berg Hollands. In Wahrheit besuchen natürlich Touristen der verschiedensten Nationen Jahr für Jahr den Drachenfels. Bereits für die Maler der Romantik war der markante Gipfel mit seiner Ruine ein beliebtes Motiv.

Schon die Römer nutzten die Vulkan-Quellkuppe, denn das ist der Drachenfels geologisch gesehen, als Steinbruch. Im Mittelalter wurde dann der Drachenfels-Trachyt ein begehrter Baustoff. Der Kölner Dom ist zum Beispiel aus den Steinen des Drachenfelsens gebaut worden. Erst 1836 stoppte die preußische Regierung die Steinbruchaktivitäten.

Seinen Namen erhielt der Drachenfels, zumindest einer alten Volkssage nach, weil hier in grauer Vorzeit ein Drache gehaust haben soll. Schnell war da auch die Verbindung zur Nibelungensage gezogen. Urkundlich belegt ist der Name Drachenfels bereits im 12. Jahrhundert.

Wer übrigens nicht die Zahnradbahn nutzen will, kann natürlich auch einfach den Drachenfels emporwandern. Informationen gibt es im Netz auf verschiedenen Webseiten zum Beispiel unter www.drachenfels.net

71 Nibelungenhalle

Wie schon gesagt: Ein geheimnisvoller Drachen, der am Rhein sein Unwesen treibt – da gab es schnell die Verbindung zu Siegfried und den Nibelungen.

1913, anlässlich des 100. Geburtstags Richard Wagners, wurde auf dem Drachenfels die Nibelungenhalle feierlich eröffnet. In dem Kuppelbau werden Gemälde zu den vier Wagner-Opern Rheingold, Walküre, Sieg-

fried und »Götterdämmerung« präsentiert, außerdem Bilder zum »Parsifal«. Nordische Mythen und Götter wurden in der Nibelungenhalle von den Innenarchitekten aufgegriffen, so windet sich im Fußbodenrelief eine 60 Meter lange Midgardschlange um die Darstellung der Weltenscheibe.
An der Nibelungenhalle können die Besucher auch die Drachenhöhle besichtigen, in der ein 13 Meter langer Steindrache »haust«.
Außerdem gibt es hier oben einen kleinen **Reptilienzoo** (72), in dem man sozusagen die Nachfahren der mystischen Drachen bewundern kann. Die hochgiftigen Gila-Krustenechsen oder die fünf Meter lange, grüne Anakonda-Riesenschlange werden gezeigt.
Öffnungszeiten und Informationen unter www.nibelungenhalle.de

73 **Schloss Drachenburg**
Schloss Drachenburg darf man nicht verwechseln mit der Burg Drachenfels, deren Ruine den Gipfel seit Jahrhunderten ziert.
Entworfen und gebaut wurde das Schloss in den Jahren 1881 bis 1884. Der Bonner Gastwirtssohn Stephan Sarter, der durch seine Finanzbeteiligungen am Bau des Suez-Kanals vermögend geworden war und in den Adelsstand erhoben wurde, verwirklichte sich hier seinen Kindheitstraum. Doch Baron Sarter lebte selbst nie in dem Schloss, sondern blieb bis zu seinem Tod 1902 in Paris. Beinahe in jedem nachfolgenden Jahrzehnt erhielt das Schloss dann neue Besitzer, die das Gebäude mit seinem Gelände unterschiedlich nutzten. Als Hotelanlage, katholisches Jungeninternat, Kaderschule der Nationalsozialisten, Unterkunft für die alli-

ierten Besatzungstruppen und später dann Schulungszentrum der Bahn. Eine Zeit lang stand es leer und drohte zu verfallen, bevor ein Bonner Unternehmer es Anfang der 70er-Jahre kaufte und erneut umbaute. 1986 wurde Schloss Drachenburg unter Denkmalsschutz gestellt und 1989 übernahm die NRW-Stiftung das Schloss. In den Jahren 2002 bis 2007 erfolgten umfangreiche Restaurierungsarbeiten.
In der sogenannten Vorburg des Schlosses ist heute das »Museum zur Geschichte des Naturschutzes in Deutschland« untergebracht. Eine Dauerausstellung gibt einen Einblick in die Geschichte des deutschen Naturschutzes, informiert aber auch über Aktivitäten der Naturschutzbewegung.
Informationen zur Geschichte, Öffnungszeiten, Veranstaltungen und Eintrittspreisen findet man im Netz unter www.schloss-drachenburg.de

74 Naturpark Siebengebirge

Die Vulkanregion ist der nordwestliche Abschluss des Westerwaldes. Mit einer Fläche von 48 Quadratkilometern ist das Siebengebirge der kleinste Naturpark Deutschlands. Gleichzeitig ist es aber auch eines der ältesten Natur- und Vogelschutzgebiete. Schon 1836 stellte die preußische Regierung die Region unter besonderen Schutz.
1958 wurde das Siebengebirge als dritte Landschaft in Deutschland und als erste in Nordrhein-Westfalen zum Naturpark erklärt. Das Siebengebirge ist ein ideales Wandergebiet (siehe auch »Rheinsteig«) und Heimat für zahlreiche bedrohte Tier- und Pflanzenarten.
Informationen unter www.naturpark-siebengebirge.de

75 Forsthaus Lohrberg

Das Forsthaus ist die Geschäftsstelle des »Verschönerungsvereins für das Siebengebirge« (VVS), der sich seit seiner Gründung im Jahr 1869 für die Region einsetzt. Der VVS ist seit 1986 Träger des Naturparks Siebengebirge. Der VVS pflegt unter anderem das über 200 Kilometer lange Wanderwegenetz und organisiert Workshops, Ausstellungen und Führungen. Im denkmalgeschützten Forsthaus Lohrberg kann man Wanderkarten und Bücher über das Siebengebirge kaufen. Informationen unter www.siebengebirge.com oder www.naturpark-siebengebirge.de

76 Ofenkaulen

Die Ofenkaulen (oder manchmal auch Ofenkuhlen) sind ein jahrhundertealtes Stollensystem oberhalb von Königswinter. Im späten Mittelalter begann hier der Trachyttuff-Abbau. Der begehrte Stein wurde als Backofenstein genutzt. So entstand auch der Name der Stollen. Mit diesem Tuffstein war erstmals der Bau großer Backöfen möglich, die sogar mit Steinkohle betrieben werden konnte. Ende des 19. Jahrhunderts gab es insgesamt über 30 Betriebe, die in der Region Tuffstein abbauten. Man schätzt, dass das gesamte Stollensystem eine Fläche von rund fünf Hektar einnimmt. Während des Zweiten Weltkriegs mussten Zwangsarbeiter und Kriegsgefangene in den Ofenkaulen eine Bunkeranlage ausbauen, in der die unterirdische Produktion der Kölner Aero-Stahl angesiedelt wurde. Heute ist das Stollensystem weitgehend zugemauert und Rückzugsgebiet für Fledermäuse. Die Eingänge kann man bei geführten Wanderungen des VVS besichtigen.

DIE »SCHÄÄL SICK« ODER DAS RECHTSRHEINISCHE

Bonn-Beuel, das war für mich zunächst einmal nur ein Stadtteil, der zufällig auf der anderen Rheinseite lag. Der Teil, den man eben mit einer kurzen Fahrt über die Kennedybrücke erreichte. Hier traf ich mich mit Freunden im Biergarten und ging zum Squashspielen. Natürlich nahmen mich Kommilitonen auch mit auf den »Pützchens Markt«, die Riesenkirmes in Pützchen.

Interessant fand ich damals, dass die eingefleischten Bonner unter meinen Freunden sich über die Beueler, also die von der »schääl Sick«, amüsierten.

»Schääl Sick«, das klingt schon so geringschätzig.

Der Ausdruck rührt wohl daher, dass die Pferde, mit denen die Schiffe auf Treidelpfaden stromaufwärts gezogen wurden, auf der rechten Seite, also der Seite, die nach Beuel gewandt war, eine Scheuklappe erhielten. Die Sonne reflektierte so stark auf dem Rhein, dass die Pferde sonst geblendet worden wären.

Historisch kann Beuel auf eine lange Geschichte zurückblicken, erstmals wird der Ort 1139 als »Buielia« erwähnt. Der Rhein trennte natürlich, und man kam nur mit Fähren oder durch eine Furt auf die andere Seite. Erst durch den Brückenbau kam es zu einer festeren Anbindung an Bonn.

Und weil ich mit meiner Geschichte schon einmal im »Rechtsrheinischen« war, konnte ich auch gleich Rhöndorf und Bad Honnef miteinbauen.

Informationen zu Bonn-Beuel erhalten Sie unter www.bonn.de

Wissenswertes über Bad Honnef und Rhöndorf erhalten Sie bei der

Stadtinformation Bad Honnef
Rathausplatz 2-4
53604 Bad Honnef
Tel. 02224/9882746
E-Mail: info@stadtinfo-badhonnef.de
www.service-badhonnef.de

DIE »SCHÄÄL SICK«

»Ich sage dir, der Sander hat seine Frau umgebracht. Hundertprozentig, der spielt uns was vor, macht einen auf Am-Boden-zerstört, aber insgeheim lacht der sich ins Fäustchen. Womöglich saß ja seine Frau auf der fetten Kohle.«

»Arne, Arne, du enttäuschst mich. Du hast die Akte nicht gelesen.« Kriminalhauptkommissar Jens Heckmann nippte an seinem Becher Kaffee, bevor er weiterredete: »Frederike Sander hatte überhaupt kein Vermögen, es sei denn, die hat das in Luxemburg oder Panama versteckt. Sie war Hausfrau, die beiden haben keine Kinder, Sanders Geschäft, sein Gemüseladen, läuft. Ab und zu half Frau Sander ihrem Mann im Laden aus, machte nebenbei die Buchhaltung. Denk an die anderen Überfälle auf Frauen, immerhin beschäftigt uns diese verdammte Überfallserie schon seit einem halben Jahr.«

»Ja, ja, ich weiß das alles.« Kriminaloberkommissar Arne Schmitz raufte sich die Haare, was bei seinem wirren Lockenkopf hinsichtlich der Frisur keinen nennenswerten Unterschied machte. »Aber komm doch mal rum und schau dir diese Videoaufnahme von gestern aus dem Vernehmungsraum an. Und zwar hier den Schluss.«

Jens stand auf und ging zu Arnes Schreibtisch. Volker Hatter, ein Kollege der beiden, hatte die Vernehmung geführt.

»Herr Sander, noch einmal meine aufrichtige Anteilnahme. Ich danke Ihnen für die Informationen.« Hatters Stimme klang ein bisschen blechern aus den kleinen Computerlautsprechern und man sah den Kollegen auch nur im Anschnitt. Der Fokus der Aufnahme lag auf Peter Sanders

Gesicht. Der Mann sah aus, als hätte er eine Leiche gesehen, was in etwa den Tatsachen entsprach, denn das Gespräch war nach der Identifizierung der Toten geführt worden.

Sander rang die Hände, seine Stimme klang verzweifelt und brüchig. »Ich kann es nicht fassen. Ich denke … ich denke, die Rike muss doch jeden Moment anrufen, die kann gar nicht weg sein. Tot, meine ich. Wie soll ich denn nur weitermachen?«

»Ich weiß, Herr Sander, das ist jetzt nicht leicht für Sie. Wir haben da geschulte Kolleginnen und Kollegen, die Ihnen zur Seite stehen werden. Haben Sie vielleicht auch einen Freund oder einen Verwandten, der heute bei Ihnen bleiben könnte?«

»Ich könnte einen Freund anrufen, aber was soll das nutzen? Nein, ich muss ja noch so viele Anrufe machen. Die Mechthild, Frederikes beste Freundin … Gott, ich werde ihr ja noch alles erzählen müssen.«

Man hörte, dass ein Stuhl zurückgeschoben wurde. Volker Hatter stand auf. »Ich lasse Sie ganz kurz allein und bitte die Kollegen dazu. Wir hatten Sie abgeholt, nicht wahr?«

Sander nickte stumm.

»Gut, dann werden wir Sie gleich wieder zurückbringen. Bitte warten Sie einen Moment.«

Jens griff über Arnes Schulter hinweg und drückte die Leertaste. Das Bild auf dem Monitor fror ein.

»Also, ich weiß nicht, was du hast. Volker benimmt sich doch wie im Lehrbuch und Peter Sander macht mir nicht den Eindruck eines fröhlichen Witwers.«

»Ja, hab ich bis zu diesem Moment auch gedacht, aber jetzt pass auf. Keine Ahnung, wie das passieren konnte.«

»Was?«

»Schau mal.«

Arne startete das Video erneut.

Volkers Arm griff nach vorne an den Tisch, den Finger über einem Schalter. Bevor er ihn drückte, sagte er laut: »Ich beende die Videoaufzeichnung. Gespräch mit Peter Sander. Mittwoch, 6. April 2016. Wir haben jetzt 14:43 Uhr. Das Gespräch führte KHK Volker Hatter.«

Volker drückte den Schalter, die rote Lampe darüber erlosch. Jens erwartete, dass das Video abbrechen würde, doch zu seinem Erstaunen blieb Sander im Bild. Volker verschwand, man hörte seine Schritte, die Zimmertür, die ins Schloss gezogen wurde und die Kamera zeichnete weiter auf.

»Moment mal, wieso läuft denn die Kamera noch?«

Arne zuckte mit den Schultern. »Keine Ahnung, müssen sich die Jungs von der Haustechnik ansehen. Aber pass auf, jetzt kommt's.«

In dem Moment, als die Tür des Zimmers ins Schloss fiel, veränderte sich Peter Sanders Verhalten schlagartig. Er lehnte sich zurück, wischte sich mit der Hand über das Gesicht und atmete hörbar laut aus. Er grinste zufrieden, schaute auf seine Armbanduhr, zog sein Handy heraus und sendete eine SMS, dann pfiff er lächelnd beinahe tonlos eine Melodie. Als er aber Schritte auf dem Flur hörte, setzte er sich wieder gerade hin, rutschte vorne an die Stuhlkante und verbarg die Augen mit einer Hand. Als sich die Zimmertür öffnete, bebten seine Schultern und ein ersticktes Schluchzen schüttelte ihn.

»Herr Sander, entschuldigen Sie bitte, kommen Sie doch bitte mit, wir sind so weit.«

Sander wischte sich über die Augen, schniefte einmal und stand dann schwerfällig auf. Als er aus dem Bild ging, waren seine Schritte zögerlich und unsicher, so als läge eine schwere Last auf seinen Schultern.

»Und der Oscar für die glaubwürdigste Darstellung eines trauernden Witwers geht an: Peter Sander.« Arne stoppte das Video und drehte sich mit einem triumphierenden Grinsen zu Jens um. »Verstehst du jetzt, warum ich glaube, dass Sander Dreck am Stecken hat? Hut ab für diese Vorstellung. Ohne die Computermacke hätten wir das nie zu sehen bekommen.«

»Du weißt, dass es schwierig wird, die Aufnahme vor Gericht zu verwenden? Wir haben gegenüber dem Vernommenen eindeutig erklärt, dass die Aufnahme angehalten wurde, ich bin kein Anwalt, aber das macht es nicht einfacher«, gab Jens zu bedenken.

»Ach, scheiß drauf. Wir brauchen sowieso mehr Beweise. Aber jetzt wissen wir, wo wir suchen müssen. Ich würde ja zu gern einfach mal in der Lage sein, drei Tage in der Zeit zurückzureisen, um so einen Fall zu lösen.«

*

Drei Tage vorher …

Ich habe sie gefunden, ganz hinten im Wäscheschrank, versteckt in einem alten Schuhkarton. Sie ist der Beweis, dass es bald vorbei sein wird. Das, was vor 20 Jahren begonnen hat …

*

Vor 20 Jahren …

Peter war mir gleich aufgefallen, damals auf dem »**Pützchens Markt**«. Ich war mit Mechthild da und wir hatten den ganzen Abend Zeit. Mechthild hatte ein Auge auf den Markus geworfen. Ich glaube, zwischen den beiden funkte es mächtig. Jedenfalls zog Mechthild dann mit Markus im

Arm los und ich sah sie den ganzen Abend nicht mehr. Aber, wie gesagt, da war Peter Sander. Der war zwei Jahre älter als ich, also schon 20, und arbeitete im Gemüseladen seiner Eltern mit. Ich dagegen überlegte, welches Fach ich studieren wollte. Meine Eltern bestanden auf einem Studium, schließlich sollte das Abitur nicht umsonst gewesen sein. Am liebsten hätte ich gejobbt oder wäre irgendwohin gereist. Italien, Südfrankreich, Himmel, wir waren schließlich in den 90ern und unser Kanzler hieß nicht mehr Adenauer. Aber meine alten Herrschaften wollten davon nichts wissen. Ich überlegte ernsthaft, ob ich nicht einfach Richtung Indien abhauen sollte. Was konnten sie dagegen schon tun? Ich war schließlich volljährig.

Dass Peter auf mich stand, merkte ich sofort. Und ich? Ich fand, er sah cool aus, er war irgendwie reifer als all die anderen Jungs, die ich kannte. Er fuhr ein Golf-Cabrio, gebraucht und ziemlich klapperig, aber das änderte nichts daran, dass er immerhin ein Auto hatte. Ganz im Gegensatz zu mir oder Mechthild, wir waren mit dem Bus nach Beuel gefahren. Ich verbrachte den ganzen Abend mit Peter, er war großzügig und lustig. Ich fand es gut, dass er es langsam angehen ließ. Außer ein paar Zungenküssen in seinem Auto lief da am ersten Abend nichts.

Unter der Woche musste Peter lange arbeiten und morgens früh raus, deshalb verabredeten wir uns für das nächste Wochenende. Wir wollten irgendwohin, wo uns weder meine Eltern noch die anderen aus meiner Clique treffen konnten. Peter hatte die verrückte Idee, mit dem **Rheinschiff** zu fahren. Ich bitte Sie, mit einem Rheinschiff. Wir waren schließlich nicht 60, aber Spaß hat es trotzdem gemacht. Und das war noch nicht alles – an diesem Tag besuchten wir tatsächlich das **Adenauer-Haus**, wanderten Hand in Hand durch Rhöndorf die Straßen hoch. Im

Garten des alten Adenauer, hinter einem seiner geliebten Rosenbüsche fing Peter an zu fummeln. Ich zierte mich nur kurz. Er war wirklich süß, der Peter.

In den nächsten Wochen machten wir nur so verrückte Sachen. Wir besuchten das **Heimatmuseum** in Beuel und das **Siebengebirgsmuseum** in Königswinter, fuhren zum Drachenfels rauf. Zwischen den Resten der **Löwenburg** oberhalb von Bad Honnef schliefen wir dann an einem warmen Oktoberabend das erste Mal miteinander. Peter war nicht der erste Mann für mich gewesen, ich nahm damals schon seit zwei Jahren die Pille. Was ich damit sagen will, ist, wir mussten nicht heiraten, auch wenn das zuerst alle dachten. Wir wollten es einfach. Es war eine kleine Hochzeitsfeier, ein paar Freunde aus der Clique, unsere Eltern, Mechthild und Markus als Trauzeugen. Für mich war diese Hochzeit in **St. Maria und St. Clemens** ein einziger Traum.

Der Albtraum begann keine vier Jahre später. Wir wollten Kinder, aber es klappte nicht, die Ärzte stellten schließlich fest, dass Peter keine Kinder zeugen konnte.

Wer weiß, vielleicht wollte er sich ja etwas beweisen, zeigen, dass er trotzdem ein ganzer Kerl ist, und ich war ihm dafür wohl nicht genug.

Ich hatte zwar halbherzig angefangen zu studieren, aber als Peters Vater einen Schlaganfall bekam und gepflegt werden musste, half ich Maria, meiner Schwiegermutter. Nach acht Jahren starb Peters Vater und keine zwei Jahre später wurde Maria selber bettlägerig. Die Pflege dauerte an, das Studium hatte ich längst zu den Akten gelegt. Das alles störte mich nicht, ich war jung, wenn ich wollte, konnte ich später immer noch studieren. Zumindest redete ich mir das ein. Ja, damals dachte ich, es würde schon alles werden. Wurde es aber nicht, denn Peter ging fremd. Natürlich merkte ich das. Als ich ihn zur Rede stellte, schlug er mich zum ersten Mal. Und es blieb nicht bei dem einen Mal.

Warum ich trotzdem blieb? Wissen Sie was? Ich weiß es selber nicht. Ich lernte, dass es am einfachsten war, so zu tun, als wäre nichts geschehen. Wahrscheinlich hatte ich sogar noch Glück, sagte ich mir, es gab schließlich Frauen, die viel schlechter von ihren Männern behandelt wurden. Ich bezog ein eigenes Schlafzimmer, erklärte Maria, ich könnte so schlecht schlafen, weil Peter schnarchen würde.

*

Drei Tage vorher …

Und jetzt habe ich sie gefunden, ganz hinten im Wäscheschrank, versteckt in einem alten Schuhkarton. Die Pistole sieht neu aus, neu und gefährlich. Ich nehme sie in die Hand, schwer ist sie. Im Karton ist aber noch mehr. Abzüge von Fotos. Peter mit Mechthild, Arm in Arm.

Er macht es immer noch, verabredet sich an Orten, wo er sicher sein kann, dass keiner unserer Freunde dort auftauchen wird. Ich erkenne das **Fischereimuseum** in Troisdorf-Bergheim, aber nur, weil ich dort mal mit der Uni gewesen bin. Und es ist nicht das einzige Foto von Peter und Mechthild, wohl aber das harmloseste. Mechthild, meine beste Freundin seit der Schule und unsere Trauzeugin, posiert auf mehreren Fotos nackt. Die schamlose Kuh rekelt sich da zwischen schwarzer Satinbettwäsche, es gibt sogar ein paar Selbstauslöserfotos, die die beiden beim Sex gemacht haben. Mir wird schwindelig. Ich lasse die Fotos fallen, renne aufs Klo und übergebe mich. Fast 20 Jahre Ehe, weiß Gott keine angenehme Zeit, aber das ist zu viel.

Peter wird erst in einer guten Stunde nach Hause kommen, also gieße ich mir einen doppelten Cognac ein, stürze ihn hinunter und beginne aufzuräumen. Unten im Karton finde ich noch eine kurze Notiz. Ich erkenne sofort, was das ist: Peter hat sich die Zeiten aus meinem Kalender abgeschrieben, an denen ich auf der **Insel Grafenwerth** schwimmen gehe. Dieses Schwimmen in den warmen Monaten ist mein persönlicher Luxus, mein Freiraum. Das Datum von morgen ist eingekreist. Warum hat Peter sich das aufgeschrieben? Wozu braucht er die Pistole?

Diese zwei Fragen gehen mir die ganze Nacht nicht mehr aus dem Kopf.

Am nächsten Morgen habe ich einen Entschluss gefasst. Ich muss handeln, und dafür werde ich offiziell dabei bleiben, dass ich am späten Nachmittag schwimmen gehe. Mein tatsächlicher Plan sieht jedoch ganz anders aus.

Ich gehe zum Friseur. Beim Mittagessen staunt Peter nicht schlecht, denn ich trage die Haare kürzer, habe sie in einem hellen Braunton färben lassen.

»Gefällt dir die Frisur?«, fragt ich ihn.

Peter brummt nur, statt zu antworten. Was soll er auch sagen? Es ist Mechthilds aktuelle Frisur.

Klar gefällt sie dir, du Scheißkerl, aber du traust dich nicht, etwas zu sagen, denke ich. Als ich das Geschirr wegräume, verfluche ich mich für all die Jahre, die ich hier ausgehalten habe.

Nennen Sie mich paranoid, aber ich bin felsenfest davon überzeugt, dass Peter mich an diesem Abend umbringen will. Irgendwo in der Nähe des Schwimmbads.

Was fällt der blöden Schlampe nur ein? Was soll diese neue Frisur? Im ersten Moment hatte ich das Gefühl, Mechthild wäre in unserem Esszimmer aufgetaucht. Fast hätte ich mich am Schnitzel verschluckt. Aber diesmal blieb ich ruhig.

Soll sie sich doch die Haare färben wie sie will, es ist ja nicht mehr für lang.

Seit sechs Monaten werden in Bonn und Umgebung Frauen überfallen, die Opfer werden immer mit einer Waffe bedroht. Als ich das las, wusste ich, was ich tun musste. Mutter würde eine Scheidung nie billigen und sie besitzt immer noch den Laden, sie hängt an der Schlampe. Aber als Witwer kann ich tun und lassen, was ich will.

Ich habe Einweghandschuhe angezogen, das Auto weit genug entfernt geparkt. Meine Kegelbrüder werden auch diesmal wieder für mich lügen. Tuen sie ja immer. In den letzten Jahren haben sie mir gegenüber der Schlampe mehr als einmal ein Alibi verschafft. Zum Beispiel als ich mit Mechthild das Wochenende in Paris verbrachte, ich aber offiziell beim Kegelausflug im Sauerland war.

Nein, darüber muss ich mir keine Sorgen machen. Ich trage ein schwarzes Kapuzenshirt, kein Mensch wird mich erkennen. Ich werde einfach warten, bis die Schlampe aus dem Schwimmbad kommt, sich in ihr Auto setzt, und dann werde ich durch die Seitenscheibe schießen. Schießen, abhauen, Leiche identifizieren, trauernden Witwer spielen – fertig.

Verdammt!

Die Schlampe sitzt schon in ihrem Auto.

Egal – dann muss es eben schnell gehen. Ich schaue mich um, kein Mensch zu sehen, ich renne zum Auto, ziehe die Pistole, ziele kurz und drücke dann ab. Der Schuss ist unglaublich laut, ihr Kopf wird zur Seite geworfen, zerplatzt wie eine reife Melone im Laden. Ich drücke noch mal ab, nur so zur Sicherheit. Dann ist es vorbei: Frederike Sander ist tot.

*

Heute

»Guten Tag, Herr Sander, Jens Heckmann, Kripo Bonn, und das ist mein Kollege Arne Schmitz. Wir hätten da noch ein paar Fragen an Sie.«

Jens Heckmann sah, dass Peter Sander kurz zusammenzuckte. Gut so, dachte er, also hast du vielleicht doch ein schlechtes Gewissen.

»Klar, kommen Sie doch bitte herein«, Peter Sander führte die beiden Polizisten ins Wohnzimmer, »setzen Sie sich doch bitte. Gibt es etwas Neues?«

Jens Heckmann nickte und während er antwortete, achtete er genau auf Sanders Miene. »Also, das ist merkwürdig. Wir stecken da fest. Sie haben Ihre Gattin, Frederike Sander, einwandfrei identifiziert …«

»Selbstverständlich, was denn sonst?«

»Sehen Sie, da fängt unser Problem an. Es gibt von der Toten Fingerabdrücke in unserer Datenbank. Ein Drogenvergehen vor mehr als 20 Jahren. Nichts Aufregendes, aber trotzdem wurden damals die Fingerabdrücke erfasst.«

»Frederike? Drogen? Sie machen Witze!«

»Nein, Herr Sander«, Jens Heckmann schüttelte den Kopf, »ich rede nicht von Ihrer Frau, sondern von der Toten in unserer Gerichtsmedizin, und das ist, ohne jeden Zweifel, Mechthild Stöhrkamp.«

*

Zur gleichen Zeit – Gardasee/Italien

Habe ich Gewissensbisse, dass ich Mechthild überraschend abgeholt habe? Es kam auf die Uhrzeit an. Da musste ich sehr aufpassen. Aber ich habe es hinbekommen. Ich bat Mechthild zu fahren, weil ich vorher eine Tablette gegen Kopfschmerzen genommen hätte. Wir hielten auf dem hinteren Teil des Parkplatzes, ich erzählte ihr, dass ich gestern im Schwimmbad mein Handy vergessen hätte und es nur kurz abholen wolle, bevor wir weiter nach Neuwied zu dem neuen Japaner fahren würden.

Deshalb saß sie am Steuer, genau zur richtigen Zeit.

Aber Peter war ja blind, der sah nur das, was er sehen wollte, trug Scheuklappen vor lauter Mordlust.

Arme, dumme Mechthild!

Mit einem Leihwagen bin ich die Nacht durchgefahren. Einfach nur weg aus Bonn. Ich lehne mich zurück. Schön ist es hier am Gardasee. Hier werde ich erst mal bleiben. Mein Handy liegt vor mir auf dem Tisch. Ob ich der Polizei einen Tipp geben soll? Soll ich heute anrufen oder erst morgen? Vielleicht kommen sie ja auch selber darauf, dass Peter ein Mörder ist. Ich habe Zeit, Mord verjährt schließlich nicht. »Signore! Noch einen Espresso bitte!«

77 **»Pützchens Markt«**

»Pützchens Markt« ist ein Jahrmarkt, der jeweils am zweiten Wochenende im September stattfindet. Er zieht pro Jahr deutlich mehr als eine Million Besucher an.

Urkundlich erwähnt wird der Jahrmarkt bereits im Jahr 1367. Begonnen hat alles aber noch viel früher. Um das Jahr 1000 stieß die Äbtissin Adelheid von Vilich, der Legende nach, ihren Äbtissinenstab in den Boden und fand so eine Quelle. Quellen wurden mundartlich auch »Pützchen« genannt. Die fromme Äbtissin wurde nach ihrem Tod heiliggesprochen und es gab Wallfahrten zu ihrem Grab und der Quelle.

Nun mussten die Pilger auf einer Wallfahrt versorgt werden, und so gab es hier bald auch Wirtsleute und Gaukler. Kurz, im Umfeld der Wallfahrten entstand ein mittelalterlicher Markt. Und der war der Ursprung der großen Kirmes auf der rechtsrheinischen Seite.

Informationen zum aktuellen »Pützchens Markt« findet man unter www.freundeskreis-puetzchensmarkt.de

78 **Rheinschifffahrt**

Gleich drei Schifffahrtslinien bieten Fahrten auf dem Rhein an. Und das ist mehr als nur eine Fahrt von Punkt A nach Punkt B. Denn es gibt neben dem Linienverkehr natürlich auch Themenfahrten mit Gastronomie und Unterhaltungsprogramm an Bord, spezielle Partyfahrten und Touren rund um Events wie »Rhein in Flammen«.

Angeboten werden die Rheinfahrten von diesen Betreibern:
»Bonner Personen Schifffahrt« (www.b-p-s.de)
»Personenschifffahrt Siebengebirge« (www.siebengebirgslinie-bonn.de)
»Köln-Düsseldorfer Deutsche Rheinschifffahrt« (www.k-d.com)

79 **Adenauerhaus**

Es ist ein häufig gehörtes Gerücht, dass Bonn nur deshalb Bundeshauptstadt wurde, weil Konrad Adenauer in Rhöndorf wohnen wollte. Sicher, wer das Adenauer-Haus besucht und den Panoramablick über das Rheintal sieht, kann sich schon vorstellen, dass der damalige Bundeskanzler nur sehr ungern nach Frankfurt gezogen wäre, aber die Entscheidung für Bonn wurde schließlich demokratisch gefällt.
Das Haus in Rhöndorf ließ Adenauer in den 30er-Jahren für sich und seine Familie bauen, hier zogen die Adenauers 1937 ein. Nach dem Krieg und während seiner Kanzlerschaft blieb es für ihn Rückzugsort, war aber auch Schauplatz bundespolitischer Geschichte. Gleich zwei Mal empfing Adenauer den französischen Staatspräsidenten Charles de Gaulles in Rhöndorf.
Im Schlafzimmer des Hauses starb Konrad Adenauer am 19. April 1967. Zum Haus gehört auch der berühmte **Garten** (80), in dem die von Adenauer so geliebten Rosensträucher immer noch stehen.
Garten und Wohnhaus kann man besichtigen, das Ganze wird seit vielen Jahren von einer Bundesstiftung betreut. Informationen und Öffnungszeiten unter www.adenauerhaus.de

81 **Heimatmuseum Beuel**

Das Heimatmuseum wurde im Sommer 1986 in dem ältesten noch stehenden Fachwerkhaus Beuels (von 1707) eröffnet. In den Jahren danach wurden weitere Gebäude dazugekauft beziehungsweise alte Gebäude neu aufgebaut, sodass nach und nach ein ganzer Gebäudekomplex mit Fachwerkhaus, Scheune und Torhaus entstanden ist.

Im Heimatmuseum kann man die Stadtgeschichte von der Frühzeit bis in die 1970er-Jahre kennenlernen. Man bekommt unter anderem viele Einblicke in das Leben der Menschen um 1900. Übrigens, wer will, kann im Heimatmuseum auch heiraten, in der Scheune wurde von ein paar Jahren vom Bonner Standesamt ein Trauzimmer eingerichtet.

Informationen und Öffnungszeiten unter www.hgv-beuel.de

82 **Siebengebirgsmuseum**

Vieles, was ich in den »Freizeittipps ›Siebengebirge‹« angerissen habe, wird im Siebengebirgsmuseum Königswinter ausführlich präsentiert. Hier geht es um den Naturpark Siebengebirge, um die Ofenkaulen, und es werden Bilder der Rheinromantik vorgestellt. Nicht umsonst lautet das Motto des Museums »Landschaft – Geschichte – Rheinromantik«. Neben den Dauerausstellungen werden Führungen, Vorträge und Filmvorführungen angeboten.

Informationen unter www.siebengebirgsmuseem.de

83 **Löwenburg**

Die Löwenburg wird erstmals als »castrum Lewinberg« 1247 urkundlich erwähnt. Hoch über Bad Honnef lie-

gen die Reste der Burg, die Heinrich II., Graf von Sayn, errichten ließ. Nach etlichen Besitzerwechseln und Erbschaften kam die Burg schließlich im 15. Jahrhundert in den Besitz des Herzogtums Jülich-Berg. Ende des 16. Jahrhunderts verfiel die Burg mehr und mehr. Im 19. Jahrhundert wurden dann baufällige Teile der Ruine, darunter der Bergfried, abgetragen.
2013 fand man bei erneuten Sanierungsarbeiten und Ausgrabungen am Mauerwerk des ehemaligen Bergfrieds gut erhaltene Keramiken aus dem 14. Jahrhundert.

84 **Doppelkirche St. Maria und St. Clemens**
St. Maria und St. Clemens ist eine romanische Doppelkirche im Stadtteil Schwarzrheindorf, deren Anfänge im 12. Jahrhundert liegen. Der Kölner Erzbischof Arnold von Wied errichtete den Bau als seine Hauskapelle.
Doppelkirche heißt aber nicht, dass hier zwei Kirchengebäude nebeneinanderstehen. Vielmehr gibt es eine Oberkirche, in der der Erzbischof und sein Hofstaat die Messe feierten, und eine Unterkirche für das »gemeine Volk«. Beide Kirchenetagen waren mit zahlreichen Malereien ausgestaltet, die im Laufe der Jahrhunderte übermalt, aber zum Glück bei Restaurierungen in den 1990er-Jahren wieder freigelegt wurden.
Bei Bauarbeiten 1997 wurde übrigens der Steinsarg mit den sterblichen Überresten des Erzbischofs Arnold von Wied gefunden.

85 **Fischereimuseum**
Wenn man heute mit dem Rad oder zu Fuß an der Sieg entlangfährt beziehungsweise -läuft, mit Kanu oder Kajak den Fluss befährt, kann man sich nur schwer vor-

stellen, dass auf dem Wasser über Jahrhunderte hinweg Fischer gearbeitet haben. Es gab eine eigene Fischereibruderschaft, die sich strenge Regeln auferlegte, um zum einen den Fischfang zu organisieren und zum anderen den Mitgliedern und ihren Familien soziale Sicherheit zu bieten.

Im Fischereimuseum wird die Geschichte der Bruderschaft und die Arbeit der Fischer auf der Sieg präsentiert. Informationen und Öffnungszeiten unter www.fischereimuseum-bergheim-sieg.de

86 **Freizeitbad Insel Grafenwerth**

Das Freizeitbad auf der Insel Grafenwerth vor Bad Honnef gehört zu den Rennern in der Region. Insgesamt 30.000 Quadratmeter Liegeflächen zum Sonnen und eine Rutsche mit 52 Metern Länge werden hier geboten.

Im Jahr 2000 wurde das Schwimmbad modernisiert und umgebaut. Jedes Jahr kommen in der Freibadsaison bis zu 100.000 Gäste zum Schwimmen auf die Rheininsel.

Informationen und Öffnungszeiten unter www.service-badhonnef.de

BEETHOVEN-STADT BONN

Natürlich ist man in Bonn stolz darauf, der Geburtsort Ludwig van Beethovens zu sein. Der berühmte Komponist und Musiker wurde im Hinterhaus der Bonngasse 20 geboren. Beide Häuser gehören zu den wenigen Bürgerhäusern des 18. Jahrhunderts, die noch erhalten sind. Das Beethoven-Haus ist heute nicht nur Anziehungspunkt für Tausende Touristen, sondern auch Zentrum der internationalen Beethoven-Forschung.

Ludwig van Beethoven lebte bis zu seinem 22. Lebensjahr am Rhein, dann ging er nach Wien. Bonn aber ehrte den berühmten Sohn der Stadt nicht nur mit zwei Denkmälern, sondern unter anderem auch mit dem Beethovenfest, das bereits 1845 zum ersten Mal veranstaltet wurde.

Wer sich ein eigenes Bild davon machen will, wie und wo Beethoven seine Kindheit und Jugend verbracht hat, für den bietet die Bonn-Information einen Flyer mit einem Rundgang an.

Darüber hinaus gibt es natürlich auch Stadtführungen, in denen das Bonner Leben des Musikers im Mittelpunkt steht.

Ich habe mir für diese Geschichte ein weiteres Ermittlerduo ausgesucht, das schon in dem Buch »Wer mordet schon in der Eifel?« zum Einsatz kam. Das Thema »Diebstahl und Versicherung« passte einfach zu gut, da mussten noch einmal Carsten Weller und Sven Drohmke »ran«.

Stadtführerin Soledad Sichert brachte mich bei unserem Bonn-Rundgang auf die Idee, Beethovens Brief an die »unsterbliche Geliebte« einfließen zu lassen.

Mir scheint, es gibt unter Beethoven-Forschern einen wahren Glaubenskrieg darüber, welche Frau Beethoven in seinem dreiteiligen Liebesbrief aus dem Jahr 1812 gemeint haben könnte.

Ich habe mir erlaubt, kurz aus einem Teil der Briefe zu zitieren. Der Originalbrief wird in der Staatsbibliothek zu Berlin unter der Signatur »Mus.ep.autogr. Beethoven 127« aufbewahrt.

Wer sich für die Bonner Jahre des Musikgenies interessiert, erhält Informationen auf der Webseite des Beethoven-Hauses oder im:

Museumsbüro Beethoven-Haus
Bonngasse 20
53111 Bonn
Tel. 0228-9817525
www.beethoven-haus.de

AN DIE UNSTERBLICHE GELIEBTE

»Teplitz, 7. Juli 1812

Schon im Bette drängen sich die Ideen zu dir, meine unsterbliche Geliebte, hier und da freudig, dann wieder traurig, vom Schicksal abwartend, ob es uns erhört – leben kann ich entweder nur ganz mit dir oder gar nicht. Ja, ich habe beschlossen, in der Ferne so lange herumzuirren, bis ich in deine Arme fliegen kann …«

Der Bleistift kratzte auf dem Papier. Wie im Fieber schrieb er die Zeilen, die Wörter schienen ihm so klar, so und nicht anders musste er sein Verlangen nach ihr ausdrücken. Schon gestern hatte er morgens und abends einen Teil geschrieben, hatte rastlos den Tag dazwischen verbracht.

Sollte er auch diesen letzten Teil nur wieder mit »Dein treuer Ludwig« unterschreiben? Nein, das reichte nicht, nichts reichte.

»Verkenne nie das treuste Herz deines Geliebten L.« Für einen Herzschlag zögerte er, las die letzten Sätze. Etwas fehlte, sein Begehren, das er schon beim Aufwachen gespürt hatte. Er lächelte, dann setzte er darunter: *»Ewig dein, ewig mein, ewig uns.«*

Es war geschrieben, was geschrieben werden musste. Aber durfte dieser Brief auch verschickt werden? Wem würde er nutzen? Nun, darüber galt es nachzudenken. Er faltete das Papier sorgfältig, strich liebevoll über die Falz und legte dann alles in die kleine Seitenschublade seines Reisesekretärs.

Ewig dein, ewig mein, ewig uns. Einzelne Töne formten

sich in seinem Geist zu einer Melodie, nahmen Gestalt an. Ja, das war etwas, das er ausdrücken konnte. Besser als mit hastig hingekritzelten Sätzen voller Sehnsucht.

Oh, Antonie. Er würde sie vielleicht nie wiedersehen, auch wenn er es gerade noch anders beschworen hatte. Nie würde die Welt von seiner unsterblichen Geliebten erfahren.

*

Genau 204 Jahre später am Bonner Rheinufer

17 Jahre lang der gleiche Weg. Der gleiche Weg, die gleiche Uhrzeit: Pünktlich um 8:30 Uhr erreichte Anneliese Notstetten zusammen mit Frauke den Fußweg am Rheinufer. Konnte man die Uhr nach stellen, aber das tat natürlich keine Sau. Niemand interessierte sich für ihren Tagesablauf, egal wie penibel sie ihn einhielt. Hatte sie sich ausgesucht, mit 55 in Rente zu gehen? Nein, natürlich nicht. Anneliese stampfte mit energischen Schritten den Uferweg in Richtung Kennedybrücke entlang. Schlendern konnten die anderen, sie war nur wegen Frauke hier, und natürlich weil sie jeden Tag hier war – so viel Ordnung musste sein. Sie parkte den Wagen immer an der **Beethovenhalle**, umrundete einmal die **Beethoven-Büste** und ging dann zum Rhein runter. Frauke dagegen war launenhaft und unzuverlässig, ständig schnupperte sie an einem neuen Baum, zerrte an der Leine, um zu einer weiteren Parkbank zu kommen.

Anneliese Notstetten mochte eigentlich keine Hunde. Aber sie hatte Frauke von den Kollegen im Amt geschenkt bekommen und da musste sie sich eben arrangieren, Spaziergang um halb neun inklusive. Ein Spaziergang, der pünktlich begann und auf der Stelle beendet wurde, sobald Frauke … na ja, eben das, was Möpse so tun.

Mit einem Mal interessierte sich Frauke aber weder für die Bäume, die sie sonst immer anstrebte, noch für eine Parkbank. Plötzlich bellte sie wie wild, was bei ihr aber mehr wie ein asthmatisches Röcheln klang, und stürmte dann vorwärts. Beinah erwürgte sie sich dabei selbst, weil sie die automatische Hundeleine bis zum Anschlag ausreizte.

»Frauke! Platz! Frauke, du blöder Köter, willst du wohl aufhören an der Leine zu ziehen.«

Anneliese Notstetten dachte ernsthaft darüber nach, ab Morgen einen neuen Weg zu nehmen, als sie mit einem Schlag Frauke, den Ärger und überhaupt alles vergaß, woran sie gerade noch gedacht hatte.

Vor ihr trieb im Wasser ein großer, lebloser Körper. Ein Toter, da gab es keine Zweifel für Anneliese. Groß, massig, mit einem dunklen, langen, an einen Umhang erinnernden Mantel. Anneliese band die wild röchelnde Frauke an einem Strauch notdürftig fest. Dann kniete sie sich ans Rheinufer, streckte den Arm aus und zog den Körper zu sich heran. Sie war für ihre 72 Jahre gut in Form, große Säcke Blumenerde stemmte sie in ihrem kleinen Garten noch mit Leichtigkeit hoch. Es gelang ihr, den Mann mit einem kräftigen Ruck halb aus dem Wasser ans Ufer zu ziehen. Sie drehte ihn um. Das Gesicht war füllig, die Nase fleischig, die vollen Haare bildeten einen wirren Wuschelkopf. Anneliese Notstetten schnappte überrascht nach Luft. Kein Zweifel, wen sie da gerade aus dem Wasser gezogen hatte. »Gute Güte, Frauke, die haben den Beethoven ersäuft. Wenn ich das den Mädels bei der Rommé-Runde erzähle, das glaubt mir niemand.«

»Das glaubt dir doch niemand.«

»Aber, wenn ich es dir doch sage, Carsten, der Tote im Rhein hatte sich als Ludwig van Beethoven verkleidet,

Wuschelmähne, angeklebte Nase, Kleidung – alles perfekt. Es war, als wäre das **Beethoven-Denkmal** auf dem Münsterplatz lebendig geworden. Und die Polizei rätselt immer noch, warum der Tote sich verkleidet hat.«

Sven Drohmke überholte schnell einen Lastwagen, als die B 9 vor ihm wieder vierspurig wurde. Seit einem halben Jahr saß er am Steuer, wenn er zusammen mit seinem Kollegen Carsten Weller unterwegs war. Carsten fuhr – Sven fiel auf die Schnelle kein passender Vergleich ein – eben … sportlich, sehr, sehr sportlich. Dieses Mir-wird-gleich-speiübel-Sportlich. Ja, das traf es, dachte er zufrieden. Und weil er regelmäßig mit grünlichem Teint nach einer Fahrt mit Carsten am Lenkrad ausgestiegen war, hatte er darauf bestanden, selbst zu fahren.

Carsten Weller schüttelte ungläubig den Kopf. »Was für eine bekloppte Idee, sich zuerst als Beethoven zu verkleiden, um dann ins Wasser zu gehen.«

»Nein, nein, in diesem Punkt ist die Polizei schon sicher: Der Tote hat einen heftigen Schlag an den Kopf bekommen und dann ist er in den Rhein gestoßen worden.«

»Junge, Junge, da herrschen ja raue Sitten unter den Klassikfans«, murmelte Carsten mehr zu sich selbst, bevor er laut fragte: »Und weiß man schon, wer der Tote ist?«

Sven nickte, während er gleichzeitig stark bremste.

Carsten stöhnte auf. »Komm schon, Sven, jetzt übertreib es nicht. Ich meine, wie frei soll vor uns denn die Straße sein, damit du mal aus dem Quark kommst?«

»Godesberger Tunnel, mein Lieber, Tempo 50 und zwei fest installierte Blitzer.«

»Scheiße, hab ich glatt vergessen«, räumte Carsten zerknirscht ein, »also okay, während wir hier unter Tage entlangzockeln noch mal die Frage: Weiß man schon, wer der Tote ist?«

»Aber klar: Carl-Gustav Graf von Fresenheim, Musikwissenschaftler, Historiker und Beethoven-Koryphäe.«

»Du verarschst mich jetzt, Alter. Du meinst, da gibt es einen anerkannten Beethoven-Experten, der sich als Ludwig van Beethoven verkleidet und sich dann die Rübe einschlagen lässt?«

»Hab ich mir so nicht ausgedacht, kannst du mir glauben. Wir sind nur gebeten worden, das Sicherheitskonzept des **Beethoven-Hauses** zu überprüfen. Unsere Versicherung müsste ganz schön zahlen, wenn da etwas wegkommt. Dieser Graf von Fresenheim hat in den letzten sechs Wochen in Bonn geforscht. Und da macht man sich natürlich nach seiner Ermordung Gedanken.«

*

Drei Stunden später …

»Die müssen sich wirklich keine Gedanken machen. Der Mord ist ja eine Sache, aber die Sicherheitsvorkehrungen und die Alarmanlage sind top, da gibt es nichts dran zu rütteln.«

Sven und Carsten standen im Hof des Beethovenhauses und schauten sich um.

»Sieh mal.« Carsten deutete auf eine große, grün gestrichene Pumpe, die an ein großes Uhrenpendel erinnerte. »Die Beethovens mussten nicht mal am Marktplatz ihr Trinkwasser holen, sondern hatten einen eigenen Brunnen vor der Haustür. Nicht schlecht, war damals bestimmt ein ziemlicher Luxus. He, Sven, hörst du mir überhaupt zu?«

Sven war von Carsten unbemerkt ein paar Schritte zurückgeblieben und stand vor einem kleinen Schild, runzelte die Stirn, zückte sein Handy und machte offenbar ein Foto.

Sekunden später grinste er. »Ach, das ist ja cool. Komm

doch mal her, Carsten. Stell dich hier neben mich. Und lächeln bitte!«

Auf das Schild war ein QR-Code gedruckt. Sven scannte den QR-Code ein und Sekunden später tauchte auf seinem Handydisplay ein Foto auf, das ihn und Carsten zeigte. »Eine Webkamera, deren aktuelles Foto man über diesen Link anfordern kann. Cool, oder?«

Carsten schaute sich um und fand die Kamera an der Hauswand des Vorderhauses. »Den Touristen gefällt es bestimmt.«

»Ah, die Herren haben unsere Kamera schon für sich entdeckt.« Über den Hof kam eine Frau auf sie zu. Mittelgroß, nicht gerade schlank, im dunklen Kostüm mit hellblauer Bluse. Die braunen Haare fielen ihr bis auf die Schultern. Ihr Alter war schwer zu schätzen, irgendwo zwischen 40 und 50, vermutete Sven im Stillen.

»Bettina Graben, ich arbeite im Museumsbüro und wurde gebeten, mich um Sie zu kümmern. Sie sind also Versicherungsvertreter?«

Carsten und Sven schüttelten beinah gleichzeitig den Kopf. Diese Frage wurde ihnen fast immer gestellt, wenn sie sich mit jemandem trafen.

»Guten Tag, schön, Sie kennenzulernen, Frau Graben, mein Name ist Carsten Weller und das ist mein Kollege Sven Drohmke. Nein, wir sind keine Versicherungsvertreter, das sind die Kolleginnen und Kollegen, die sich um das Neugeschäft und die Kundenbetreuung kümmern.«

»Wir arbeiten als Ermittler«, ergänzte Sven seinen Kollegen, »zum Beispiel, wenn es einen Diebstahl gab …«

»Aber es ist doch hoffentlich nichts gestohlen worden? Du meine Güte, davon weiß ich ja noch gar nichts.«

»Nein, da können Sie unbesorgt sein, wir sind nur beauftragt worden, die Sicherheitsinstallationen zu prüfen. Aber es ist alles in bester Ordnung«, beruhigte Sven die Museumsmitarbeiterin.

In diesem Moment stürzte ein junger Mann aus der Tür des Hinterhauses. »Frau Graben, Frau Graben, kommen Sie schnell.«

»Aber Thorsten, was ist denn? Das ist Thorsten, einer meiner wissenschaftlichen Assistenten«, erklärte sie den Ermittlern.

»Die Masken. Sie sind beide verschwunden.«

Bettina Graben starrte ihren Mitarbeiter ungläubig an. Mit dem Verstehen, was er da behauptete, kam gleichzeitig der Schrecken. »Sie meinen … mein Gott, das kann doch nicht sein.«

Sie schlug sich die Hand vor den Mund.

Carsten und Sven reagierten sofort.

»Meinen Sie die Toten- und die Lebendmaske oben im zweiten Stock vor dem Geburtszimmer?«, fragte Carsten, der schon zweimal im Beethoven-Haus gewesen war.

»Ja, genau die. Und die sind weg, einfach verschwunden, die Vitrinen sind leer, aber nicht aufgebrochen.«

»Dann mal los.« Sven war schon auf dem Weg zur Eingangstür. Doch dann drehte er sich noch einmal um. »Frau Graben, Sie sollten die Polizei informieren. Mein Kollege und ich schauen uns oben um.«

Das Erste, was Sven und Carsten im zweiten Stock sahen, war ein älterer Mann mit grauem Haarkranz, Halbglatze, einem buschigen Schnurrbart und einer runden Nickelbrille, der auf allen vieren auf dem Boden herumrutschte.

»Nein, Fußspuren gibt es hier offenbar nicht, Fußspuren also nicht. Hmm, überaus merkwürdig, in der Tat«, verkündete er laut, obwohl er ganz allein im Raum war. Carsten ging auf den Mann zu, sein Kollege folgte ihm.

»Aufgepasst, die Deckenbalken!«

Carsten duckte sich noch rechtzeitig, aber für Sven kam die Warnung zu spät. Er stieß sich den Kopf an einem der weißen Deckenbalken.

»Autsch, verdammt! Ahh, so ein Dreck.«

»Hast du dir sehr wehgetan?«

»Nee, geht schon«, Sven rieb sich mit der Hand die schmerzende Stelle am Kopf. »Gab es nur Zwerge bei den Beethovens oder was?«

»Nun ja, das sicher nicht gerade. Aber im Gegensatz zu Ihnen beiden, die Sie ja gut 1,90 Meter groß sind, lag im 17. und 18. Jahrhundert die Durchschnittsgröße eines erwachsenen Mannes bei 1,67 Metern. Frauen kamen sogar nur auf 1,55 Meter. Interessant dabei sind die Ergebnisse verschiedener Kollegen, die mit ihren Forschungen belegen, dass im 11. und 12. Jahrhundert die Herren der Schöpfung noch gut sieben Zentimeter größer waren. Das heißt, aufgrund schlechterer Lebensbedingungen haben die Menschen an Länge verloren. Jawohl, verloren. Ich will hier nicht von Größe sprechen, das wäre ungerecht gegenüber den geistigen und musikalischen Genies der nachfolgenden Jahrhunderte.«

Der Mann stand auf, groß war er nicht. Er klopfte sich den nicht vorhandenen Staub von den Knien. Sein Tweed-Sakko spannte sich über einem runden Kugelbauch.

»Verzeihung, ich habe mich noch gar nicht vorgestellt, wie unhöflich von mir. Sebastian Zwedelstein, genauer gesagt, Professor Dr. Sebastian Zwedelstein, aber darauf kommt es angesichts dieser Tragödie hier ja nun wirklich nicht an.«

Beim Wort »Tragödie« zeigte Zwedelstein auf zwei Glasvitrinen, die auf den ersten Blick unbeschädigt aussahen und dabei vollkommen leer waren.

»Schön, Sie kennenzulernen, Herr Professor«, antwortete Sven.

Carsten sah seinem Freund und Kollegen an, dass der nur mühsam ein Grinsen unterdrücken konnte.

»Mein Name ist Sven Drohmke und das ist mein Kollege Carsten Weller. Wir arbeiten beide für die Versicherung des Beethoven-Hauses und haben heute die Sicherheitskonzepte überprüft.«

»Nun, Herr Drohmke und Herr Weller, es ist mir eine Freude, mit Ihnen zusammenzuarbeiten, auch wenn ich sagen muss, dass mich Ihre bisherige Tätigkeit nicht sonderlich überzeugt.«

»Wie bitte?«, fragte Carsten ungläubig.

»Nun, wie es scheint, sind hier zwei wertvolle Artefakte entwendet worden, und das spricht nun weiß Gott nicht für das einwandfreie Funktionieren des Sicherheitskonzeptes, das Sie eben erst überprüft haben, nicht wahr?«

Jedes Anzeichen von guter Laune verschwand schlagartig aus Svens Gesicht. »Angesichts der Tatsache, dass kein Alarm ausgelöst worden ist, aber die Alarmanlage einwandfrei funktioniert, kann es sich hier nur um einen Insider handeln, der in der Lage ist, die bestehenden Systeme zu umgehen. Sind Sie ein solcher Insider, Herr Professor?«

Professor Zwedelstein fuchtelte empört mit beiden Händen in der Luft herum. »Aber meine Herren, ich muss doch bitten, was ist das denn für eine Unterstellung!«

»Keine Unterstellung, Herr Professor, lediglich eine Frage. Eine Frage, die wir jedem stellen werden, der sich in der letzten Zeit hier im Haus aufgehalten hat.«

»So, gut, na ja, das will ich einmal gelten lassen, junger Mann. Ich habe im Archiv geforscht, schließlich muss ich bis zum **Beethovenfest** im September meine neue Abhandlung über die Familie Beethoven fertiggestellt haben.«

»Noch ein Beethoven-Experte, da muss irgendwo ein Nest sein«, murmelte Carsten, bevor er laut fragte: »Und was machen Sie dann hier oben vor den leeren Vitrinen auf den Knien?«

»Nun, ich wollte kurz eines der Konversationshefte ansehen, mit denen sich der Meister wegen seiner zunehmenden Taubheit verständigte, da kam Thorsten sehr aufgeregt zu mir. Während er nach unten rannte, wollte ich mir rasch selber ein Bild von dem Desaster machen. Aber Sie können im Archiv jeden fragen, ich bin erst seit gut zehn Minuten hier oben im Gebäude.«

»Wir werden das tatsächlich überprüfen müssen, Herr Professor, auch wenn wir davon überzeugt sind, dass das alles seine Richtigkeit hat.«

Professor Zwedelstein nickte zufrieden. »Wenn die Herren mich dann entschuldigen würden, die Arbeit ruft.«

»Ach, Herr Professor, eine Frage noch.«

Zwedelstein drehte sich um.

»Sagt Ihnen der Name Carl-Gustav Graf von Fresenheim etwas?«

Professor Zwedelstein verzog ärgerlich das Gesicht. »Natürlich, natürlich, scheußliche Sache. Und … nun, Sie werden es ja früher oder später sowieso erfahren, er gehörte nicht zu meinen Freunden. Man könnte sogar sagen, auf unserem wissenschaftlichen Gebiet gab es den einen oder anderen Disput zwischen uns. Allerdings nur, weil sich Fresenheim beharrlich an seine alberne These klammerte. Bodenloser Unfug, seit Jahren wiederlegt, aber er ließ sich einfach nicht beirren. Wenn Sie mich jetzt bitte entschuldigen würden, ich habe noch eine Verabredung. Ich soll mir ein paar Unterlagen aus dem Tresorraum im **Kammermusiksaal** ansehen.«

Nachdem Zwedelstein gegangen war, untersuchten Carsten und Sven die Vitrinen, fanden aber nichts.

»Das ist doch verrückt, vor allem aber ergibt das alles keinen Sinn«, sagte Carsten.

»So viel Sinn es eben ergibt, etwas Wertvolles zu stehlen«, erwiderte Sven.

»Zum Wert kann ich nichts sagen, aber es sind ja Reproduktionen, die hier ausgestellt wurden.«

»Stimmt, das steht hier auf dem Schild.« Sven kratzte sich nachdenklich am Kopf. »Ich glaube, wir sollten uns noch einmal mit Thorsten unterhalten. Außerdem wird hier sicher bald die Polizei auftauchen, denen stehen wir dann nur im Weg.«

Sven und Carsten fragten unten an der Kasse nach Thorsten und erhielten die Auskunft, dass er zur **St.-Remigius-Kirche** gegangen sei. Die beiden ließen sich den Weg beschreiben und betraten wenige Minuten später das Gotteshaus. Thorsten kniete im vorderen Teil der Kirche hinter einer Absperrung und fotografierte die kunstvolle Abdeckung eines **Taufbeckens**.

Als die beiden Ermittler näher kamen, schaute er hoch und lächelte sie an. »Uns fehlen für einen Flyer noch Fotos, ich konnte leider nicht mehr warten, bis Sie oben fertig waren.«

»Kein Problem, wir haben Sie ja gefunden«, sagte Carsten. »Warum brauchen Sie Fotos von dem Taufbecken hier?«

»Die Kirche gehörte den Minderen Brüdern, einem Teil des Franziskanerordens. Das hier ist das Taufbecken, in dem Beethoven am 17. Dezember 1770 getauft wurde«, erklärte Thorsten und klopfte dann vorsichtig mit dem Fingerknöchel gegen die kunstvoll verzierte Abdeckung. »Sieht aus wie Metall, nicht wahr? Ist aber tatsächlich nur aus Holz. Eine Kollegin will davon eine Nahaufnahme.«

»Hat in dieser Kirche nicht der junge Beethoven Orgel gespielt?«, fragte Sven interessiert.

»Ja, ganz genau, bereits als Zehnjähriger hat er hier regelmäßig an der Orgel gesessen, das Instrument wurde leider im Zweiten Weltkrieg zerstört, aber den weißen Spieltisch, den können Sie im Beethoven-Haus sehen, der wurde bereits 1904 nach Umbauarbeiten dem Haus übergeben.«

»Schssch!«, tönte es aus einer Kirchenbank.

Thorsten hatte in seiner Begeisterung laut geantwortet, Sven und Carsten bemerkten die ersten missbilligenden Blicke anderer Kirchenbesucher.

»Wir hätten noch ein paar Fragen, können wir uns kurz unterhalten, vielleicht irgendwo, wo wir niemanden stören?«, fragte Sven leise.

»Na klar, kommen Sie mit.«

Thorsten führte sie zurück zum Hauptportal, wandte sich dann aber nach links und öffnete eine Seitentür.

»Der ehemalige **Kreuzgang des Klosters**«, erklärte er und zeigte dann auf die hohen bleiverglasten Fenster, hinter denen eine Rasenfläche grün schimmerte, »und der Innenhof. Hier stören wir keinen. Manchmal komme ich einfach nur her, um ein bisschen Ruhe zu haben, wenn es drüben zu hektisch wird. Schießen Sie los, was wollen Sie wissen?«

»Zunächst einmal interessiert uns der Ablauf. Sie haben also die leeren Vitrinen bemerkt und dann Professor Zwedelstein informiert, bevor Sie in den Hof kamen.«

»Nee, andersrum. Ich war gerade im ersten Stock, als der Professor herunterkam, ganz aufgeregt wegen der Masken. Er meinte, ich solle sofort im Büro Bescheid sagen.«

»Dann hat also Professor Zwedelstein den Diebstahl bemerkt, der kurz vorher erfolgt sein muss«, stellte Sven fest, während sich Carsten erste Notizen machte.

»Auf jeden Fall war der Professor außer sich. Ich glaube auch, dass zu diesem Zeitpunkt oben sonst keiner war. Aber es kann ebenso gut sein, dass die Masken viel früher gestohlen wurden.«

»Wie denn das?«

»Na ja, ist nur so ein Gedanke, aber die meisten Besucher würden es ja wohl gar nicht bemerken, wenn wir ein Exponat entfernen. Allenfalls die Stammbesucher, aber es könnte schließlich sein, dass wir Exponate umräumen oder säubern. Da wäre dann eine leere einzelne Vitrine nicht außergewöhnlich.«

»Okay, das ist ein Argument. Aber Professor Zwedelstein hat darüber gar nicht nachgedacht, sondern gleich jemanden vom Haus verständigt.«

»Ganz genau, und ich wusste ja, dass im Moment überhaupt keine Umräumarbeiten laufen. Also, im Prinzip können die Masken auch schon in der Nacht gestohlen worden sein. Wir gehen ja, wenn wir öffnen, nicht rum und prüfen jedes einzelne Exponat«, bestätigte Thorsten.

»Mhmm«, brummte Carsten, »zwei Fragen hätte ich noch. Der Professor sprach gerade kurz einen Tresorraum an …«

»Sie meinen sicher den Tresor im Kammermusiksaal.«

»Ja, genau, was ist das für ein Tresor?«

»Ach, der. Als Ende der 80er-Jahre der Kammermusiksaal gebaut wurde, hat man dort auch einen Tresorraum für die wertvollen Exponate eingebaut. Bei uns erzählt man sich, dass der Architekt das Ganze bewusst unter der Bühne eingeplant hat, damit sozusagen der Geist Beethovens die Musiker auf der Bühne darüber inspiriert.«

»Im Ernst jetzt?«, fragte Sven grinsend.

»Denk ich mir nicht aus«, gab Thorsten zurück, »und Ihre zweite Frage?«

»Eigentlich sind es sogar drei Fragen. Frage Nummer 2: Gab es Rivalität zwischen Professor Zwedelstein und Graf von Fresenheim?«

»Aber holla, die haben sich bis aufs Blut gehasst. Der ordentliche Professor und der Graf ohne akademischen Titel, aber mit irgendeiner entfernten Kusine Beethovens im Familienstammbaum. Ich habe schon zweimal erlebt, wie die aufeinandergetroffen sind. Das erste Mal bei einer Podiumsdiskussion in Berlin. Da mussten zum Schluss sogar die Saalordner dazwischengehen, sonst hätten sich die beiden auf offener Bühne geprügelt. Ich glaube, beide haben bedauert, dass die hübsche Tradition eines Duells bei Morgengrauen aus der Mode gekommen ist. Das zweite Mal haben sie sich vor zwei Wochen getroffen: Da herrschte absolute Eiszeit, ein kurzes Nicken, ein gemurmelter Gruß, die haben sich mit dem Arsch nicht angeschaut.«

»Und wissen Sie auch, woher diese Abneigung kam?«

»Klar, das weiß doch jeder, der mit Beethoven zu tun hat. Es geht um die Identität der ›unsterblichen Geliebten‹, da gehen ja die Meinungen und Forschungen weit auseinander.« Thorsten sah, dass die beiden Ermittler nicht verstanden, wovon er sprach. Er schaute kurz auf seine Armbanduhr. »Okay, ich muss jetzt gleich echt wieder los, sonst bekomme ich Stress im Museumsbüro. Also im Schnelldurchlauf: Im Nachlass von Beethoven fand man einen dreiteiligen Liebesbrief. Heute weiß man, dass er im Juli 1812 geschrieben worden ist, Beethoven versichert darin seiner ›unsterblichen Geliebten‹, dass er auf sie warten wird, auch wenn sie jetzt noch nicht zusammenkommen können. Niemand weiß, wen Beethoven damit eigentlich meinte.«

»Und wer das sein könnte, darüber streiten jetzt die Beethoven-Forscher?«

»Genau – wer ist die unsterbliche Geliebte? Das ist die Jackpot-Frage, und zwar schon seit mehr als 150 Jahren. Graf von Fresenheim vertrat die Meinung, es sei Bettina von Arnim, geborene Brentano gewesen. Aber mit der Meinung stand er ziemlich allein da, weil viele glauben, dass die Hauptbeweise für diese These Fälschungen sind. Professor Zwedelstein gehört zur Fraktion, die sich auf Antonie Brentano, die Schwägerin von Bettina von Arnim, festgelegt hat. Zwedelstein war einer der ersten Beethoven-Forscher, die Anfang der 70er-Jahre diese These aufstellten.«

»Das alles kann aber doch nicht wirklich dazu führen, dass erwachsene Männer bei einer Podiumsdiskussion aufeinander losgehen?«

»Na ja, hier geht es natürlich um Reputation, Zuwendungen, Fördergelder, aber Sie haben schon recht, in meinen Augen ist das ein Treppenwitz der Musikgeschichte. Da schreibt ein erwachsener Mann einen glühenden Liebesbrief und entscheidet sich dann, ihn nicht abzuschicken. Aber 200 Jahre später beschäftigen sich Forscher immer noch damit. So, jetzt muss ich aber wirklich.«

»Dann lassen Sie uns doch zusammen rausgehen, denn meine dritte Frage ist ganz einfach: Wo können wir jetzt noch ein spätes Mittagessen bekommen?«

Thorsten grinste. »Auf dem Marktplatz ist ein Currywurst-Stand, aber wenn Sie sozusagen im Thema bleiben wollen, gehen Sie hier und die Ecke in Richtung Rathaus. Links ist die Gastwirtschaft ›**Em Höttche**‹, da hat bereits Beethoven mit seiner Jugendliebe ›Barbe‹ getanzt. Oder Sie gehen mit mir zurück in die Bonngasse. Im ›**Stiefel**‹ hat schon Ludwigs Vater gern einen Becher zu viel getrunken. Da gibt es abends sogar Beethoven-Darsteller für die Gäste.«

Carsten und Sven entschieden sich schließlich für die Gastwirtschaft auf dem Marktplatz. Nach dem Mittagessen schlenderten sie durch die Bonner Innenstadt Richtung Münsterplatz, als Svens Handy klingelte.

»Drohmke hier. Ja. Natürlich können wir bleiben. Ja. Also gut. Wir melden uns.«

»Und wer war's?«, fragte Carsten, »nein, sag nichts, ich weiß schon. Unsere Chefin hat von dem Diebstahl erfahren, sie macht sich Sorgen um das Ansehen der Versicherung, wir sollen vor Ort bleiben und ermitteln. Wenn wir dabei auch noch einen Mord aufklären, hätte sie auch nichts dagegen, das steigert nur das Ansehen des Unternehmens. Aber – ganz wichtig – alles bitte so schnell wie möglich, um die Spesenrechnung niedrig zu halten.«

Sven grinste seinen Freund an. »So in etwa könnte man das Ganze zusammenfassen, nur die Sache mit den Spesen hat sie nicht angesprochen, das erwartet sie einfach von Spitzenleuten wie uns. Aber mal ehrlich, das haben wir doch erwartet. Nicht den Diebstahl, aber sobald es eine Unregelmäßigkeit gegeben hätte, wären wir sowieso nicht nach Hause gekommen. Schließlich hast du doch auch eine Reisetasche mitgenommen.«

»Aber das heißt ja nicht, dass meine schlimmsten Befürchtungen auch eintreffen müssen – oder?«

»Geschenkt! Komm, wir holen uns einen Kaffee, den brauche ich jetzt, und dann fangen wir an, unser Gehalt zu verdienen.«

»Also, ich wüsste gern, warum Zwedelstein im zweiten Stock war. Und wo man in Bonn die Requisiten für eine ordentliche Beethoven-Verkleidung herbekommen kann.« Carsten trank den Rest Kaffee aus und warf den Pappbecher in einen Abfalleimer.

»Vielleicht fragen wir mal im ›Stiefel‹ nach, da soll es doch ab und zu Beethoven-Darsteller geben.«

Zehn Minuten später wussten die beiden, dass man außer einer Perücke und einer falschen Nase, zusammen mit einem schmollenden Gesichtsausdruck, nicht viel brauchte, um als Ludwig van Beethoven durchzugehen. Konkrete Hinweise darauf, dass Graf von Fresenheim sich in der Traditionswirtschaft das nötige Rüstzeug besorgt haben könnte, gab es jedoch nicht.

»Na ja, wäre auch zu einfach gewesen. Aber wir sind ja hier im Rheinland und da ist die fünfte Jahreszeit praktisch nie ganz zu Ende. Ich wette mit dir, dass es zwischen Bonn und Düsseldorf so manchen Kostümverleih gibt, der auch außerhalb der Karnevalssaison geöffnet hat«, erklärte Carsten, während sie zum Beethoven-Haus zurückgingen.

Sven nickte zustimmend. »Wir sollten auf jeden Fall noch überlegen, wo wir heute Nacht schlafen wollen. Carsten? Hörst du mir überhaupt zu?«

Doch Carsten Weller stand grinsend vor dem Beethoven-Haus und zeigte auf die Steintafel an der Hauswand.

»Lies mal!«

»In diesem Haus wurde Ludwig van Beethoven geboren. Am 17. Dezember 1770.« Sven musste jetzt auch lächeln. »Ist mir nie aufgefallen. Zwei Sätze, zwei Irrtümer. Der kleine Ludwig ist schließlich im Hinterhaus zur Welt gekommen und der 17. Dezember ist das Taufdatum, das Geburtsdatum kennt doch keiner. Junge, Junge, alles nur Schall und Rauch.«

»Schall und Rauch.« Carsten klopfte seinem Kollegen auf die Schulter. »Mensch, Sven, da könntest du mehr recht haben, als du denkst. Komm, wir müssen noch schnell etwas überprüfen.«

Dieses »Schnell etwas überprüfen« dauerte schließlich zwei Stunden, aber dann wussten Carsten und Sven, was sie zu tun hatten.

Professor Dr. Sebastian Zwedelstein, international anerkannter Musikwissenschaftler und einer der wenigen großen

Beethoven-Experten in Deutschland, war zufrieden. Zufrieden damit, wie der Tag verlaufen war, zufrieden mit dem Ergebnis seiner sorgfältig durchdachten Arbeit. Jetzt freute er sich auf einen Abend mit Beethoven, nicht nur mit der Musik des Meisters, sondern sozusagen mit ihm persönlich. Wie lange hatte er auf diesen Abend gewartet. Zwedelstein öffnete mit der Schlüsselkarte seine Hotelsuite und schaltete das Licht ein. Als er den Wohnraum betrat, stieß er vor Überraschung einen kurzen Schrei aus.

»Aahh! Himmel, haben Sie mich erschreckt. Was in aller Welt haben Sie hier in meinem Zimmer zu suchen?«

Sven saß entspannt in einem der Ledersessel der Suite und lächelte grimmig. »Wenn ich ehrlich sein soll, war es die Bemerkung meines Kollegen Weller, die mich darauf brachte, noch einmal hier bei Ihnen vorbeizuschauen.«

»Aber kann das denn nicht bis morgen warten? Überhaupt, wie sind Sie hier hereingekommen?«

»Mit einer neuen Schlüsselkarte des Hotels. Der Geschäftsführer ist sehr zuvorkommend. Gerade wenn es um Diebstahl und Totschlag geht.«

»Ich … ich weiß nicht, wovon Sie reden.«

»Dann schauen Sie doch einmal kurz raus. Da auf dem Balkon steht mein Kollege Weller.«

Zwedelstein schaute raus, draußen auf dem Balkon brannte Licht. So konnte er genau sehen, dass Carsten Weller eine helle Maske in der Hand hielt. Nein, er hielt sie nicht nur in der Hand, er hielt sie mit ausgestrecktem Arm über die Balkonbrüstung.

»Sind Sie wahnsinnig«, schrie Zwedelstein und seine Stimme überschlug sich vor lauter Aufregung.

»Einen Schritt näher und mein nervöser Kollege lässt die Maske fallen, was ein unschätzbarer Verlust wäre«, drohte Sven ungerührt, »andererseits, nachdem Sie den wohl ältesten Abguss der Lebendmaske und einen sehr alten Abguss der Totenmaske gestohlen haben, würde sowieso kein Mensch mehr die wertvollen Stücke zu sehen bekommen. Lass fallen, Carsten!«

»Joh, geht klar, ich hab ja noch die andere«, tönte es von draußen.

»Gott, nein, bitte. Nur nicht das!«

»Dann setzen Sie sich und fangen an zu reden.«

Zwedelstein sank in einem Sessel zusammen und seine Hände begannen zu zittern. »Ich … ich weiß nicht, wo ich anfangen soll.«

»Dann lassen Sie mich mit den einfachen Punkten den Anfang machen«, begann Sven. »Sie haben gestern Nacht einen Einbruch begangen. Sie haben sich den Alarmcode im Museumsbüro besorgt, einen Schlüssel für die Tür des Hinterhauses entwendet, um in der Ausstellung die beiden Abgüsse zu stehlen. Warum? Weil Sie sie brauchten, um sie heute Mittag mit den wirklich wertvollen Stücken im Tresorraum zu vertauschen. Die liegen im Tresorraum, damit sie keinen Erschütterungen ausgesetzt sind. Ein Täuschungsmanöver, das wahrscheinlich sehr, sehr lange nicht aufgefallen wäre. Und um das alles möglichst sauber über die Bühne zu bekommen, haben Sie den Diebstahl auch selber entdeckt. Muss ein ziemlicher Schock gewesen sein, als Sie hörten, dass zwei Versicherungsermittler im Haus seien. Was Sie aber die ganze Zeit vergessen hatten, ist die Webcam im Hof an der Hauswand des Vorderhauses. Die hat ein paar schöne Aufnahmen von Ihnen gemacht, inklusive eingeblendeter Uhrzeit. Dürfte schwer sein, zu erklären, was Sie nachts um drei im Beethoven-Haus zu suchen hatten. Von den Aufnahmen, in denen Sie mit einem großen Alukoffer wieder das Haus verlassen, ganz zu schweigen. So, und jetzt sind Sie dran. Sie wollten Graf von Fresenheim gar nicht erschlagen, nicht wahr?«

Zwedelstein schüttelte energisch den Kopf. »Ein Blender, ein Angeber und ein wissenschaftlicher Scharlatan. Er hat mir die Nachricht zukommen lassen, dass in einem der Konversationshefte Ludwigs ein bislang übersehener Hinweis auf die Identität der ›unsterblichen Geliebten‹ gefunden worden sei. Das Heft ist in Privatbesitz, soll demnächst in London versteigert werden. Ich glaubte ihm zunächst nicht, er wollte mir einen Beweis vorlegen. Und dann taucht er bei dem Treffen unten am Rhein in dieser Verkleidung auf, spielt mir diese Scharade vor, nur um mich zu verspotten.«

»Jetzt verstehe ich. Fresenheim hätte die nötigen finanziellen Mittel gehabt, um das besagte Heft zu erwerben.«

»Ja, so ist es. Ich habe Fresenheim angefleht, das Heft zu kaufen, um es dann der Wissenschaft zur Verfügung zu stellen. Aber er hat nur höhnisch gelacht. Ich war so außer mir, dass ich den erstbesten Ast aufgehoben habe, um dieses Lachen zu beenden. Diese Anmaßung, sich als Ludwig persönlich zu verkleiden. Jedenfalls wollte ich ihn nicht töten, das müssen Sie mir glauben. Ich wollte ihm wehtun, das schon, aber dann hat er die Augen verdreht und ist in den Rhein gefallen, einfach so.«

»Und danach haben Sie angefangen zu überlegen, woher Sie genügend Geld bekommen könnten, um das Konversationsheft selber zu kaufen. Schließlich fiel Ihnen auf, dass Sie praktisch ungehinderten Zugang zu einer ganzen Reihe von Kostbarkeiten hatten.«

»Für die Masken gab es ganz schnell einen potenziellen Käufer«, murmelte Zwedelstein, »im Museum redet man ja nicht über den Wert, für die haben die Masken einen ideellen Wert. Aber auf dem Schwarzmarkt sieht das natürlich anders aus.«

»Wie praktisch, schließlich gibt es von den Masken ja bereits Reproduktionen. Da mussten Sie sich keine Gedanken machen, sondern nur die weniger wertvollen Abgüsse stehlen, um sie mit den Masken im Tresor zu vertauschen. Masken verkaufen, Geld einsacken und damit das wertvolle Konversationsheft ersteigern.«

Zwedelstein sank in sich zusammen und nickte nur stumm.

Es war still in dem Hotelzimmer, die beiden Männer schwiegen, dann stemmte sich Sven aus dem Sessel hoch. »Die Polizei wird jeden Moment hier sein, ich rate Ihnen, dass sie denen auch die ganze Geschichte erzählen. Wir haben schließlich Ihr Geständnis bereits gehört.«

Zwedelstein nickte erneut. »Bitte ... seien Sie unendlich vorsichtig mit den Masken. Jede Erschütterung ... Ihr Kollege soll bitte aufpassen.«

»Keine Sorge, Herr Professor, die echten Masken liegen immer noch in dem gepolsterten Alukoffer, den wir in Ihrem Hotelschrank gefunden haben. Carsten hat da draußen nur eine einfache Kopie, damit Sie anfangen zu reden. Kann man übrigens im Shop des Beethoven-Hauses kaufen, die kosten dort nur 59,90 Euro das Stück.«

87 **Beethoven-Halle**

Die Beethoven-Halle gab es nicht nur einmal, das derzeitige Konzerthaus ist bereits das dritte Gebäude mit diesem Namen. Die erste Beethoven-Halle wurde anlässlich des ersten Beethoven-Festes 1845 (siehe unten) aus Holz gebaut und nach dem Konzertfest wieder abgerissen. Im Laufe des 19. Jahrhunderts bauten die Bonner dann Beethoven-Halle Nummer 2, die aber im Zweiten Weltkrieg zerstört wurde. Nach dem Krieg gab es Anfang der 50er-Jahre schließlich Pläne für ein neues Konzerthaus. Bonner Bürger und viele prominente Künstler engagierten sich für den Bau des neuen Konzertsaals. So gab es sogar in New York ein Spendenkonzert für den Neubau am Rhein. Die Bonner selbst sammelten insgesamt eine Million D-Mark für den Bau. 1959 wurde die aktuelle Beethoven-Halle fertiggestellt. Übrigens finden hier nicht nur Konzerte statt. In der Zeit, in der Bonn Bundeshauptstadt war, wurde insgesamt vier Mal die Bundesversammlung in der Beethoven-Halle einberufen, um den Bundespräsidenten zu wählen.

Informationen zu den aktuellen Veranstaltungen gibt es auf der Website www.beethovenhalle.de

88 **Beethoven-Büste**

Die Büste ist ein gutes Beispiel dafür, dass man Beton nicht nur zum Bauen von Häusern und Brücken verwenden kann. Sie wurde vom Düsseldorfer Künstler Prof. Klaus Kammerichs 1986 aus eben diesem Material gefertigt. Die über drei Meter hohe und gut 30 Tonnen schwere Büste zeigt das bekannte Beethoven-Porträt, das Joseph Karl Stieler 1819 erstellte.

89 **Beethoven-Denkmal**

Das Beethoven-Denkmal auf dem Bonner Münsterplatz wurde anlässlich des 75. Geburtstages des Komponisten im Jahr 1845 enthüllt. Die Enthüllung war ein Programmpunkt im Rahmen des ersten Beethovenfestes (siehe unten). Zu den Gästen des Festaktes am 12. August gehörten nicht nur König Friedrich Wilhelm IV. von Preußen, sondern auch Königin Victoria I. von England sowie der Wissenschaftler Alexander von Humboldt. In dem Grundstein der Bronzestatue wurde unter anderem ein Exemplar der Erstausgabe der 9. Symphonie eingemauert.

90 **Beethoven-Haus**

Das Geburtshaus Beethovens in der Bonngasse 20 gehört zu den wenigen Bürgerhäusern aus dem 18. Jahrhundert, die heute noch erhalten sind. 1888 allerdings sollte das Gebäude fast schon abgerissen werden. Um das zu verhindern, gründeten zwölf Bonner den Verein »Beethoven-Haus«, um das Haus zu kaufen und zu erhalten. Die in der Geschichte zitierte Steintafel an der Hauswand gibt es dort wirklich.
Heute ist im Beethoven-Haus nicht nur ein Museum eingerichtet, es gibt zusätzlich ein großes Beethoven-Archiv, einen Konzertsaal und einen Shop, in dem man CDs und die verschiedensten Beethoven-Andenken kaufen kann. Ja, auch die Abgüsse der Masken.
Im Hof zwischen Vorder- und Hinterhaus gibt es tatsächlich eine Stelle, an der man mithilfe des beschriebenen QR-Codes einen Schnappschuss von der fest-

installierten Webcam auf sein Handy laden kann. Dass diese Webcam die Fotos speichert – das muss hier deutlich gesagt werden –, ist allerdings eine Erfindung von mir, weil das gut zu der Geschichte passte.
Informationen zum Beethoven-Haus, den Öffnungszeiten und allen Veranstaltungen erhält man unter www.beethoven-haus-bonn.de

91 Kammermusiksaal Hermann J. Abs

Der Kammermusiksaal wurde 1989 feierlich eingeweiht. Das Gebäude in der Bonngasse, in unmittelbarer Nähe zum historischen Beethoven-Haus, ist aber nicht nur Konzertsaal für Kammermusik, sondern beherbergt unter anderem auch das Beethoven-Archiv sowie die Bibliothek. Ja, auch einen Tresorraum gibt es im Kammermusiksaal, und der befindet sich tatsächlich unter der Bühne.
Die musikalische Bandbreite der Konzerte im Kammermusiksaal ist groß – wer sich einen Überblick verschaffen möchte, der findet auf der Webseite des Beethoven-Hauses (www.beethoven-haus-bonn.de) den aktuellen Veranstaltungskalender sowie die Eintrittspreise.

92 Beethovenfest

Das Beethovenfest hat eine lange Tradition in Bonn. Bereits 1845 anlässlich des 75. Geburtstages Beethovens wurde das erste Beethovenfest ausgerichtet. Musikalischer Leiter war damals Franz Liszt. In unregelmäßigen Abständen gab es dann weitere Feste. In den 1930er-Jahren wurden die Musikfeste sogar jährlich durchgeführt.
Nach dem Zweiten Weltkrieg griff man die Idee des Beethovenfestes wieder auf. Wie wichtig es für die

Bonner ist, konnte man 1993 erleben. In diesem Jahr strich der Stadtrat die Zuschüsse für das Fest. Es bildete sich die Initiative »Bürger für Beethoven«, die so große Unterstützung fand, dass schließlich die Stadt eine Wiederbelebung des Beethovenfestes beschloss. Heute gibt es für das Festival einen eigenen Träger, der das Ganze jährlich im September durchführt.
Aktuelle Informationen zum Beethovenfest gibt es unter www.beethovenfest.de

93 **St.-Remigius-Kirche**

Eine Remigius-Kirche wird bereits 795 erstmals urkundlich erwähnt. Allerdings ist damit nicht das Gotteshaus gemeint, das heute diesen Namen trägt.
Die Kirche in der Brüdergasse wurde zwischen 1272 und 1317 gebaut und gehörte zum Kloster der Minderen Brüder, einem Teil des Franziskanerordens. Ursprünglich hieß sie St.-Ludwig-Kirche, bei den Bonnern oft auch nur lapidar »Brüderkirche« genannt. Überliefert ist, dass der junge Ludwig van Beethoven bereits als Knirps von zehn Jahren hier regelmäßig an der Orgel saß.
1806 wurde das Gotteshaus dann eine katholische Pfarrkirche. Die Pfarrei St. Remigius übernahm das Kirchengebäude, weil das ursprüngliche Gotteshaus auf dem heutigen Remigiusplatz (dem »Blumenmarkt« gegenüber der Acherstraße) vom Blitz zerstört worden war und abgerissen werden musste. Zuvor brachte man einen Teil der Kirchenausstattung in die Klosterkirche. So zum Beispiel den großen Hochaltar und das **Taufbecken (94)**, an dem Ludwig van Beethoven am 17.12.1770 getauft worden war. Die Klosterkirche erhielt ein neues Patrozinium und heißt seither St.-

Remigius-Kirche. Das Taufbecken Beethovens kann man vorne links im Kirchenschiff ansehen, und wenn Sie einmal kurz aus der hektischen Innenstadt flüchten wollen, sollten Sie den ehemaligen **Kreuzgang des Klosters** (**95**) besuchen.

96 Gasthaus »Em Höttche«

»Em Höttche« – für diesen Namen habe ich gleich zwei Übersetzungen gefunden: zum einen »In der Hütte«, zum anderen »Im Eckchen«, was auch logisch wäre, denn das älteste Gasthaus Bonns liegt links in der Ecke neben dem alten Rathaus am Marktplatz. »Em Höttche« heißt übrigens »erst« seit 1822 so. Seine Geschichte beginnt jedoch bereits im Jahr 1389, als dieses Haus einer Nesa von der Blomen gehörte. Jahrhundertelang hieß nach ihr die Gastwirtschaft »Zur Blomen«. Hier soll Ludwig van Beethoven mit seiner Jugendliebe »Barbe« das Tanzbein geschwungen haben. Informationen zu Öffnungszeiten und Speisekarte unter www.em-hoettche.de

97 Gasthaus »Im Stiefel«

Vielleicht war es ja die unmittelbare Nähe zum eigenen Wohnhaus, jedenfalls war Ludwig van Beethovens Vater, Johann van Beethoven, Stammgast im Gasthaus »Im Stiefel«. Die Gastwirtschaft gehört also zu den Traditionsgaststätten Bonns.

Wenn man sich die Speisekarte anschaut, muss man keine Sorge haben, am Ende hungrig zu bleiben. So gibt es eine Sonderspeisekarte (»Großer Stiefel«) mit mehreren Riesenportionen, wie der Riesenbratwurst (ein Meter), einem 400 Gramm schweren Wiener Schnitzel oder der Platte für zwei Personen, die mit der Bezeichnung »Riesig viel Fleisch« wirbt. Natürlich kommen auch normalhungrige Gäste im Gasthaus auf ihre Kosten.

Informationen und Öffnungszeiten unter www.gasthausimstiefel.de

MUSEEN IN BONN

Museen haben eine lange Tradition in Bonn und sie haben die Stadtgeschichte geprägt. Das Akademische Kunstmuseum (siehe dazu auch Freizeittipps »Das politische Bonn«) wurde ja bereits ein Jahr nach der Gründung der Universität im Jahr 1819 eröffnet und sorgte sogar bei Freiherr von Goethe für Begeisterung.

Geschichtsträchtig ist auch das Forschungsmuseum Alexander Koenig, das nicht nur ausgestopfte Tiere präsentiert, sondern 1948 auch zum Schauplatz bundesdeutscher Historie wurde, als hier der parlamentarische Rat zum ersten Mal zusammentraf.

Meiner Meinung nach hat die Bonner Museumslandschaft aber durch die eindrucksvollen Neubauten in den 90ern einen richtigen Schub erhalten: das Haus der Geschichte, das Kunstmuseum und die Kunst- und Ausstellungshalle der Bundesrepublik Deutschland. Zusammen mit dem Museum Koenig und dem Deutschen Museum (sozusagen die Außenstelle des Deutschen Museums in München), bilden diese Institutionen die sogenannte Museumsmeile. Mit dieser Dichte und Fülle an Angeboten kann sich Bonn innerhalb Europas wirklich sehen lassen, so was gibt es in anderen europäischen Städten nicht.

Das Angebot wird angenommen und honoriert – jedes Jahr strömen Millionen von Besuchern durch die Bonner Museen und das sogenannte Museumsmeilenfest zieht Jahr für Jahr Zehntausende Kulturfans an.

Also, wenn Sie einen Bonn-Besuch planen, dann gehören die Museen zum Pflichtprogramm. Ein Pflichtprogramm, das übrigens nicht sehr kostspielig ist. Zum einen bieten einige Häuser Kombitickets an, zum anderen kann man die »Bonn Regio WelcomeCard« nutzen (siehe dazu Freizeittipps »Sport ist Mord«), und im Haus der Geschichte beispielsweise ist der Eintritt sogar kostenlos.

Nur montags, so habe ich erfahren, haben alle Museen geschlossen, das sollten Sie bei Ihrer Planung berücksichtigen.

Informationen unter www.bonn.de oder www.museumsmeilebonn.de

MARGA, WIR MÜSSEN NACH BONN!

Margarete Blumkowski, geborene Nieskötter, seufzte. Ein Seufzer voller Inbrunst. Dabei gehörte sie weiß Gott nicht zu den Frauen, die ständig herumnörgeln oder sich vom Leben die Laune verderben lassen – im Gegenteil. Margarete Blumkowski, von fast allen nur liebevoll Tante Marga genannt, hatte für jeden ein gutes Wort. Sie half, wo sie konnte, und lebte nach dem Motto: »Ein Tag ohne Lachen ist ein verlorener Tag.«

Als Besitzerin eines kleinen Kiosks am Ückendorfer Platz, praktisch auf der Stadtgrenze zwischen Gelsenkirchen und Wattenscheid, war sie von früh morgens bis weit in den Abend hinein auf den Beinen. Natürlich wäre kein Mensch auf die Idee gekommen, Kiosk zu sagen. Hier im Revier hießen die Kioske noch schlicht Bude oder Büdchen, aber ganz sicher nie Kiosk.

Tante Marga war bekannt dafür, dass sie genau wusste, was ihre Kunden wollten. Die WAZ oder die »Bild-Zeitung« am Morgen. Für die große Pause ein paar Lakritze, Lutscher oder ein Negerkuss-Brötchen – Marga konnte sich einfach nicht daran gewöhnen, dass die Dinger jetzt Schokokuss heißen sollten.

Später am Tag dann die Flasche Bier und eine selbstgemachte Frikadelle oder ein Eis. Und für den Feierabend noch schnell das Paket Nudeln oder den »Kicker« und den aktuellen Heimatroman als Lektüre. Tante Marga hatte alles, und sie war stolz darauf. Obwohl sie schon auf die 70 zuging und andere in ihrem Alter sich längst in den wohlverdienten Ruhestand verabschiedet hatten, dachte Tante Marga nur ab und zu darüber nach, wie es wäre, die Bude an ihre Nichte Jennifer abzutreten. Also gut, bleiben wir bei der Wahrheit: In letzten Zeit dachte sie schon häufiger darüber nach.

Es wäre die beste Lösung für alle. Vor allem aber … nun ja, vielleicht wäre alles ganz anders gekommen.

Es gab nicht viele Fehler in ihrem Leben, die Tante Marga bereute. Der größte Fehler ihres Lebens allerdings saß gerade im Wohnzimmersessel und schnitt sich die Fußnägel.

Schnips!

»Ach, Wolfgang, kannst du dir denn nicht die Fußnägel im Badezimmer schneiden? Dat is doch ekelig.«

Schnips!

»Wolfgang! Heb wenigstens die Nägel auf. Glaubst du, ich mach hier gern hinter dir sauber?«

Schnips!

»Oder sammelste die für ein Fußnägel-Mobile?«

»Wat?«

»Ach, schon gut. Ich sach, mach den Dreck wech.«

»Mhhm, mach doch selber.«

Das war der Moment, in dem Tante Marga mit tiefster Inbrunst einen Seufzer ausstieß, so tief, wie die alte Zeche Zollverein Flöze gehabt hatte.

Ihr Göttergatte, Wolfgang Blumkowski, ließ sich durch nichts und niemanden aus der Ruhe bringen, schon gar nicht von Margas Vorwürfen. Von dem Tag an, an dem er bei der Hauptpost am Bahnhof seinen Verwaltungsposten abgegeben hatte, war Wolli in ein tiefes Loch der Antriebslosigkeit gefallen. Zu Beginn seines Ruhestandes goss er sich mit ein paar Stammtischfreunden einmal in der Woche einen auf die Lampe. Nicht schön, aber er war wenigstens aus dem Haus. Doch selbst der Stammtisch war ihm offenbar schon zu mühselig. Seit Dr. Bergheim einen Herzfehler festgestellt hatte, setzte Wolli kaum noch einen Fuß vor die Haustür der Altbauwohnung. Der Arzt hatte ihm geraten kürzerzutreten, beim Sport aufzupassen. Marga schnaubte empört, wenn sie nur daran dachte. Wolli und Sport, als ob ihr Göttergatte je Sport getrieben hätte. Der einzige Sport, den der kannte, war das Bierkasten-Akkord-Saufen und das wöchentliche Debattieren über die Pfeifen in den Fußballstadien der Bundesliga.

Resigniert holte sie unter der Spüle Handfeger und Kehrschaufel heraus und begann die Überreste von Wollis Pediküre aufzufegen.

»Marga! Maarggaa! Scheiße, hier is kein Bier im Kühlschrank. Hast du denn nich ein paar Flaschen ausser Bude mitgebracht? Leck mich am Arsch, wie blöd kann man denn sein.«

Nein, Bierflaschen hatte sie tatsächlich nicht mitgebracht, denn sie hatte in aller Eile noch im Lidl eingekauft, um kochen zu können. Marga war klein, kompakt und voller Energie, aber vier Einkaufstaschen für den Heimweg waren selbst ihr fast zu viel. Jennifer übernahm heute die Abendschicht in der Bude. Marga hatte nicht frei, sie musste für drei Tage vorkochen.

»Wenn du ein Bierchen trinken willst, dann geh doch kurz rüber zum Willi in die Kneipe. Dauert eh noch was mit dem Essen.«

»Muss ich mich ja wieder anziehen.«

Das wäre allerdings ein Problem, denn außer seiner Jogginghose und den Schlappen trug Willi tagsüber nur ein Feinripp-Unterhemd und seinen Bademantel. Marga versuchte sich daran zu erinnern, wann er das letzte Mal Hemd, Hose und Schuhe getragen hatte. Das musste im letzten Monat gewesen sein, bei seinem Arztbesuch. Nee, gar nicht wahr, Dr. Bergheim war die letzten zwei Male ja zu ihnen nach Hause gekommen. Also doch eher Anfang des Jahres, als Wolli Zahnschmerzen gehabt hatte.

»Marga! Maaargaaa! Wat gibbet denn zu essen?«

»Schnitzel, Kartoffeln und Möhrchen.«

»Bäh, Möhren! Du weißt doch, dat ich keine Möhren mag. Bin ich nen Karnickel, oder wat? Boah, den Dreck kannste allein essen.«

Marga kam in die Küche zurück, um Wolli zu erklären, was sie davon hielt, den ganzen Tag ab 5:30 Uhr in der Bude zu arbeiten, abends noch einzukaufen, um dann angemault zu werden.

Aber Wolli drängte sich rücksichtslos an ihr vorbei und raunzte: »Sach Bescheid, wenne die Schnitzel fertich hast. Gleich fängt der Jauch an.«

Als aus dem Wohnzimmer das erste begeisterte Klatschen des Publikums auf die Antwort für die 500-Euro-Frage kam, ließ sich Marga resigniert auf den Küchenstuhl sinken. Sie war am Ende. Egal, was sie kochte oder tat, Wolli mäkelte daran rum. Dass er jetzt auch noch Gemüse verweigerte, brachte das Fass zum Überlaufen. Marga fing still an zu weinen. Nicht laut, bloß nicht laut, sie wollte mit ihren Tränen allein sein. Das hier hatte sie nicht verdient, alles, aber nicht das.

Marga hatte eine heimliche Leidenschaft: Sie liebte Kunst, Malerei, Skulpturen und klassische Musik. Bei ihrem Zeitschriften-Großhändler bestellte sie immer zwei Kunst-Zeitschriften, Käufer gab es dafür keine. Sie las sie selbst, heimlich, wenn gerade mal keine Kunden da waren. Im letzten Jahr hatte sie Wolli erklärt, dass sie überraschend zu Lisbeth, einer entfernten Kusine, nach Essen fahren müsse. Ihr war damals klar gewesen, dass Wolli auf keinen Fall mitkommen würde, er hasste Lisbeth aus tiefster

Seele. Aber statt zu Lisbeth nach Essen-Kettwig zu fahren, verbrachte Marga einen wundervoll langen Tag im Museum Folkwang.

Jetzt aber hatte sie sich etwas Größeres vorgenommen. Mit dem Museum Folkwang hatte sie sozusagen Blut geleckt. Natürlich musste sie geschickt vorgehen, es würde schon schwer genug, Wolli davon zu überzeugen, überhaupt die Wohnung zu verlassen. Sie hatte alles schon bis ins kleinste Detail geplant. Sie wollte nach Bonn, an den Rhein, so viel stand fest. Seit Wochen las sie in einem Reiseführer. Jennifer hatte ihr außerdem ein altes Smartphone geliehen und ihr gezeigt, wie sie damit im Internet surfen konnte. Für Marga war dieses kleine Display das Tor zu einer anderen Welt, ein Fenster voller Verheißungen und Versprechungen. Aber sie blieb realistisch sowohl was die Auswahl der Ziele als auch den Zeitpunkt ihrer Reise an den Rhein betraf. Das **August-Macke-Haus** konnte sie zum Beispiel vergessen, da würde sie Wolli im Leben nicht hineinbekommen. Mackes Bild »Hutladen« gehörte zu ihren Lieblingsbildern, seit sie es im Folkwang gesehen hatte. Wie gern hätte sie sich mehr von diesem Maler angeschaut, aber gut. Gleiches galt auch für das **Schumannhaus**, eine ehemalige Heilanstalt. Nee, nee, darüber wollte sie gar nicht mit Wolli diskutieren. Das **Schumannfest** würde sie liebend gern miterleben, aber das war erst im Juni und so lange hatte sie nicht vor zu warten. Die Fahrt müsste bald sein, am besten noch vor Ende Mai, weil dann das **Museumsmeilenfest** bestimmt wieder Zehntausende Besucher anlocken würde. Wolli im Angesicht von Zehntausenden Kulturfans, bei dieser Vorstellung musste selbst Marga lächeln. Sie hatte kurz überlegt, ob sie nicht ihre »Kunstexpedition«, wie sie es im Stillen nannte, mit dem **»Rhein in Flammen«-Festival** verbinden könnte. Reizen würde sie das schon, sie liebte Feuerwerk, aber dann wäre eine Übernachtung in Bonn fällig – viel zu aufwendig.

Nachdenklich sortierte Marga neue Ware ein und dachte angestrengt nach, es blieb immer noch genug, was sich anzusehen lohnte. Sie hoffte nur, dass Dennis wirklich so gut war, wie er gesagt hatte.

Dennis Marschmann, 14 Jahre, gehörte seit Langem zu Tante Margas Stammkunden. Bei ihr hatte er sein erstes »Micky Maus«-Heft gekauft, aber davon wollte er heute natürlich nichts mehr wissen. Aus einigen seiner Bemerkungen und dank ein paar geschickten Rückfragen hatte Marga herausbekommen, dass Dennis gut mit dem Computer umgehen konnte. So wurde er ein wichtiger Teil ihres Plans, Wolli an den Rhein zu locken.

Sie hatte Dennis genau aufgeschrieben, was in dem Brief stehen sollte. Der Brief musste natürlich am Computer erstellt werden. Dennis wollte sogar einen alten Brief von der Post – wie sagte er gleich – genau, einscannen. Was immer das war, es klang kompliziert. Billig war Dennis' Fälschertätigkeit nicht. Marga hatte gehofft, sie könnte ihn mit ein paar kostenlosen Portionen Eis locken, aber Dennis hatte sich als harter Verhandlungspartner herausgestellt. Ein Jahr den »Playboy« kostenlos, darunter wollte er keinen Finger rühren. Als ob die ganzen jungen, nackten Dinger schon was für einen 14-Jährigen waren. Marga hatte ja ihre Zweifel, aber Dennis versicherte ihr, dass er die Zeitschrift nur wegen der Autotestberichte klasse fand, und dagegen konnte selbst Tante Marga nichts einwenden.

Außerdem war sie nun einmal auf seine Fähigkeiten angewiesen, also hatten sie – wie Dennis es nannte – einen Deal.

»Hi, Tante Marga.«

Marga wäre vor Schreck fast der ganze Karton mit den neuen Pfefferminzdrops runtergefallen, denen, die so aussahen wie große Tabletten.

»Himmel, Dennis, schleich dich doch nicht so an eine alte Frau ran!«

»Sorry, ich wollte nur schnell den Brief vorbeibringen.« Dennis hielt ein Schreiben hoch, das ordentlich in eine Klarsichthülle verpackt war. Marga wollte danach greifen, doch Dennis zog es aus ihrer Reichweite.

»Unser Deal steht doch noch?«, fragte er misstrauisch.

Marga seufzte. »Natürlich, ich hab's ja versprochen: ein Jahr den Playboy kostenlos, abzuholen ab dem kommenden Monat, hier bei mir inner Bude. So, du Lauselümmel, jetzt gibbet schon her.«

»Cool, Tante Marga, ich meine natürlich: Dann sind wir handelseinig, Frau Blumkowski. Der Brief ist noch nicht unterschrieben.«

Mit einem Grinsen überreichte ihr Dennis die Hülle und nach einem kurzen Blick über die Schulter rannte er los. »Ich bin dann weg, Tante Marga, die 302 kommt, die darf ich nicht verpassen.«

»Sei vorsichtig, wenne an der Straßenbahn-Haltestelle bist«, rief ihm Marga hinterher, aber das hörte Dennis schon nicht mehr.

Marga, Marga, so weit ist es jetzt schon gekommen, dass du dir die Dienste von nem Teenager erkaufen musst, tadelte sie sich im Stillen. Aber als sie den Brief sah, musste sie zugeben, dass Dennis ganze Arbeit geleistet hatte. Ne Lügnerin biste geworden – sie nahm einen Kugelschreiber und unterschrieb schwungvoll, aber völlig unleserlich – und ne Unterschriftenfälscherin gleich dazu. Aber sie war jetzt schon so weit, da gab es kein Zurück mehr.

»Nee, wat is denn dat?« Marga nahm einen weißen Umschlag, schlitzte ihn auf und zog das gefälschte Schreiben heraus. Sie las die ersten zwei Zeilen, schielte mit einem Seitenblick zu Wolli.

Doch der saß in seinem Sessel, schlug mit der Faust auf die Lehne und brüllte: »Sach mal, du Flachpfeife, wer hat dir denn erlaubt, Schiri zu werden? Boah, ich fass et nich. Hallo? Dat war ganz klar Handspiel, dat muss doch nen Elfer geben. Du blinde Nuss! Mann, Mann, Mann, wo hamse denn den freigelassen?«

»Wolli!«

»Wat denn? Siehst du denn nich, dass Schalke spielt? Geht dat nich in deinen Kopp, is dat zu schwer?«

Marga ignorierte wie immer alle Beleidigungen, die ließ sie einfach abperlen.

»Erstens, du regst dich jetzt ab, sonst erzähl ich alles Dr. Bergheim, dann is Schicht mit Fußballgucken, und zweitens, hier ist ein Brief für dich gekommen.«

Marga hielt ihm das Schreiben hin und zerknüllte dabei gleichzeitig das Kuvert, das natürlich nicht abgestempelt war.

Wolli riss ihr unwirsch den Brief aus der Hand und legte ihn dann, ohne auch nur einen Blick darauf zu werfen, neben sich auf den Beistelltisch.

»Willst du dat denn nich lesen?«

»Gleich, ich les dat gleich, da is Pause. Wat gibbet denn zu essen?«

»Ich mach Pizza.« Aber Marga sah, dass Wolli schon gar nicht mehr zuhörte. »Pizza mit frischem Gürteltier, magste doch?«

»Mhmm.«

Marga schüttelte resigniert den Kopf. Wenn sie heute Abend gehen würde und nie wieder zurückkäme, würde Wolli nur deswegen aus seinem verfluchten Sessel nach ihr brüllen, weil er ein frisches kaltes Bier aus dem Kühlschrank wollte.

Zehn Minuten später stand Wolli plötzlich in der Küchentür. »Marga, wir müssen nach Bonn!«

Marga schloss die Augen und atmete einmal tief durch. »Nach Bonn? Ach, dat is aber weit. Warum?«

Sie hoffte, dass Wolli das Zittern in ihrer Stimme nicht bemerkte.

»Scheiß drauf. Wir müssen da hin. Die wollen mich auszeichnen. Ich gehöre zu den zehn Mitarbeitern, die dat ›Goldene Posthorn‹ für jahrzehntelange Verdienste bekommen sollen. Is ne wichtige Auszeichnung, hab ich schon von gehört. Ich soll sogar auf einer Ehrentafel eingraviert werden.«

Marga hätte sich wirklich gewundert, wenn Wolli von dem »Goldenen Posthorn« schon mal gehört hätte, sie hatte das nämlich erst vor einer Woche erfunden.

»Aber …«

»Nix aber, übermorgen fahr'n wir nach Bonn. So, Ende Gelände – sieh zu, dat wir die Zugfahrkarten kriegen. Dat Spiel geht weiter.«

Wolli stampfte zurück zu seinem Sessel und ließ sich mit dem ganzen Gewicht von 120 Kilo in die Polster fallen.

Als sie wieder allein in der Küche war, goss sich Marga einen Kirsch-Aufgesetzten ein, den sie im Küchenschrank aufhob. Das Glas trank sie auf ex. Sie hatte es geschafft, übermorgen würden sie tatsächlich nach Bonn fahren. Die Zugfahrkarten hatte sie natürlich schon besorgt, Sparpreis, damit alles nicht zu teuer wurde. Jennifer war auch längst informiert.

Zum ersten Mal seit Monaten stand Marga in ihrer eigenen Küche und lächelte.

Alles klappte wie am Schnürchen. Sie verloren zwar etwas Zeit, weil die erste Hose, die sie Wolli rausgelegt hatte, nicht mehr zuging, aber schließlich fand sich eine Hose, an der man den Bund weiter stellen konnte und die zum Glück einigermaßen zu dem Sakko passte.

Marga hatte genug Zeit eingeplant, so erwischten sie den nächsten Bus zum Bahnhof und erreichten trotzdem noch pünktlich den Zug.

»Drecksbahn«, schimpfte Wolli, als er sich zwischen Fenster und Sitzlehne quetschen musste. Marga klappte wortlos die Lehne nach hinten, suchte sich einen anderen leeren Platz und überließ Wolli so zwei Plätze für sich.

Zehn Minuten später fiel sein Kopf in den Nacken und er schnarchte so laut, dass ihm einige Mitreisende missbilligende Blicke zuwarfen. Das alles aber störte Marga nicht. Sie holte den Reiseführer aus ihrer großen Handtasche, nahm einen Schokokeks aus einer Tupperdose und begann zu lesen.

»Willste kein Taxi nehmen, Marga?«

»Ach was, dat is nich so weit und wir haben ja genug Zeit. Komm, ich kenn den Weg, hab ich hier auf dem Stadtplan.« Entschlossen ging Marga die Fußgängerzone Richtung Münsterplatz hoch.

Wolfgang blieb gar nichts anderes übrig, als seiner Gattin zu folgen. Er schimpfte und brummte vor sich hin, aber Marga ignorierte dieses Schimpfen genauso wie das Jammern und Stöhnen, das ungefähr auf der Höhe der Uni einsetzte und während des ganzen Wegs durch den Hofgarten anhielt.

»Wat is dat für ne Scheißidee?! Echt jetzt. So ne Kacke, wann sind wir endlich da?«

»Schau mal, Wolli, vielleicht machen wir ne kurze Pause. Wir haben doch Zeit genug. Hier, wir gehen hier rein, ich weiß, dat es da oben ein Café gibt, da kannste dich ausruhen.«

Marga hatte gehofft, dass der Weg durch die Innenstadt und den Hofgarten Wolli anstrengen würde und das tat er auch.

Sie waren genau zum richtigen Zeitpunkt am **Museum Koenig** angekommen. Genau hier wollte sie als Erstes hin. Wolli könnte sich tatsächlich oben im Café ausruhen und sie hätte Zeit, sich in der Ausstellung umzuschauen.

Marga beglückwünschte sich zu ihrem perfekten Plan. Mit leuchtenden Augen schaute sie sich die Tiere der Savanne an. Das Nashorn besaß nur noch ein zerstörtes Horn, weil Diebe versucht hatten, es zu stehlen. Sie wusste aber aus dem Reiseführer, dass den Dieben nicht das echte Horn in die Hände gefallen war. Sie waren auf eine Fälschung hereingefallen.

Nun, sie hoffte, dass Wolli auch weiterhin auf ihre Fälschung hereinfallen würde. Hoffentlich ließ er sich als Nächstes auch davon überzeugen, dass seine Ehrung im **Haus der Geschichte** verschoben worden war.

»Wat heißt hier, Sie wissen nix von einer Ehrung, verdammich, dann schauen Sie gefälligst in Ihren Dreckscomputer und machen endlich das, wofür Sie bezahlt werden. Wissen Sie eigentlich, wat dat für nen scheiß-langen Weg war bis in ihr verfluchtes Museum hier.« Wolfgang Blumkowskis Hand klatschte zur Bekräftigung seiner Ansprüche erneut auf den Brief, der auf der halbrunden Theke am Informationsstand im Haus der Geschichte lag.

»Wolli, vielleicht wurde ja alles nur verschoben und die nette Dame weiß noch nichts davon«, versuchte Marga ihren Mann zu beruhigen.

Doch der war weit davon entfernt, sich beruhigen zu lassen. »Dat ›Goldene Posthorn‹ – sagt Ihnen dat wat?«

Die junge Mitarbeiterin schaute ihn belustigt an. »Eine Gastwirtschaft in Ihrem Heimatort?«

»Scheiße nein, Sie Dumpfbacke, ich red hier von der Auszeichnung, die ich heute erhalten werde, und zwar in Ihrem Drecksladen hier.«

Marga war angesichts dieses Wutausbruchs gar nicht mehr wohl in ihrer Haut. Was hatte sie da nur angerichtet? So hatte sie sich das alles nicht vorgestellt. Sie fragte sich oft, wie Wolli nur all die Jahre als Beamter der Post hatte arbeiten können. Gut, in seinem Büro hatte es keine Besucher gegeben, aber so wird er doch wohl nicht mit allen gesprochen haben.

Das professionelle Lächeln gefror im Gesicht der jungen Frau. »Dumpfbacke« und »Drecksladen« waren Ausdrücke, die sie auch nicht jeden Tag zu hören bekam.

Ihre Stimme wurde zwar nicht lauter, aber doch um etliche Grade eisiger. »Wie ich schon sagte, Herr …«, sie schaute kurz auf das Schreiben, » … Herr Blumkowski, mir ist von einer Feierstunde in unserem Haus nichts bekannt. Sie sind aber jederzeit herzlich eingeladen, sich ein eigenes Bild von unserer Ausstellung zu machen.«

»Einen feuchten Scheiß werd ich. Ich zahl doch nich …«

»Was Sie sicher freuen wird, ist, dass Sie bei uns keinen Eintritt zahlen müssen. Und jetzt entschuldigen Sie mich bitte, hinter Ihnen warten noch weitere Gäste, die eine Frage haben. Guten Tag, Herr Blumkoswki, und herzlich willkommen in Bonner Haus der Geschichte.«

Das, was Wolli als Antwort brummelte, konnte Marga nicht verstehen, war sicher auch besser so.

Er stieß sie mit dem Ellenbogen zur Seite und stürmte nach draußen. Marga beeilte sich, ihm zu folgen.

Sie fand Wolli draußen auf einer Bank. Aber anstatt weiter zu schimpfen und zu wüten, japste er nach Luft. »Marga …

meine … aahhh, die Tabletten, schnell, glotz nich so, du blöde Kuh.«

Marga schnaubte, machte ihre Handtasche auf, holte eine kleine Flasche Mineralwasser heraus und drückte sie Wolli in die Hand. Dann griff sie wieder in die Tasche und da spürte sie sie. Links die Schachtel mit den Pfefferminzpastillen, rechts die Herztabletten.

Marga zögerte kurz, dann griff sie entschlossen zu. Hinterher konnte sie nicht mehr sagen, wie viel Absicht und wie viel Versehen ihre Hand nach links geführt hatte. Vielleicht war es auch einfach genug. Zu viel war eben zu viel.

Ihre Hand kam aus der Tasche und hielt Wolli drei weiße Tabletten hin, hastig griff er nach den ersten zwei, warf sie sich in den Mund und spülte sofort mit dem Mineralwasser nach. Doch anstatt sich zu entspannen, griff er sich plötzlich mit schmerzverzerrtem Gesicht erneut an die Brust. Ein letztes kurzes Aufstöhnen, das in etwa so klang wie »Wat für Scheiß is dat denn?«, und dann hatte sich Wolfgang Blumkowski auf seine letzte lange Reise begeben. Eine Reise, die er ganz allein und hoffentlich etwas milder gestimmt bestreiten musste.

Marga schaute ihren toten Gatten an. So sah er aus, als würde er schlafen. Vielleicht war es das Beste, wenn er eine Weile hier sitzen blieb. War doch ganz hübsch hier in der Sonne. Sie schaute auf ihre Hand, dann steckte sie sich die dritte Pfefferminzpastille in den Mund. Jetzt würde sie die **Bundeskunsthalle** besuchen und anschließend mit der U-Bahn Richtung Godesberg fahren und das **Deutsche Museum** besichtigen.

»Vielleicht bleib ich sogar über Nacht, was meinst du? Ich könnte morgen noch zum **Rolandsbogen, Rolandseck und »Arp Museum«** fahren. Ich ruf gleich die Jennifer an.« Und leise fügte sie hinzu: »Ich bin dann mal weg, Wolli.«

98 August-Macke-Haus

Wenn man heute das August-Macke-Haus betritt, kann man nicht glauben, dass das Wohnhaus und Atelier Mackes beinah verloren gegangen wären.
Lange Zeit schien es in Bonn niemanden zu kümmern, dass der Künstler August Macke in der Stadt gelebt und gearbeitet hatte. Von 1911 bis 1914 lebte August Macke, der zu den weltweit bedeutendsten Künstlern der klassischen Moderne zählt, mit seiner Familie in diesem Haus. Das Dachgeschoss wurde nach seinen Vorgaben zum Atelier ausgebaut. Hier entstanden seine bekanntesten Gemälde.
Aber wie gesagt, fast wäre das Haus entkernt und in eine Gaststätte umgebaut worden. Eine Bürgerinitiative setzte sich für den Erhalt des Hauses ein und es gelang, das Ganze unter Denkmalschutz zu stellen. Im September 1991 wurde das August-Macke-Haus in seiner heutigen Form eröffnet. Informationen, Öffnungszeiten und Eintrittspreise findet man unter www.august-macke-haus.de

99 Schumannhaus

Das Schumannhaus war sicher kein ausgesprochener Lieblingsort des berühmten Komponisten. Robert Schumann verbrachte hier in Bonn-Endenich seine letzten Lebensjahre. Das Haus, das im Stil eines Landhauses für einen Bonner Bürgermeister um 1790 gebaut worden war, beherbergte Mitte des 19. Jahrhunderts eine Heil- und Pflegeanstalt. Robert Schumann starb hier im Juli 1856.

1963 wurden im Haus die städtische Musikbibliothek untergebracht und eine Gedenkstätte eingeweiht. Heute findet man hier nicht nur die Schumann-Gedenkzimmer, sondern es werden auch regelmäßig Kammermusik-Konzerte aufgeführt.
Informationen unter www.schumannhaus-bonn.de

100 Schumannfest

Die Veranstaltung ist ein fester Bestandteil des Bonner Kulturjahres. Seit 1998 findet das Fest statt und präsentiert ein Programm aus Klassik, Jazz, Rock, Kabarett, Film und Tanz.
Hauptziel des Festivals ist nach Aussage der Veranstalter die Förderung des künstlerischen Nachwuchses. Durch Kooperationen mit Ländern wie Polen, Dänemark, Frankreich oder Italien hat das Schumannfest eine internationale Ausrichtung bekommen.
Aktuelle Informationen zum jeweiligen Programm und dem Verein »Schumannhaus« findet man unter www.bonner-schumannfest.de

101 Museumsmeilenfest

Das Fest ist eine mehrtägige Veranstaltung im Sommer. Die fünf großen Museen arbeiten hier Hand in Hand und präsentieren ein umfangreiches Kulturprogramm für Erwachsene und Kinder aus Konzerten, Sonderführungen und Workshops.
Zwischen den einzelnen Museen gibt es jedes Jahr einen Shuttlebus. Was genau auf dem jeweiligen Programm stehen wird, erfährt man unter www.museumsmeile-bonn.de

102 »Rhein in Flammen«

Wenn Sie Feuerwerk lieben, dann ist »Rhein in Flammen« ein Muss für Sie. Jedes Jahr zwischen Mai und September gibt es Großfeuerwerke in verschiedenen Städten von Bonn bis Bingen entlang des Mittelrheins. Diese Events haben eine gewisse Tradition, denn bereits 1756 gab es zu Ehren des damaligen Trierer Kurfürsten ein großes Feuerwerk in Koblenz.
Schauspiele, die sich dann tatsächlich »Rhein in Flammen« nannten, wurden in der Nachkriegszeit an verschiedenen Orten organisiert: An der Loreley (1948), im Raum Linz/Siebengebirge (ab 1954) und in Koblenz (1956).
Damals wie heute finden gleichzeitig verschiedene Weinfeste oder Volksfeste statt. Das größte Feuerwerksspektakel im Rahmen von »Rhein in Flammen« findet, nach Aussage des Veranstalters, übrigens alljährlich am zweiten Samstag im August in Koblenz statt.
Informationen zu den Veranstaltungen unter www.rhein-in-flammen.com

103 Museum Alexander Koenig

Namensgeber für das »Zoologische Forschungsmuseum Alexander Koenig« war der deutsche Zoologe Alexander Koenig, der bereits als Bonner Schüler Vogeleier sammelte und später, nach seiner Studienzeit in Greifswald, Kiel, Berlin und Marburg, Professor an der Uni Bonn wurde.
Grundsteinlegung für das nach ihm benannte Museum war zwar schon 1912, doch aufgrund des Ersten Weltkrieges und der Nutzung des Gebäudes als Kaserne wurde es erst 1934 eröffnet.

Wie bereits erwähnt, fand hier 1948 die feierliche Eröffnung der konstituierenden Sitzung des parlamentarischen Rates statt. Konrad Adenauer soll das übrigens gar nicht gepasst haben. Man könne doch keinen neuen Staat im Angesicht von ausgestopften Tieren gründen, soll sich Adenauer sinngemäß beschwert haben. Konnte man doch, die Tiere wurden einfach zur Seite geräumt und durch lange Vorhänge verdeckt. Oben im Museum gibt es dazu eine Ausstellung mit Fotos und den Originalstühlen dieses geschichtsträchtigen Ereignisses. Übrigens hat Adenauer die ersten Wochen seiner Kanzlerschaft im Museum Koenig verbracht, bevor dann das Palais Schaumburg zum offiziellen Amtssitz des Bundeskanzlers wurde (siehe dazu Freizeittipps »Das politische Bonn«). Vielleicht hat er ja in dieser Zeit mit den ausgestopften Tieren seinen Frieden geschlossen.
Informationen zur Ausstellung und den Öffnungszeiten findet man unter www.museumkoenig.de

104 Haus der Geschichte

Das Haus der Geschichte ist im Vergleich zum Museum Koenig ein Newcomer. Das Museum, das übrigens auch als Ansprechpartner für Führungen zum Kanzler-Bungalow verantwortlich ist, präsentiert die Geschichte Deutschlands seit 1945.
Und diese Präsentation ist alles andere als trocken und langweilig. Die Dauerausstellung im Haus der Geschichte ist sehr modern und multimedial mit einer Fülle an Exponaten.
Neben der Dauerausstellung gibt es regelmäßig Sonderausstellungen und Tagungen. Als man das Haus der Geschichte in den 90er-Jahren baute, fand man bei

Ausschachtungsarbeiten einen alten römischen Tuffsteinkeller. Der wurde konserviert und in den Keller des Museums integriert.
Informationen unter www.hdg.de

105 Kunst- und Ausstellungshalle der Bundesrepublik Deutschland

Die Kunst- und Ausstellungshalle der Bundesrepublik Deutschland, kurz Bundeskunsthalle, besitzt keine eigene Dauerausstellung, sondern präsentiert wechselnde Ausstellungen. Und zwar aus ganz unterschiedlichen Bereichen: Kunst und Kunstgeschichte, Technik, Fotografie, Design und Architektur.
Die drei großen Kegel, die der Architekt Gustav Peichl auf dem Dach der Bundeskunsthalle als Lichtschächte bauen ließ, sind mittlerweile zu einem Erkennungszeichen der gesamten Museumsmeile geworden.
Wer sich über das aktuelle Ausstellungsangebot informieren möchte, findet dazu unter www.bundeskunsthalle.de die nötigen Details.

106 Deutsches Museum

Das Deutsche Museum in Bad Godesberg ist die Zweigstelle des großen Deutschen Museums in München, eines der weltweit führenden Technikmuseen. In Bonn werden Exponate und Experimente berühmter Wissenschaftler, Techniker und Erfinder vorgestellt. Der Themenschwerpunkt ist »Forschung und Technik in Deutschland nach 1945«.
Allerdings hat das Bonner Museum Geldsorgen, denn die Stadt Bonn hat beschlossen, den Vertrag im Jahr 2018 zu kündigen, und damit fehlen 70 Prozent der benötigten Gelder. Möglicherweise kann man sich –

so die Museumsleitung – auf andere finanzielle Beine stellen.
Informationen zum Museum findet man unter www.deutsches-museum-bonn.de

107 **Rolandsbogen/Burg Rolandseck**

Die Burg Rolandseck wurde als Höhenburg am Abhang des Rodderbergs 1122 erbaut. Allerdings verfiel die Burg im 15. Jahrhundert mehr und mehr. Den »Todesstoß« erhielt die Burganlage bei einem Erdbeben 1673. Übrig blieb lediglich ein großer gemauerter Fensterbogen, der sogenannte Rolandsbogen. Der wurde während der Rheinromantik zu einem beliebten Ausflugsziel und Malereimotiv.
Als dann 1839 der Bogen einbrach, gab es eine Spendenaktion, um dieses Stück Ruine wieder aufzubauen. Bereits Ende des 19. Jahrhunderts wurden Touristen am Rolandsbogen bewirtet, 1929 eröffnete dort dann ein Restaurant.
Informationen unter www.rolandsbogen.de

108 **Bahnhof Rolandseck**

Das Mittelrheintal wurde im 19. Jahrhundert zu einem beliebten Reiseziel. Bereits 1856 verlängerte die private »Bonn-Cölner Eisenbahn-Gesellschaft« ihre Strecke von Köln über Bonn-Bad Godesberg bis nach Rolandseck. Der Bahnhof hier war also sozusagen die Endstation für Rheintouristen, die für das Siebengebirge und den Drachenfels schwärmten.
Der Bahnhof wurde von zahlreichen Persönlichkeiten besucht. Dazu zählten: Königin Victoria von England, Kaiser Wilhelm II., Reichskanzler Bismarck und Heinrich Heine. Nach dem Zweiten Weltkrieg

drohte der Bahnhof aber mehr und mehr zu verfallen. 1964 übernahm der Bonner Galerist Johannes Wasmuth das marode Gebäude, gründete zusammen mit befreundeten Künstlern den Verein »arts and music«. Bahnhof Rolandseck entwickelte sich zu einem Veranstaltungsort für Kunst und Kultur. 2007 wurde oberhalb des Bahnhofs ein neues Museum geschaffen, um auf fast 3.000 Quadratmetern die Werke des Ehepaars Hans Arp und Sophie Taeuber-Arp zu präsentieren. Das »**Arp Museum Bahnhof Rolandseck**« (109) ist, nach eigenen Angaben, das weltweit einzige Museum, das sich sowohl Hans Arp als auch Sophie Taeuber-Arp und ihren vielfältigen Arbeiten widmet.
Informationen unter www.arpmuseum.org

ZWISCHEN WAHNER HEIDE UND DER SIEG

Immer wenn ich auf dem Rückweg von einem Termin mit dem Flugzeug am Flughafen Köln/Bonn lande, staune ich über die Größe des Naturschutzgebietes rund um den Flughafen.

Ich finde, erst aus der Luft wird einem bewusst, dass einer der fünf großen Flughäfen Deutschlands von Wald und Heidelandschaft weiträumig umgeben ist.

So absurd es zunächst klingen mag, aber die Tatsache, dass schon zu preußischer Regierungszeit die Wahner Heide als Schießplatz genutzt wurde, dass sie in den darauffolgenden Jahrzehnten ein Truppenübungsplatz war, hat letztlich mit dafür gesorgt, das dieses 47 Quadratkilometer große Gebiet nicht verbaut wurde. Nur so konnte sich hier eines der artenreichsten Naturschutzgebiete Nordrhein-Westfalens entwickeln.

Ganz in der Nähe der Wahner Heide liegt ein zweites Naturschutzgebiet, das Naturschutzgebiet Siegmündung, das mittlerweile in den Kreis der europäisch bedeutsamen Naturreservate aufgenommen wurde.

Und selbst wenn man sich nur auf das Bonner Stadtgebiet beschränkt, kommt man auf sage und schreibe elf Naturschutzgebiete.

Wer mehr wissen will, wendet sich an:

Biologische Station Bonn/Rhein-Erft e. V.
Auf dem Dransdorfer Berg 76

53121 Bonn
Tel. 0228/2495799
www.biostation-bonn-rheinerft.de

DAS FOTO

»Arne, nun komm doch endlich weiter.«

»Sekunde noch, Schatz, ich will nur noch schnell die Kameras hier ansehen.«

Kriminaloberkommissar Arne Schmitz beugte sich vor und nahm eine Kamera in die Hand.

»Ich darf doch?«, er schaute den Flohmarkthändler an, doch der nickte nur abwesend, während er in einem Katalog blätterte.

»Arne, komm, du willst doch nicht etwa die alte Kamera da kaufen?«

»Das hier, Nina, ist nicht irgendeine Kamera, das ist eine Agfa Isola I …«

»Seh ich, Arne, steht ja für Doofe dick vorne auf dem Objektiv. Du, die sieht nicht besonders kompliziert aus.«

»Ist sie auch nicht, die Fokussierung geht über drei Stufen, einfache Meniskuslinse, eine Springtubus-Kamera für 6 x 6 Rollfilm«, zählte Arne auf und bekam dabei ganz leuchtende Augen.

»Is von '69, glaub ich«, warf der Händler ein, »wenn Sie die kaufen wollen, kostet 20 Euro.«

Arne lächelte den Verkäufer an. »20 Euro? Als die Kamera auf den Markt kam, hat sie 27,50 D-Mark gekostet. Ich gebe Ihnen zehn Euro.«

»15 Euro – letztes Angebot.«

»Abgemacht!« Arne zog zwei verknitterte Geldscheine aus der Hosentasche und machte damit den Kauf perfekt.

Als er mit Nina an den weiteren Ständen des Flohmarktes vorbeischlenderte, der einmal im Monat in der Rheinaue stattfand, legte Nina zärtlich den Arm um ihn. »15 Euro für eine Kamera von 1969, und du weißt nicht mal, ob man damit noch anständige Fotos machen kann …«

»Die Isola I wurde von '57 bis '63 gebaut, der Kerl am Stand hat keine Ahnung. Das ist eine ganz einfache Kamera, kann nicht viel kaputtgehen, sie war damals sozusagen ein Einsteigermodell. Aber ich verrate dir mal was: Mein Onkel hat mir zum zehnten Geburtstag seine alte Isola I geschenkt. Alle anderen in meiner Clique hatten normale Kleinbildkameras, aber die alte Isola war für mich etwas Besonderes. Ich war unglaublich stolz darauf. Sieben Jahre lang habe ich damit fotografiert.«

»Und dann?«

»Dann ist sie mir bei einem InterRail-Urlaub in Italien aus dem Rucksack geklaut worden«, erwidert Arne, »wahrscheinlich dachten die Diebe, das wäre ein teureres Modell.«

Nina sah, wie zufrieden Arne mit seiner Neuerwerbung war, und verzichtete darauf, ihn weiter zu necken. »Na, dann hoffe ich mal, dass du in der Lage bist, noch Rollfilm aufzutreiben.«

Arne grinste seine Freundin an. »Darauf kannst du dich aber verlassen.«

Eine Woche später öffnete Arne neugierig den Versandumschlag. Es war wirklich nicht schwer gewesen, Rollfilm zu kaufen. Mit einer gewissen Erleichterung hatte er die Angebote im Internet angesehen. Bestimmt hätte Nina ihren Spaß daran gehabt, ihn liebevoll zu necken, wenn es keine Filme für seine Kamera gegeben hätte. Aber diese Gefahr war ja jetzt gebannt – vor Arne lagen fünf neue Filmrollen. Genug, um die Möglichkeiten der alten Kamera auszutesten.

Arne schob den Schieber an der Seite der Kamera nach unten, der mit einem satten »Klack« einrastete. Das Kameragehäuse war zwar aus schwarzem Kunststoff, aber die Filmandruckplatte in der Rückwand war aus Metall und gab der Klappe auf der Rückseite der Kamera eine vertraute Schwere. Behutsam öffnete er die Rückwand der Kamera und erstarrte. Ungläubig schaute er in das Kameragehäuse. In der alten Kamera lag noch eine Filmrolle.

Glücklicherweise war Sonntag. Nina hatte sich mit ein paar Freundinnen zum Nordic Walken in der **Siegaue** verabredet. Vor Arne lag ein Sonntagnachmittag ohne Verpflichtungen, keine Verabredungen, einfach nur Zeit, die er in der Dunkelkammer verbringen konnte.

Die ersten Handgriffe in völliger Dunkelheit führte er ohne großes Nachdenken ganz automatisch aus: Filmrolle öffnen, Film auf die Spirale fädeln, in die lichtdichte Entwicklungsdose einsetzen. Arne schaltete danach das Licht an und kippte Entwickler in die Dose. Kräftig auf die Tischplatte stoßen, damit keine Luftbläschen entstehen und dann im Drei-Sekunden-Rhythmus die Dose kippen. Wie oft hatte er das in den letzten 25 Jahren gemacht.

Gut zehn Minuten später schüttete Arne behutsam den Entwickler in einen alten Kanister und wässerte den Film, bevor er auch das Wasser wieder herauskippte und durch den Fixierer ersetzte. Er schaute auf die Armbanduhr, wartet geduldig und schüttete schließlich den Fixierer in die Flasche zurück. Jetzt hätte er gerne einen Kaffee gehabt, aber die Neugierde war größer, also wässerte Arne den Film ein zweites Mal und öffnete dann die Dose. Enttäuscht sah er, dass etliche Negative schwarz waren, doch es gab auch ein paar Bilder. Arne seufzte, was er sah war ein Auto. Na ja, was hatte er erwartet – das Bernsteinzimmer?

Arne streifte vorsichtig das Wasser von den Negativen und klammerte sie an eine Leine zum Trockenen.

Jetzt konnte er auch Kaffee kochen.

Im roten Licht der Dunkelkammer schob Arne das Fotopapier in Position und schaltet den Vergrößerer ein.

Er arbeitete mit einer Routine, die nur durch jahrelanges Üben entsteht, Abzug in die Wanne mit Entwickler, kurz danach ins Stoppbad, dann in die Schale mit Fixierer.

Nächster Abzug … – insgesamt vier Fotos gab es auf dem alten Film. Arne hatte große Abzüge gemacht, einfach weil er neugierig auf die Einzelheiten war.

Er schaute sich die Abzüge der Reihe nach an und spürte dabei ein Kribbeln, dass er sonst nur von seiner Arbeit an Tatorten kannte.

»Ach du heilige Scheiße«, murmelte er. Bei dem Foto mit dem Auto handelte es sich eindeutig um einen Wagen, der gegen einen Baum geprallt war. Ein Opel Kadett, irgendwann in den 70er-Jahren. Was aber Arne zum Fluchen brachte, war nicht der vom Unfall zerstörte Wagen, sondern die Frau, die hinter dem Steuer saß. Selbst auf der grobkörnigen Schwarz-Weiß-Aufnahme sah Arne das Blut auf ihrem Gesicht und den unnatürlichen Winkel des verdrehten Kopfes. Die Frau am Lenkrad war tot.

»Volker, wo bleibt denn Jens?«, fragte Arne seinen Kollegen Volker Hatter, der mit schmerzverzerrtem Gesicht den Flur des Polizeipräsidiums entlangschlurfte.

»Jens hat doch heute Urlaub, schon vergessen? Der begleitet Simone mit ihrer Grundschulklasse. Denen fehlte für ihren Wandertag die männliche Begleitperson. Jens hat sich von seiner Liebsten breitschlagen lassen. Mit 26 Kindern zur ›**Tausendjährigen Eiche**‹, ich prophezeie dir, Jens wird dankbar sein, wenn er wieder mit uns einen Mörder jagen darf.«

»Du siehst aber auch nicht gerade glücklich aus?«

»Oh, hör auf. Ich Idiot habe mich darauf eingelassen, mit den Kollegen von der Spusi am Samstag eine Trainingsrunde im »**Woodland**« mitzumachen. Boah, die Hindernisse, das Klettern und Robben – ganz ernsthaft, nächstes Jahr werde ich 40, ich bin zu alt für so was. Ich hatte gestern die Mutter aller Muskelkater, kannst du mir glauben.«

»Kannst du mir bei einer Sache helfen?«, fragte Arne, »ich hätte das sonst mit Jens durchgesprochen.«

Volker schaute auf die Uhr. »Klar, pass auf, ich schleppe mich rüber zur Sitte und gebe die Akten hier ab und dann treffen wir uns, in, sagen wir mal, zehn Minuten.«

Zehn Minuten später beugten sich Arne und Volker über die Fotoabzüge, die vor ihnen auf dem Schreibtisch lagen.

»Und die Fotos waren in einer alten Kamera, die du auf dem Flohmarkt gekauft hast?«

»Ganz genau. Was meinst du, können wir rauskriegen, was das für ein Unfall war?«

»Im Prinzip schon, aber wir haben kein Kennzeichen. Du kannst ja schlecht das ganze Archiv nach Autounfällen mit Todesfolge absuchen. Ich finde das Bild hier interessant.« Volker tippte auf einen Abzug.

»Du meinst die Nahaufnahme der toten Fahrerin?«

»Genau! Die anderen drei Fotos wurden aus einer erhöhten Position aufgenommen. Überleg mal, ein Auto kracht gegen einen Baum und irgendwer fotografiert das Ganze, zum Beispiel von einem Hochsitz aus. Aber offensichtlich heimlich. Auf diesem Foto hier steht ein Mann am Auto. Der sieht nicht so aus, als würde er wissen, dass er gerade fotografiert wird. Das sind auch nicht die Aufnahmen von einem Polizeireporter, denn du sagtest ja, dass das eine ganz einfache Kamera ist, die hätte ja kein Reporter mitgenommen. Der Mann am Auto verschwindet. Die Aufnahme, auf der die tote Fahrerin zu sehen ist, wurde aus viel größerer Nähe aufgenommen. Unser Fotograf hat den Standort gewechselt und ist näher rangegangen. Die Kamera hat keinen Zoom – oder?«

Arne schüttelte den Kopf. »Wo denkst du hin, drei Fokuseinstellungen, nah, etwas weiter weg und unendlich.«

»Dachte ich mir schon.«

Arne lehnte sich zurück und rieb sich die Augen. »Wir haben also einen Unfall, dann einen Zeugen, Schaulustigen oder Helfer, der fotografiert wird, und als der dann wieder weg ist, wagt sich unser Fotograf näher ran. Vielleicht hatte er ja sogar das Kennzeichen fotografiert, aber die restlichen Aufnahmen sind unbrauchbar.«

»Ich glaub es nicht.«

Arne schaute hoch. »Wieso, Volker, klingt doch logisch, und grad warst du doch noch meiner Meinung?«

»Was? Nee du, ich meine nicht deine Schlussfolgerungen, ich meine das hier.« Volker schob seinem Kollegen den »Bonner General-Anzeiger« herüber und tippte auf eine Meldung im Lokalteil.

»Freie Wähler ehren Vorsitzenden«, las Arne laut vor und schaute Volker ratlos an, »und?«

Volker tippte auf das Gruppenbild.

»Nein!«, entfuhr es Arne. »Das gibt es doch nicht.«

Laut Bildunterschrift des Zeitungsfotos bekam gerade Hans-Günther Fahrenbeck einen großen Blumenstrauß überreicht. Und dieser Hans-Günther Fahrenbeck hatte eine verblüffende Ähnlichkeit mit dem Mann neben dem Unfallwagen.

Arne brauchte ungefähr zwei Stunden im Archiv, dann hatte er die Fakten zusammen. Er griff zum Telefonhörer und rief Volker an. »Ich bin so weit, Volker. Kommst du mit?«

»Na, das will ich doch nicht verpassen.«

Arne bewunderte die Jugendstilvilla in der Rheinallee. »Nicht schlecht, für so eine Wohnlage muss eine alte Frau lange stricken.«

Volker nickte zustimmend und drückte auf die Klingel. Drinnen ertönte ein Gong. Es dauerte nur ein paar Augenblicke, bevor ihnen eine Frau öffnete. »Ja, bitte.«

»Guten Tag, Kriminaloberkommissar Arne Schmitz und das ist mein Kollege Kriminalhauptkommissar Volker Hatter, Kripo Bonn. Wir würden gern mit Herrn Fahrenbeck sprechen.«

»Kriminalpolizei? Ja, sicher, kommen Sie doch bitte herein. Mein Mann ist hinten im Garten. Bitte.« Die Frau deutete mit der Hand auf eine Sitzgruppe, die man durch eine offene Doppeltür sehen konnte. »Nehmen Sie doch schon einmal Platz. Ich rufe ihn herein.«

Die beiden Polizisten setzten sich und warteten. Keine zwei Minuten später betrat Hans-Günther Fahrenbeck den Raum. Wenn Arne richtig gerechnet hatte, war Fahrenbeck 74 Jahre alt, aber er hätte auch genauso gut 15 Jahre jünger sein können. Schlank, sportlich, braun gebrannt stand er im Raum. Kein Zweifel, auch wenn die Haare mittlerweile grau und deutlich kürzer waren, war Fahrenbeck der Mann auf dem Foto.

»Meine Frau sagt, Sie sind von der Kriminalpolizei. Was kann ich für Sie tun?«

Arne stellte sich und Volker ein zweites Mal vor.

Fahrenbeck nickte. »Darf ich den Herren etwas zu trinken anbieten, Wasser, Kaffee oder einen Cognac?«

»Nein, herzlichen Dank, wir sind im Dienst, Herr Fahrenbeck«, lehnte Volker ab.

»Gut, dann bin ich gespannt. Also, was führt Sie zu mir.«

»Es geht um den Unfalltod Ihrer Frau.«

»Aber das ist doch absurd, Sie haben sie ja gerade kennengelernt.«

»Nein, Herr Fahrenbeck«, verbesserte Arne, »wir meinen Ihre erste Frau, Ursula Mohn-Fahrenbeck.«

»Gott, die alte Geschichte, das ist ja schon so lange her, über 40 Jahre.«

»42 Jahre, um genau zu sein«, erklärte Volker ruhig. »Sehen Sie, Herr Fahrenbeck, Ihre erste Frau ist damals tödlich verunglückt. Keiner konnte sagen, warum sie mit ihrem Auto von der Straße am Rande der **Wahner Heide** abkam und gegen einen Baum fuhr.«

»Ja, Ursula fuhr gern sportlich, ich hatte mir immer Sorgen gemacht.«

»Und zum Zeitpunkt des Unfalls waren Sie in Troisdorf, haben sich dort mit Geschäftsfreunden getroffen, waren im Rathaus auf der **Burg Wissem**.«

»Ja … sicher, ich denke, so war es.«

»Nun, das **Bilderbuchmuseum** gab es ja noch nicht …«

»Ich verbitte mir diesen Tonfall, Herr Hatter. Sie haben recht, ich war den ganzen Tag mit Kunden zusammen.«

»Sehen Sie, und genau deshalb sind wir heute hier, Herr Fahrenbeck.« Arnes Tonfall hatte alles Verbindliche verloren. »Wir haben in unseren Akten Ihre Aussage und Ihr Alibi nachgelesen, aber das ist seit heute früh hinfällig.«

Arne zog einen Abzug aus der Jackentasche und legte ihn geradezu behutsam vor Fahrenbeck auf den Couchtisch. »Wie erklären Sie sich dieses Foto, das Sie am Unfallort zeigt, direkt nach dem Unfall? Wie kann das sein? Womöglich, weil Sie nicht die ganze Zeit mit Ihren Geschäftspartnern zusammen waren? Womöglich, weil Sie Ihre Frau von der Straße abgedrängt haben? Wie wir in den Akten nachlesen konnten, waren Sie der Begünstigte einer hohen Lebensversicherung. Fast zwei Millionen Mark, eine Menge Geld.«

Fahrenbeck starrte auf das Foto. »Das … das ist ja kompletter Unsinn. Eine Fälschung ist das, Manipulation, üble Nachrede.«

»Unsinn? Üble Nachrede? Nein, Herr Fahrenbeck, so würden wir das nicht nennen«, erwidert Arne und stand auf, »aus unserer Sicht reden wir über Mord. Und darüber würden wir jetzt gern im Polizeipräsidium mit Ihnen weitersprechen, denn Mord verjährt nicht.«

110 Siegaue/Naturschutzgebiet Siegmündung

Das Naturschutzgebiet ist rund 150 Hektar groß und erstreckt sich über den gesamten Mündungsbereich der Sieg, der auf dem Bonner Stadtgebiet liegt. Hier gibt es etwas, das Fachleute eine Überflutungsdynamik nennen: Flächen, die bei bestimmten Pegelständen unter Wasser stehen und so speziellen Tier- und Pflanzenarten einen eigenen Lebensraum bieten.
Die sogenannte Siegaue ist vor allem für Wasser- und Watvögel von landesweiter Bedeutung. 1985 wurde das Ganze als Naturschutzgebiet festgelegt und 13 Jahre später, 1998, unter dem Namen »Siegaue und Siegmündung« an die Europäische Kommission gemeldet. Damit wurde dieses Naturschutzgebiet Bestandteil des Europäischen Schutzgebietsnetzes »Natura 2000«.

111 »Tausendjährige Eiche«

Diese Eiche ist wahrscheinlich noch gar nicht 1.000 Jahre alt, aber sie hat schon mehrere 100 Jahre erlebt.
Bereits zu Preußens Zeiten wurde der Baum als »tausendjährig« betitelt und dabei blieb es dann. Forstwirte mussten den Baum stützen und stabilisieren und selbst diese Stabilisierungen sind mittlerweile marode.
Die »Tausendjährige Eiche« ist ein beliebtes Wanderziel in der Wahner Heide und ganz sicher der älteste Baum in diesem Naturschutzgebiet, vielleicht sogar einer der ältesten Bäume Deutschlands.

112 »Woodland«-Park

»Woodland« ist ein Hindernisparcours im Sankt Augustin bei Bonn. Wer hier eine Trainingsrunde dreht, darf mithilfe von Seilen an Holzwänden hochklettern, unter Hindernissen entlangrobben und über Holzbalken balancieren.

Hier merkt man, dass der Gründer des Parks früher einmal bei der Bundespolizei war. Nach eigenen Angaben ist »Woodland« der erste Hindernispark dieser Art in Europa.

Informationen, Eintrittspreise und Öffnungszeiten findet man unter www.woodland-park.de

113 Wahner Heide

Die Heide ist mit 100 Brutvogelarten, mehr als 2.500 Käferarten und über 700 Arten der Roten Liste das artenreichste Naturschutzgebiet in NRW. Das ganze Gebiet umfasst rund 47 Quadratkilometer.

1996 wurde das »INFOZentrum Wahner Heide« gegründet. Wer sich also über das Naturschutzgebiet informieren möchte, hat hier eine ideale Anlaufstelle. Das Infozentrum bietet darüber hinaus Exkursionen, Radwanderungen und andere Veranstaltungen an, wie zum Beispiel einen nächtlichen Heidespaziergang oder den »Musikalischen Heidespaziergang mit Klaus dem Geiger«. Daneben gibt es Gruppenführungen und Kinderfreizeiten.

Informationen unter www.wahnerheide.net

114 Die Burg Wissem

Die Burg diente der Stadt Troisdorf von 1945 bis 1981 als Rathaus. Das Hauptgebäude entstand im 19. Jahrhundert, wobei die gesamte Burganlage viel älter ist. Bereits zur Merowingerzeit gab es hier einen befestigten Hof, urkundlich wird die Burganlage 1474 das erste Mal erwähnt. In den letzten Jahren wurden auf der Burg Wissem unter anderem ein Restaurant, die Tourist Information, das Portal »Wahner Heide« und verschiedene weitere Einrichtungen untergebracht. Bereits seit 1982 gibt es hier das Bilderbuchmuseum. Informationen unter www.troisdorf.de

115 **Bilderbuchmuseum**

Das Ganze begann nach eigenen Angaben 1982. Damals schenkte Wilhelm Alsleben der Stadt Troisdorf seine Bilderbuch-Sammlung. Die enthielt über 300 historische Originalillustrationen, zahlreiche Lithosteine, Holzdruckstöcke und einige Tausend moderne Bilderbücher. Auf der Burg Wissem fand die Sammlung eine neue Heimat und wurde in den Folgejahren durch Schenkungen und Zukäufe nach und nach erweitert. Heute ist das Bilderbuchmuseum in Troisdorf Europas einziges Spezialmuseum für künstlerische Bilderbuchillustration, historische und moderne Bilderbücher. Hier gibt es nicht nur Sonderausstellungen, sondern auch Workshops. Natürlich kann man auch »nur« Bilderbücher anschauen.
Informationen und Öffnungszeiten unter www.troisdorf.de/bilderbuchmuseum

HISTORISCHE GEBÄUDE IN BONN

»Bonn war eigentlich gleich zweimal Hauptstadt«, erklärte mir Stadtführerin Soledad Sichert bei unserem Rundgang.

Na ja, sie hatte natürlich ein wenig übertrieben, aber ganz unrecht hatte sie nicht. Die Kölner Erzbischöfe im 17. und 18. Jahrhundert liebten das höfische Leben und den Prunk. Das soll nicht heißen, dass sie nicht auch tiefreligiös waren, aber sie glichen damit gegenüber anderen Fürsten ein großes Manko aus. Der Erzbischof war nicht nur geistliches Oberhaupt seines Bistums, sondern gleichzeitig auch politischer Landesherr und konnte als einer der sieben Kurfürsten den König beziehungsweise Kaiser wählen.

Allerdings verfügte der Kurfürst nur über eine geringe Zahl von Soldaten, und das wiederum schwächte seine Position. Einige Historiker sprechen hier von »Mindermächtigkeit«.

Was das mit Bonn zu tun hat?

Nun, die Kölner Kurfürsten beeindruckten ihre Zeitgenossen mit entsprechendem Prunk. Höfisches Leben, aufwendige Jagdveranstaltungen und Feste waren für sie auch Mittel, um als Verhandlungspartner – trotz der »Mindermächtigkeit« – ernst genommen zu werden.

Die Kurfürsten bauten ihre Schlösser, Residenzen und Gartenanlagen in Brühl und Bonn. (siehe dazu auch »Parks in Bonn«).

Vor allem einer prägte die Stadt wie kein Zweiter: Clemens August von Bayern (1700–1761), der von 1723 bis 1761 Kurfürst und Bischof war. Übrigens nicht nur von Köln, denn Clemens August war gleichzeitig auch Fürstbischof von Paderborn, Münster, Hildesheim und Osnabrück.

Aber in Bonn hielt er sich viel lieber auf als in der Domstadt. Kurz: Im 18. Jahrhundert konnte Bonn durchaus von sich behaupten, eine wichtige Residenzstadt zu sein.

Aus dieser Zeit stammen viele Gebäude, die auch heute noch das Bild der Stadt prägen, was aber nicht heißen soll, dass Bonn erst im 17. und 18. Jahrhundert bedeutende historische Bauwerke erhielt. Das Bonner Münster beispielsweise stand zu diesem Zeitpunkt bereits seit 600 Jahren.

X MÖRDERISCHES BONN

»Ich bitte dich, ›Mörderisches Bonn‹, was ist das für ein Buchtitel? Ich meine, man kann einen Krimi in der Welt der Hochfinanz spielen lassen. Okay, dann müssen wir nach Frankfurt. Der Kalte Krieg, das Spionieren zwischen den Fronten, Agenten zwischen Ost und West, die Geheimtreffen … alles klar, die Handlung spielt in Berlin. Ein paar dunkle Gassen werden wir sicher im Ruhrgebiet finden, na ja, meinetwegen auch noch in Köln. Aber Bonn?«

»So, hast du dich jetzt genug aufgeregt? Ich habe den Titel nicht ausgesucht, sondern der Verlag«, Robert Lehndorfs Stimmlage wechselte vom Geduldigen ins Schmeichlerische. »Wenn der Verlag einen neuen Autor sucht, dann bist du, Frank, genau der richtige Mann dafür.«

Frank Marlhaus zögerte, auch eine Art nach Komplimenten zu fischen, doch Robert legte nicht noch einen drauf.

»Aber trotzdem, Robert … also ich weiß nicht, das scheint mir alles so unbefriedigend zu sein. Krimi ist doch sehr banal und Mainstream.«

Frank hörte, wie Robert Lehndorf am anderen Ende der Telefonleitung einmal tief Luft holte.

»Pass mal auf, Frank, ich habe es auf die sanfte Tour versucht, aber das scheint ja nicht in deinen Schädel zu gehen.« Roberts Stimme klang mit einem Mal sehr geschäftsmäßig. »Die Wahrheit ist, dass keine Sau deine letzten drei Manuskripte verlegen will. Weder das Familiendrama noch den Science-Fiction-Roman und erst recht nicht dein 600-seitiges Historienspektakel um die Wäscherinnen-Dynastie an der Mosel – alles Totgeburten, liegen hier seit Monaten wie

Blei im Regal. Ich hole mir ständig eine blutige Nase, weil ich das Zeug trotzdem anbiete. Krimis aber laufen immer, und jetzt ist da ein Verlag, der nicht nur einen Titel und ein Thema vorgibt, sondern gleich mit einem Vertrag über zwei Folgetitel winkt. Das Einzige, was du tun musst, ist, dass du deinen Arsch hochkriegst, um in der Stadt, in der du lebst, ein bisschen zu recherchieren. Du schaust dir die historischen Gebäude in Bonn an, Gott, da kannst du wahrscheinlich sogar zu Fuß hingehen, schreibst das verfluchte Exposé plus eine Leseprobe von, sagen wir mal, 70 Seiten und lieferst alles pronto ab. Drei Bücher – ein fürstlicher Vorschuss und du regst dich über den Buchtitel auf?«

»Also, das finde ich jetzt doch ziemlich hart, Robert. In meine letzten Manuskripte habe ich richtig Herzblut reingesteckt.«

»Grütze, Frank, alles Grütze. Du ruhst dich immer noch auf dem Erfolg von ›Drei Kerle und Mucki‹ aus. Aber wie lange glaubst du, werden sich die Leser daran noch erinnern? Sei froh, dass die letzten Manuskripte nicht verkauft wurden, das wären nämlich Flops geworden. Sargnägel für deine und meine berufliche Karriere. Glaubst du, dich nimmt noch jemand unter Vertrag, wenn du vorher dreistellig verkauft hast? Geschissen!«

Robert hatte sich jetzt in Rage geredet, und Frank war genötigt einzulenken, denn wenn er ehrlich war, musste er Robert recht geben, und bislang hatte er sich auf das Gespür seines Literaturagenten verlassen können. Der hatte ihm von den letzten drei Projekten abgeraten, aber Frank war stur geblieben. Besser, er hielt sich diesmal an Roberts Vorschlag.

»Also, gut, meinetwegen schreibe ich auch ›Mörderisches Bonn‹. Bitte, das ist ja nur ein Krimi. Was kann da schon schwer dran sein. Und wenn die gleichzeitig noch historische Gebäude vorstellen wollen, auch gut. Also, sag dem Verlag, ich nehm den Vertrag.«

»Sag mal, hörst du mir überhaupt nicht zu, Frank? Die wollen ein Exposé und die Leseprobe, und dann werden die entscheiden, ob du vielleicht, und damit meine ich auch vielleicht, den Vertrag bekommen wirst. Schließlich hast du bisher keinen einzigen Krimi geschrieben.«

»Was ja wohl kein Problem sein sollte, ab und zu schaue ich mir einen Tatort an, also nicht häufig, aber es waren schon einige. Jemanden umbringen und dann auf 300 Buchseiten erklären, wer es war … ich bitte dich. Peanuts.«

Robert Lehndorf brummte resigniert, an mangelndem Selbstvertrauen fehlte es Frank Marlhaus jedenfalls nicht. Und schreiben konnte er wirklich, nur hatte er sich die falschen Stoffe ausgesucht und bis gerade eben auch nicht eingesehen, daran was zu ändern. Hoffentlich hatte er es jetzt endlich kapiert.

Das Gute an dem neuen Projekt war, da hatte Robert recht, dass er für die Recherche wirklich nicht weit gehen musste. Eifrig holte Frank einen neuen Schreibblock heraus und begann damit, eine Liste aufzustellen. Vor zwei Jahren war er mal mit Silke, also bevor die ihn verlassen hatte, quer durch die ganze Innenstadt gelaufen. Die **Nachtwächter-Fackeltour** war Silkes Idee gewesen. Er hatte ja nichts gegen eine geführte Stadttour, aber dass ihm dann die anderen Teilnehmer nahelegten, er solle jetzt mal ruhig sein – Unverschämtheit. Wie hatte sich dieser große bullige Kerl ausgedrückt? »Halt die Klappe, Klugscheißer, ich versteh nix.« Ja, genau das hatte er sich anhören müssen. Und warum? Weil er ein paar nützliche Querverbindungen zwischen dem mittelalterlichen Bonn und der Städteentwicklung an der Mosel im 14. und 15. Jahrhundert erläutern wollte. Eine solche Ignoranz hatte er selten erlebt. Die wollten das alles gar nicht wissen, das musste man sich mal vorstellen. Aber das kannte er ja schon. Dem bulligen Kerl hatte er Contra gegeben, aber hallo. Dem hatte er ein deutliches »Entschuldigung, ich bin Schriftsteller!« an den Kopf geschmettert. Der Satz hatte gesessen. Vielleicht nicht so deutlich sichtbar, der ungehobelte Kerl war mehr so innerlich aufgewühlt gewesen, davon war Frank überzeugt.

Zurück zur Liste. Frank notierte »**Bonner Münster**«, dann hielt er inne. Brauchte er überhaupt eine Liste? Die Gebäude konnte er doch auswendig runterbeten.

Nein, er würde das so machen, wie Marlon Brando, De Niro oder Daniel Day-Lewis – Method-Acting. Er würde eintauchen in die Atmosphäre des Ortes, würde seine Geschichte atmen, sich inspirieren lassen. Sozusagen seine eigene Interpretation dieses Weges: »Method-Writing«. Hach, Robert würde staunen.

Frank beschloss, sofort in die Stadt zu gehen, um sich im Kreuzgang der Münsterkirche die nötige Inspiration zu holen. Auf dem Platz vor der Kirche stand ja auch diese **Stadtübersicht aus Bronze**, das gab ihm doch gleich einen guten Überblick, was er sonst noch in seinem Krimi erwähnen könnte, oder zumindest, ob seine innere Liste vollständig war.

Als er durch die Buschstraße ging, fiel ihm ein, dass hier doch das »BoKAS« sein musste, das »Bonner Krimi-Archiv Sekundärliteratur«. Er hatte mal gelesen, dass man dort nur auf Voranmeldung recherchieren konnte. Gut, würde er sich eben voranmelden. Er würde sich zu dem Krimi-Experten schlechthin mausern. Frank sah schon die ersten Kritiken vor sich: »Marlhaus überrascht mit fundiertem Wissen und

Spannung«, »Der neue Stern am Krimihimmel«, »Bestsellerautor haucht angestaubtem Krimigenre neues Leben ein«.

Voller Tatendrang lief Frank weiter Richtung Hofgarten und spürte mit jeder Faser seines Körpers, dass das hier was richtig Großes werden würde. Nicht nur irgendein Krimi, sondern die Mutter aller Regionalkrimis. Frank entschied sich für den Weg durch den Hofgarten, vorbei am Akademischen Kunstmuseum. Sollte er das einbauen? Ah, zu abgeschmackt! Das **Unigebäude**, das ehemalige kurfürstliche Schloss, war natürlich was anderes. Keiner konnte über die Innenstadt schreiben und dabei das langgestreckte Gebäude unerwähnt lassen. Frank erinnert sich plötzlich wieder an so viele Einzelheiten, die er längst vergessen hatte. Drüben zum Beispiel, der Torbogen über der B 9, das **Koblenzer Tor,** oder sollte er es historisch korrekt »Michaelstor« nennen? Egal, jedenfalls hatten sich in den Räumen über dem Torbogen mal die Arresträume der Uni befunden, und da soll sogar schon Karl Marx eingesessen haben. Zumindest hatte Frank das jemand erzählt. Das waren die Details, die eben nur ein Insider kennen konnte. Schon deshalb gab es keinen anderen für diesen Job.

»Ich bin der Einzige!«

Eine Frau zog bei diesem lauten Ausruf hastig ein Mädchen zur Seite. Hoppla, hatte er das gerade laut gesagt? Wurscht, es stimmte ja. Geradezu trunken von diesem Gedanken lief Frank weiter.

Die Ernüchterung kam plötzlich und völlig überraschend … und sie hatte einen Namen: Olaf Schöller. Olaf Schöller, diese kleine Ratte, dieser Möchtegern-Bestellerautor. Frank stand hinter einem Steinpfeiler des Kreuzgangs der Münsterkirche und kochte vor Wut und Empörung. Noch Augenblicke zuvor hatte er die Stille dieses Ortes genossen, mitten in der Innenstadt und doch eine Welt für sich. Aber dann trat Olaf Schöller durch die eisenbeschlagene Holztür. Frank hatte ihn natürlich sofort erkannt: der blonde Lockenkopf, die alberne rote Lederjacke, die so etwas wie das Markenzeichen Schöllers geworden war.

Besser er ging Schöller aus dem Weg, womöglich würde er sich sonst vergessen. Am liebsten hätte er dem Kerl die Gurgel umgedreht.

Olaf Schöller hatte sich auf der Website »Literatur-Forum aktuell« lang und breit über das, wie er es nannte, »One-Book-Wonder« Frank Marlhaus amüsiert. »Ein Autor, der mit ›Drei Kerle und Muschi‹ – oder war es ›Mucki‹? – einen kurzen Moment des Ruhms genießen durfte. Ein Strohfeuer des Erfolgs. So schnell verloschen, dass drei Fragen erlaubt sein müssen: War es das schon gewesen? Und: Wer ist dieser Frank Marlhaus? Und – hat er das Buch überhaupt selber geschrieben?«

Frank konnte heute noch den ganzen Artikel auswendig, Satz für Satz. Er hasste Schöller dafür und für dessen Erfolg. Unter dem Pseudonym Mario Balletti schrieb Schöller Italo-Krimis. Dutzendware in Franks Augen, keine Substanz, aber trotzdem waren die Kack-Titel regelmäßig auf der SPIEGEL-Bestellerliste. Frank sah, wie Olaf Schöller Fotos vom Innenhof und den Steinsarkophagen machte und dann wieder ging.

Als Frank ein paar Minuten später selbst die Münsterkirche verließ, war von Schöller nichts mehr zu sehen. Warum interessierte sich der Sack für die Münsterkirche?

Am nächsten Tag stürzte sich Frank in die Recherchearbeit. Ausgerüstet mit Notizblock und Kamera, begann er sich systematisch durch die Innenstadt zu arbeiten. Das **Alte Rathaus** am Marktplatz war ein Muss, darauf konnte er natürlich nicht verzichten. Ein Leichenfund auf der Freitreppe des Rathauses – das wär doch mal was. Frank notierte sich die Idee sofort. Auch den **Obelisk auf dem Marktplatz** würde er einbauen, vielleicht als Treffpunkt oder als toten Briefkasten. Zwei weitere Einfälle, die auf seine Liste kamen.

Franks nächste Station war die **Helenenkapelle**. Für jeden unsichtbar, der nicht wusste, wo man suchen musste. Der Eingang zur Kapelle lag zwar in den Kolonnaden hinter dem Unigebäude, aber die Kapelle selbst sah man nur, wenn man um die Ecke bog und ins Kaufhaus ging. Genauer gesagt, in die erste Etage, »Damenbekleidung«.

Frank war stolz darauf, dass es sich daran erinnerte. Wer kam schon auf so eine Idee.

Durch die Fensterscheiben sollte man einen Blick auf die Kapelle werfen können. Frank zwängte sich zwischen zwei Ständern mit Spitzen-BHs und Slips hindurch, um die Kapelle optimal ins Bild zu bekommen. Nee, im Stehen klappte das nicht. Frank kniete sich hin.

»Entschuldigen Sie mal, was machen Sie denn da?«

Frank schaute hoch. Eine Frau, mit mehreren Wäscheteilen in der Hand, schaute ihn empört an.

Frank hatte weder Lust noch Zeit für lange Erklärungen. »Nach was sieht es denn für Sie aus? Ich fotografiere.«

»Vom Fußboden aus?«

»Natürlich von hier unten, wie soll ich denn sonst alles drauf kriegen? Ist ja schon schwer genug, irgendwas zu sehen«, erwiderte Frank patzig.

Die Kundin warf erst einen Blick auf Frank, dann auf die nahen Umkleidekabinen, bevor sie sich wortlos umdrehte.

Na bitte, geht doch, dachte Frank zufrieden und konzertierte sich wieder darauf, dass das Blitzlicht sich nicht in der Fensterscheibe spiegelte.

»So, Freundchen, jetzt ist Schluss. Wir haben hier was gegen Spanner.«

Frank spürte eine Hand an seinem Hemdkragen und wurde im nächsten Moment mit einem Ruck nach oben gezogen.

»Was fällt Ihnen ein? Lassen Sie mich auf der Stelle los!«

»Nix da, so welche wie dich kenn ich zur Genüge. Heimlich Fotos in unseren Umkleidekabinen schießen, unsere Kundinnen belästigen. Perverser Wüstling!«

»Erlauben Sie mal, ich bin Schriftsteller!«

»Klar, und ich bin die Königin von England, Freundchen. Du kannst froh sein, dass ich heute meinen netten Tag habe und nicht gleich die Polizei rufe, sondern dich nur einfach vor die Tür setze.«

Frank versuchte so würdevoll wie möglich neben dem kleiderschrankbreiten Security-Kerl herzustolpern, was ihm aber kläglich misslang.

Auf dem ganzen Weg bis zum Haupteingang blieben Kunden stehen und starrten die beiden an. Die Schamesröte schoss Frank ins Gesicht. Gott, war das peinlich.

»Ich … ich … protestiere gegen eine solche Behandlung. Ich werde mich beschweren, ich … ich werde nie wieder etwas bei Ihnen einkaufen.«

»Freundchen, wenn ich dich erwische, wie du Damen-BHs einkaufst, dann hast du noch ein ganz anderes Problem am Hals.«

Frank erhielt einen kräftigen Stoß und stolperte aus dem Kaufhaus. Fast wäre er der Länge nach hingefallen, was er gerade noch verhindern konnte. Während er versuchte, einen Rest Würde zusammenzukratzen, sah er aus den Augenwinkeln eine rote Lederjacke und blonde Haare aufblitzen. Eine Lederjacke, die seelenruhig ins Kaufhaus ging.

Schöller! Schon wieder! Was führte der nur im Schilde?

Die Antwort auf diese Frage erhielt Frank, als er wieder zu Hause vor dem heimischen Rechner saß.

Vor Jahren hatte er sich mit dem Schöller auf Facebook befreundet. Nach dessen heimtückischem Angriff im Literaturforum wollte Frank die Beziehung abbrechen, aber dann siegte doch die Neugierde. Was machte sein Widersacher? Welche Neuigkeiten hatte dieser selbstgefällige Erfolgsschreiberling zu berichten?

Als Frank sich jetzt einloggte, fand er einen neuen Post von Olaf Schöller. Zwei Fotos: das Bonner Münster und die Helenenkapelle. Dazu die Bemerkung: »Recherche in meiner Heimatstadt. Viel darf ich noch nicht verraten, aber meinen Ermittler Giovanni Maleppi verschlägt es diesmal an den Rhein. Vielleicht bleibt er hier sogar für drei Bücher … Freue mich schon darauf, dem Verlag meine Ideen zu präsentieren.«

431 Personen gefiel das.

Frank sank in seinem Schreibtischstuhl zusammen. Da stand es. Der Schöller recherchierte ebenfalls, und Frank war klar, für welchen Titel dieser Lump sich historische Gebäude anschaute. Wie hatte es dieser Kerl nur geschafft, die Helenenkapelle zu fotografieren? Die Schmach des eigenen Rauswurfs nagte immer noch an Frank.

»Freue mich schon darauf, dem Verlag meine Ideen zu präsentieren.« – freu dich nur nicht zu früh, Freundchen. Jetzt weiß ich, dass ich mich ranhalten muss, dachte Frank. Kampflos werde ich das Feld nicht räumen.

Frank wachte bereits um 5:00 Uhr früh auf. Gestern Abend hatte er noch sein Exposé überarbeitet. Robert hatte ihm mitgeteilt, der Verlag wünsche nicht mehr als vier Seiten. Was wussten die schon! Vier Seiten – Unfug! Als er den Entwurf speicherte, war das Ganze schon auf 15 Seiten angeschwollen … und er war noch nicht fertig.

Bevor er heute das Exposé beendete, wollte er los, um die letzten Fotos zu machen. Jetzt, wo noch keine Menschenseele draußen sein würde. Der Ort, der ihm noch fehlte, war der **Alte Zoll**. Auf das **Sterntor** verzichtete er. Das Stadttor stand nicht mal mehr an der Stelle, an die es ursprünglich hingehörte, und es war aus alten Steinen neu und ganz anders aufgebaut worden. Nein, damit wollte er sich gar nicht erst belasten.

Der Morgennebel über dem Wasser, die hohen Kastanienbäume, die Ruhe – Frank entspannte sich mit jedem Schritt den Weg vom Unigebäude hinauf zum Alten Zoll, der ehemaligen Eckbastion der Bonner Stadtbefestigung. Von hier oben hatte man einen wunderbaren Blick auf den Rhein. Hier konnte man fast vergessen, dass man im Herzen der Bundesstadt war. Vorbei an den alten Kanonen, vor ihm die hüfthohe Steinbrüstung. Und wer lehnte da an der Mauer? Rote Lederjacke, blonder Lockenkopf? Frank spürte eine brodelnde Wut in sich aufsteigen. Das hier war sein Handlungsort, hier wollte er die Atmosphäre in sich aufnehmen. Da hatte eine rote Lederjacke nichts zu suchen.

»Schöller!«

Olaf Schöller drehte sich um und stutzte, dann erkannte er, wer da wutschnaubend auf ihn zukam.

»Ach nee, Frank, was machst du denn in aller Herrgottsfrühe hier?«

»Das … das geht dich eigentlich gar nichts an, aber wenn du es genau wissen willst, ich recherchiere.«

»Echt? Wow, gibt es dann demnächst ›Vier Kerle und Muschi‹, pardon, ›Mucki‹?« Olaf lachte über seinen eigenen Witz.

Hätte er besser nicht getan. Dass er überhaupt hier oben stand, war schlimm genug, dass er sich auch noch über

Franks Erfolgstitel lustig machte, sogar noch mit dem gleichen schäbigen Witz wie damals im Literaturforum, das war zu viel.

Frank brüllte wütend auf und stürmte los. Mit beiden Händen stieß er zu, so kräftig, dass der völlig überrumpelte Olaf nach hinten geworfen wurde. Ein letztes Haltsuchen, ein verzweifelter Griff an die Kante der Steinbrüstung und mit einem Schrei stürzte Olaf Schöller ins Nichts.

Sekunden später hörte Frank den dumpfen Aufschlag. Mindestens 15 Meter Höhe, direkt auf Asphalt. Keine Chance für Olaf Schöller. Frank zitterte am ganzen Körper, lauschte nach Schreckensschreien, nach Rufen von Zeugen.

Doch nichts geschah, alles blieb ruhig. Nur ein leichter Morgenwind wehte vom Fluss herauf.

*

Ein Jahr später …

»Und hier bei mir im Studio begrüße ich jetzt den Erfolgsautor Frank Marlhaus. Herzlichen willkommen.«

»Danke, ich freue mich, hier zu sein.«

»Herr Marlhaus, wahrscheinlich wurde Ihnen die Frage schon ein dutzendmal gestellt, aber vielleicht verraten Sie unseren Hörern doch noch einmal Ihr Erfolgsgeheimnis. Bei Ihrem Buch ›Mörderisches Bonn‹, das seit Wochen die Bestsellerlisten anführt, loben alle Kritiker die dichte Atmosphäre, dieses Hineinfühlen in die Seele eines Mörders. Überrascht Sie das?«

»Aber nein, natürlich nicht, schließlich habe ich nicht nur dieses Buch geschrieben, sondern auch die neue Form des ›Method-Writing‹ etabliert, das Hineindenken in eine Figur, einen Ort, eine Handlung.«

»Und Sie haben das Buch Ihrem Kollegen Olaf Schöller gewidmet, der im letzten Jahr tragisch verunglückte.«

»Das stimmt. Ich stand ja praktisch vor einer Mauer und Olaf hat es mir ermöglicht, dass ich mir einen Ruck gab, dass ich losstürmen konnte. Ja, ohne Olaf wäre dieses Buch wohl nie geschrieben worden.«

116 **Nachtwächter-Fackeltour**

Die Nachtwächter-Fackeltour ist eine Stadtführung der besonderen Art. Zwei Stunden dauert der Rundgang, und die Teilnehmer erleben das mittelalterliche Bonn, bekommen Einblicke in die 2.000-jährige Stadtgeschichte. Zu erzählen gibt es schließlich genug: Kriege, Pest, Hexenverfolgung, Geschichten von den Henkern der Stadt.

Wer sich über die Preise und die Termine der Tour informieren möchte, sollte sich die Website von Jochen und Ulli van Üüm ansehen, die die Nachtwächter-Tour organisieren: www.vanueuem-events.de

Übrigens, die beiden bieten auch eine Stadttour zum Thema Hexenverfolgung an.

117 **Bonner Münster**

Das Münster gehört ohne Zweifel zu den ältesten Bauwerken Bonns. Der Ursprung der Kirche – dies ergaben Grabungen in der Krypta – liegt im 4. Jahrhundert. Der Legende nach sollen hier die beiden römischen Märtyrer Cassius und Florentius begraben sein.

Der Pilgeransturm zu diesen Gräbern führte dazu, dass der sogenannte Cassiusstift gegründet wurde, der 691 erstmals erwähnt wird. Im 8. Jahrhundert baute man die erste Stiftskirche, die um 1050 durch die dreischiffige romanische Kreuzbasilika ersetzt wurde. Bis ins 13. Jahrhundert hinein wurde die Münsterkirche erweitert und ausgebaut, erhielt neue Gewölbe, zusätzliche Gebäude, den Kreuzgang und Flankentürme.

Auch wenn viele mittelalterliche Kunstwerke nicht mehr vorhanden sind, gibt es im Bonner Münster immer noch genug Raritäten, wie ein Taufbecken aus dem 12. Jahrhundert oder Wandmalereien aus dem 14. Jahrhundert. Die Basilika wurde übrigens 1956 zur päpstlichen »Basilica minor« erhoben. Informationen zu Öffnungszeiten und Führungen unter www.bonner-muenster.de

118 **Stadtübersicht**

Auf dem Bonner Münsterplatz steht seit ein paar Jahren eine Bronzeplastik, die ein 3-D-Modell der Stadt präsentiert. Ein Modell, das zeigt, wie Bonn Ende des 18. Jahrhunderts ausgesehen hat. Damals war die Stadt zum Teil noch umgeben von der mittelalterlichen Stadtmauer, aber es gab auch schon die großen kurfürstlichen Schlossanlagen. Die Plastik zeigt diese Gebäude vor dem großen Brand im Jahr 1777.

119 **Unigebäude/Rheinischen Friedrich-Wilhelm-Universität**

Als ich von der Bochumer Ruhr-Universität nach Bonn wechselte, musste ich mich in den ersten Wochen daran gewöhnen, dass viele Seminarräume deutlich kleiner, aber dafür die Wege innerhalb des alten Gebäudes auch sehr viel kürzer waren.

Leider ist vom alten Glanz eines kurfürstlichen Schlosses im Unigebäude nichts mehr zu sehen, doch die Atmosphäre ist umwerfend, vor allem abends, wenn das Licht aus den hohen Fenstern in den Innenhof fällt.

Die ursprünglich aus dem 13. Jahrhundert stammenden Gebäude wurden im 16. Jahrhundert in ein

Renaissanceschloss umgebaut und erhielten schließlich zwischen 1715 und 1723 ihr heutiges Aussehen. 1777 brannte das ganze Gebäude nach einer Explosion in einer Pulverkammer beinahe fünf Tage lang.
Etwas ganz Besonderes ist die vergoldete Madonnenstatue von 1755, die Regina-Pacis-Figur, über dem Hofgartenausgang. Sie überstand den fünftägigen Brand. Und nicht nur das …
Französische Revolutionstruppen sollen versucht haben, die Figur herunterzureißen, doch die Seile rissen und ein zweiter Versuch wurde von Bonner Bürgern verhindert.
Und auch bei dem Fliegerangriff von 1944, bei dem das Unigebäude ebenfalls brannte, blieb die Marienstatue unbeschädigt.
Gegründet wurde die Bonner Universität im Jahr 1818. Neben dem Schloss als Hauptgebäude gibt es natürlich noch weitere Gebäude in der Stadt, zum Beispiel für die Juristen oder die Mediziner.

120 Koblenzer Tor

Das Koblenzer Tor, das zwischen 1751 und 1755 gebaut wurde, ist Teil des kurfürstlichen Schlosses und heutigen Unigebäudes. Durch das Tor führt heute die B 9, früher gab es hier Kontrollen, um Zölle zu erheben. Der Torbau steht über der Straße nach Koblenz – daher der Name. Weil in den Räumen über dem Tor aber auch der Ritterorden des Heiligen Michael seine Versammlungen abhielt, findet man auch den Namen »Michaelstor« in einigen Quellen.
Die Uni hatte im 19. Jahrhundert in den Etagen über dem Tor den Fechtsaal, die Hausmeisterwohnung und die Arrestzellen für Studenten, die gegen die Uni-Ord-

nung verstießen, die Karzer. Allzu schrecklich ging es in den Karzern wohl nicht zu, man konnte Wein und Bier gegen Geld bekommen, wurde von der Gattin des Hausmeisters bekocht, und es soll sogar Studenten gegeben haben, die sich ihr Bettzeug anliefern ließen. Auch Karl Marx saß wegen ruhestörendem Verhalten und Trunkenheit für einen Tag im Karzer der Uni.

121 **Altes Rathaus**

Bereits vor 700 Jahren soll hier die Stadtverwaltung ihren Sitz gehabt haben. Den Grundstein zu dem Rathaus, wie wir es heute kennen, legte Kurfürst Clemens August am 24. April 1737.
Anderthalb Jahre später fand bereits die erste Ratssitzung statt. Da war zwar das Gebäude noch nicht fertig, aber aufgrund der Löcher in der Stadtkasse verzögerte sich die Fertigstellung über Jahre. Das schmiedeeiserne Schmuckgitter der berühmten Freitreppe wurde 1765 von Schlossermeister Pfeiffer geschaffen. Bei dem bereits erwähnten Luftangriff 1944 wurde auch das alte Rathaus zerstört, wobei die Außenfassaden, das Stadtwappen und die Kurfürstenkrone an der Frontseite erhalten blieben.
1949 begann man mit dem Wiederaufbau des Rathauses, das heute das Dienstzimmer und die Repräsentationsräume des Oberbürgermeisters beherbergt. Hier im Rathaus haben sich zahllose Ehrengäste ins Goldenen Buch der Stadt eingetragen.
Auf der Freitreppe des Rathauses hielt im September 1949 Bundespräsident Theodor Heuss nach seiner Wahl eine Rede an die Bonner. Auf dieser Treppe standen aber auch Königin Elisabeth II., John F. Kennedy,

Nelson Mandela und viele andere Gäste der Stadt und der Bundesrepublik.
Informationen unter www.altes-rathaus-bonn.de

122 Obelisk/Marktfontäne

Der Obelisk, die Marktfontäne, erstrahlt jetzt wieder im alten Glanz, weil er 2013 aufwendig restauriert wurde. Ursprünglich stand hier auf dem Marktplatz der zentrale Brunnen der Stadt.
Im Jahr 1777 ließ Kurfürst Maximilian Friedrich dann die sogenannte Marktfontäne errichten.
Ich habe dazu zwei Varianten gehört. Variante eins: Die Bonner Bürger mussten das Ganze selbst finanzieren und waren darüber nur wenig erfreut. Variante zwei: Offiziell sollte die Marktfontäne von den Bonnern aus Dankbarkeit gegenüber ihrem Kurfürsten aufgestellt werden, doch heimlich bezahlte der Kurfürst den Bau selbst.
Egal, welche Version nun stimmt, der Obelisk ist seit dem Blickfang auf dem Bonner Marktplatz.

123 Helenenkapelle

Sie ist die einzige noch erhaltene romanische Hauskapelle am Nieder- und Mittelrhein. Der Legende nach soll sie zu Ehren der Heiligen Helena, der Mutter des Kaisers Konstantin, anlässlich ihres Besuches im Jahr 330 nach Christus gebaut worden sein. Aber das ist Legende. Fakt ist, dass die Kapelle aus der zweiten Hälfte des 12. Jahrhunderts stammt und vermutlich einem Probst des Cassius-Stiftes als Hauskapelle diente. Bei Renovierungsarbeiten wurden Fresken freigelegt, die zum Teil aus dem 13. Jahrhundert stammen. Über ein Treppenhaus in den Kolonnaden der Straße

»Am Hof« (hinter dem Uni-Gebäude) kommt man in die Kapelle. Zu erkennen ist sie aber aufgrund der Hausfassaden nicht, es sei denn, man begibt sich ins Kaufhaus. Von dort kann man die Kapelle durch die Fensterscheibe sehen.

124 **Alter Zoll**

Der Alte Zoll heißt deshalb so, weil hier früher der Rheinzoll von den vorbeifahrenden Schiffen erhoben wurde. Gebaut im Jahr 1644 war das Ganze als Eckbastion Teil der Stadtbefestigung und hieß ursprünglich »Dreikönigsbastion«. Dieser Teil der Befestigung musste später zurückgebaut werden und es entstand eine große Terrasse, 15 Meter über dem Rheinufer mit einem tollen Blick auf den Fluss. Etwas unterhalb dieser Terrasse gibt es einen Biergarten, der im Sommer ziemlich belebt ist, weil er nur einen Katzensprung vom Uni-Eingang Hofgarten entfernt ist.

125 **Sterntor**

Das Sterntor war ursprünglich ein altes Stadttor. Es gibt im Internet sogar noch Fotos, die dieses Tor zeigen. Gebaut wurde es in der Mitte des 13. Jahrhunderts und es war lange Zeit ein wichtiger Teil der Stadtbefestigung.

1898 wurde es dann abgerissen, weil es dem zunehmenden Verkehr im Weg war. Zwei Jahre später baute man es dann an anderer Stelle, am Bottlerplatz, wieder auf. Wobei dabei sowohl Steine des ursprünglichen Sterntors als auch Baumaterialien aus der alten Stadtmauer verarbeitet wurden. Die Bauherren ließen dabei ihrer Fantasie freien Lauf und errichteten ein Tor samt Halbturm und Zinnen, das in jeden Ritterfilm passen würde. Mit dem eigentlichen Sterntor hat das heutige Tor leider keine Ähnlichkeit. Die beiden Bildnisse, die man in dieses Ensemble einfügte, sind immerhin historisch, aus dem Jahr 1650.

DANKSAGUNG

Nun durfte ich also auch noch in Bonn morden. Bedanken möchte ich mich dafür bei dem Gmeiner-Verlag und meiner Literaturagentin Anna Mechler, die dies möglich gemacht haben.

Die Recherchen zu diesem Buch waren für mich wie eine Reise in meine Vergangenheit, vieles hat sich in den letzten 20 Jahren in Bonn verändert, aber manches ist zum Glück auch geblieben. Das ich auf den aktuellen Stand bezüglich der Freizeittipps kam, verdanke ich Bettina Schmidt, der damaligen Leiterin für Marketing und Kommunikation der Tourismus & Congress GmbH. Sie hat sich nicht nur Zeit für mich genommen, sondern den Kontakt zu Maria Soledad Sichert hergestellt. Soledad ist eine großartige Stadtführerin mit einem enormen Wissen und der Fähigkeit, dieses Wissen mit viel Begeisterung und Humor weiterzugeben. Ich habe den Tag mit ihr in Bonn sehr genossen und freue mich schon auf unser nächstes Treffen.

Bedanken möchte ich mich auch bei meinem Krimi-Kollegen Thomas Przybilka, der mir den Tipp zum Spionage-Rundgang gab und der das bekannte »Bonner Krimi-Archiv Sekundärliteratur« betreibt.

Weitergeholfen hat mir Dr. Martina Rebmann, Leiterin der Musikabteilung der Staatsbiliothek zu Berlin, als es darum ging, aus Beethovens Brief an die »unsterbliche Geliebte« zu zitieren. Ursula Timmer-Fontani von der Pressestelle des Beethoven-Hauses hat mir meine Fragen unter anderem zum Tresor unterhalb des Kammermusiksaals beantwortet. Dr. Michael Ladenburger, Leiter des Museums und

Kustos der Sammlung Beethoven-Haus hat mir meine Fragen zu den Beethoven-Masken beantwortet. Ganz herzlichen Dank Ihnen beiden.

Mein Freund und Zauber-Kollege Kai Ludwig rief mich an, um mir eine Idee für einen Plot weiterzugeben, die ihm eingefallen war. Diese Idee kam gerade rechtzeitig, und so entstand die Geschichte »Das Foto«. Lieben Dank, Kai, dass ich deine Idee verarbeiten durfte.

Wer meine anderen Bücher kennt, weiß mittlerweile, dass meine Frau Christine großen Anteil daran hat, denn Sie hört sich jede Idee kritisch an, muss die einzelnen Entwürfe ertragen und liest dann jede Seite noch einmal durch. Und dafür bin ich ihr unendlich dankbar. Dafür und für alles in unserem gemeinsamen Leben.